ZHONGWEN
XIEZUO JIAOCHENG

金松林 —— 主编

图书在版编目(CIP)数据

中文写作教程/金松林主编.—合肥:安徽大学出版社,2021.8
(2023.7重印)
 ISBN 978-7-5664-2250-7

Ⅰ.①中… Ⅱ.①金… Ⅲ.①汉语－写作－高等学校－教材
Ⅳ.①H15

中国版本图书馆 CIP 数据核字(2021)第 130132 号

**本书系安徽省高等学校省级质量工程"一流教材"
建设项目(2020yljc079)最终成果。**

中 文 写 作 教 程
ZhongWen XieZuo JiaoCheng

金松林 主编

出版发行:	北京师范大学出版集团 安徽大学出版社 (安徽省合肥市肥西路 3 号 邮编 230039) www.bnupg.com www.ahupress.com.cn
经　　销:	全国新华书店
印　　刷:	合肥远东印务有限责任公司
开　　本:	960 mm×650 mm　1/16
印　　张:	17.25
字　　数:	263 千字
版　　次:	2021 年 8 月第 1 版
印　　次:	2023 年 7 月第 4 次印刷
定　　价:	55.00 元

ISBN 978-7-5664-2250-7

策划编辑:	马晓波　王　晶　李海妹	装帧设计:	孟献辉　李伯骥
责任编辑:	马晓波　王　晶　李　晴	美术编辑:	李　军
责任校对:	刘婷婷	责任印制:	陈　如　孟献辉

版权所有　　侵权必究

反盗版、侵权举报电话:0551－65106311
外埠邮购电话:0551－65107716
本书如有印装质量问题,请与印制管理部联系调换。
印制管理部电话:0551－65106311

前言

  写作作为人类一项特殊的社会实践活动,历史悠久。在西方,早在莎草纸出现之前就有了写作活动,而在中国,甲骨文的出现是写作活动开始的标志。随后,人类的写作活动从未中断,并且获得了长足发展,不仅创造了辉煌的古代文明,而且留下了卷帙浩繁的作品。可以说,是写作让人类走出了蒙昧,也是写作让人类有了连绵不断的记忆。

  当历史发展到今天,我们比以往任何时代都更需要写作,因为我们处在一个知识经济和媒体经济的时代,这个时代的典型特征就是信息交换变得日益频繁。人与人、人与机器以及人与网络之间不仅通过语音来沟通,而且通过文字来交流。由此,写作就是我们每个人必备的技能之一。譬如,我们每天都需要处理各种文字材料,都需要与他人进行文字交流。不管你从事何种职业,只要身处于这个时代,就概莫能外。当你娴熟地掌握了写作这项技能,你就拥有了一种与人有效沟通的本领,并且学会了与世界对话,这是拥有美好人生的开端。

各国教育界都很重视对学生写作能力的培养。美国早在20世纪80年代就提出了"学习:通过写作"的口号,旨在使学生意识到写作的重要性,并且号召他们通过写作来引领学习。美国不仅在中小学,而且在大学面向全体学生开设了写作课程。"比如普林斯顿大学,已构建起一个全方位服务于学生写作的体系。除每年开设超过100场写作研讨班,要求本科新生必须参加外,还建有写作中心,为所有在校生提供免费的一对一写作辅导"。①部分学校还设置了写作专业,有的甚至创建了写作学院,培养本科、硕士、博士各个层次的专门人才。我国也非常重视写作教育,很早就将写作能力的培养纳入中小学语文课程标准及本科人才培养质量国家标准,为各条战线输送了大量优秀的写作人才,并且培养了一批又一批富有才华的青年作家。然而近些年来,由于网络的冲击以及阅读和学习方式的改变,我国大学生的写作能力有下滑的趋势。"大学生写作能力差""毕业论文质量堪忧"之类的报道频现。对此,我们的学生既焦虑也无奈。特别是理工科学生,他们只是在中小学学过一些简单的写作知识,进入大学以后没有接受过系统的写作教育,文章写不好也在情理之中。

如何扭转这一趋势,切实提高本科人才培养质量?我们认为,当务之急是突破专业和学科界限,对所有在校本科生广泛开展写作教育。在这方面,清华大学已经走在全国前列。该校从2018年9月起,就在全体新生中开设了"写作与沟通"必修课程。云南大学近年也在全校积极推行"中文写作"课程。随着《教育部关于加快建设高水平本科教育 全面提高人才培养能力的意见》(教高〔2018〕2号)、《中共中央办公厅 国务院办公厅关于深化新时代教育督导体制机制改革的意见》(厅字〔2020〕1号)、《本科毕业论文(设计)抽检办法(试行)》等文件的出台,全面提高本科生的写作水平,加快补齐教育短板已是时代之需。由于现行的写作教材主要是针对高

---

① 邓晖、祁琳:《"写作与沟通"将成清华大学本科新生必修课——大学生写作短板亟须补齐》,载《光明日报》,2018年5月21日第8版。

校文科专业特别是中文专业学生编写的,具有理论性强、偏重于文学创作的特点,并不适合广大理工科学生使用。因此我们特意组织力量,编写了本教材。本教材立足于能力提升,具有易懂易学的特点,既适合文科学生使用,也适合理工科学生使用。

在教材编写的过程中,我们始终遵循理论联系实际的原则,并且紧紧围绕这一原则来组织相关内容。由此,教材总体分为上下两编。其中,上编主要介绍写作的基础理论。介绍理论是为了指导实践,有些理论虽然不能直接指导实践,但能增进学生对写作的理解,提高他们的理论素养。下编主要介绍常见公文、科普说明文和学术论文的写作。之所以选择这些文体,主要出于两个方面考虑:一是既立足于当前,又着眼于长远。因为对学生来说学术论文特别是毕业论文的写作迫在眉睫,而学生步入社会之后又不可避免地要与公文和说明文打交道;二是既节省学时,又兼顾文理。现今各个专业的知识都很精深,学生的课业任务繁重,很难抽出太多时间专门学习写作,所以教学内容必须精简。另外,这些文体具有很强的实用性和可操作性。在每章最后,我们设计了"思考与练习"。其中,"思考题"是针对章节内容设计,具有系统总结、知识回顾和理论反思的作用。"练习题"侧重于能力的培养,要求学生将所学知识迅速转化为实践技能。我们孜孜以求的是建立科学的知识体系和训练体系。

常言道:"书山有路勤为径,学海无涯苦作舟。"对于同学们而言,要想学好写作,需要在以下三个方面下功夫:第一,要尽可能多读。杜甫诗云:"读书破万卷,下笔如有神。"[1]黄宗羲也说:"文章之道,非可一蹴而至者。苟好之,则必聚天下之书而读之。"[2]我们只有广泛阅读,才能拓宽视野,厚积薄发。第二,要尽可能多学。我们既要认真学习写作的相关理论,也要熟练掌握各种表达技巧,特

---

[1] (唐)杜甫:《奉赠韦左丞丈二十二韵》,见谢思炜校注:《杜甫集校注(一)》,上海:上海古籍出版社,2015年,第1页。

[2] (明末清初)黄宗羲:《戴西洮诗文题辞》,见《黄梨洲文集》,北京:中华书局,2009年,第367页。

别是对于古今中外的名家名作更是需要仔细研读。第三,要尽可能多练。裴显生是我国著名的写作学教育专家,他说:"那种想学会写作,却懒于动笔、怕写文章的人,正像想学会游泳又不肯下水的人一样,是学不好的。"[①]只有勤加练习,笔耕不辍,我们才能真正提高自己的写作水平。总而言之,要学好写作,读、学、练三者不可偏废。我们相信,只要大家树立信心,肯下功夫,锲而不舍,迟早会写出精美的文章来。

---

① 裴显生:《和文学青年谈写作》,南京:江苏教育出版社,1987年,第23页。

目录 CONTENTS

上编　基本原理

第一章　文章与写作概述 …………………………………… 003
　第一节　文章的含义、性质和作用 ………………………… 003
　第二节　写作的基本规律和要求 …………………………… 009

第二章　作者必备的能力 ……………………………………… 017
　第一节　观察与想象 ………………………………………… 017
　第二节　阅读与审美 ………………………………………… 036
　第三节　分析与综合 ………………………………………… 051

第三章　文章的写作过程 ……………………………………… 065
　第一节　立意与选材 ………………………………………… 065
　第二节　构思与谋篇 ………………………………………… 085
　第三节　行文与表达 ………………………………………… 105
　第四节　修改与润色 ………………………………………… 127

下编　文体写作

第四章　常见公文的写作 …… 139

　　第一节　常见公文的格式 …… 139
　　第二节　通知的写作 …… 148
　　第三节　请示的写作 …… 158
　　第四节　报告的写作 …… 162

第五章　科普说明文的写作 …… 175

　　第一节　科普说明文的特点 …… 175
　　第二节　常见的说明方法 …… 182
　　第三节　科普说明文的写作 …… 187

第六章　学术论文的写作 …… 206

　　第一节　学术论文的特点 …… 206
　　第二节　学术论文的写作步骤 …… 209
　　第三节　学术论文的写作 …… 223

附录一　党政机关公文处理工作条例 …… 236

附录二　党政机关公文格式 …… 245

后　记 …… 265

上编

基本原理

第一章

文章与写作概述

提起文章写作,大家并不陌生。因为从小学到现在,大家一直都在写文章。可以说,每个人都"训练有素"。于是有同学可能会问:既然如此,我们到大学为何还要学习写作?在前言中,我们已经扼要地交代了本教材编写的背景:因为有些同学在写作方面仍然存在诸多问题,写出来的文章质量不高。有些同学即便掌握了一些简单的写作知识和技巧,拥有一定的写作能力,但仍有待进一步提高。这就像我们在中学阶段已经学习了初等代数,进入大学还得学习高等代数一样,文章写作也是一个循序渐进的过程。况且我们以前对写作的学习大多是一鳞半爪的,现在我们将系统地学习写作的相关知识。

第一节 文章的含义、性质和作用

俗话说,万丈高楼平地起。写好文章有个必要的前提,那就是我们必须具有明确的文章意识,知道什么是文章,明白它的性质和作用。只有了解了这些,我们才能在脑海中形成比较清晰的文章图样,而这恰恰是写好文章的基础。我们对文章和写作知识的介绍,就从这里开始。

一、文章的含义和性质

"文章"一词虽古已有之,但其含义不断演变。《周礼·考工记》云:"青与赤谓之文,赤与白谓之章。"① 在此,"文"与"章"分称,均指错杂的色彩和花纹。稍后,"文"与"章"合称,指"礼仪""法度",如《论语·泰伯》云:"巍巍乎!其有成功也!焕乎!其有文章!"② 再后来,又引申为"文采",如《楚辞·橘颂》:"青黄杂糅,文章烂兮。"③ 直到东汉末年,曹丕在《典论·论文》中说"盖文章经国之大业,不朽之盛事"④,这里的"文章"才和我们今天所理解的文章意义相通。

那么,究竟什么是文章呢?据《辞海》的解释,文章是"由文字连缀而成的篇章"。按照《现代汉语词典(第7版)》的解释,文章既指"篇幅不很长的单篇作品",又"泛指著作"。我们认为,文章就是写作主体运用语言文字反映客观生活,表现自己的思想和情感,阐明自己的观点和判断,且具有一定篇幅和内在逻辑的精神创造产品。这一定义充分揭示了文章的性质:

第一,文章是一种精神创造产品。它凝聚着人类的精神劳动,这种劳动和其他的劳动不同:首先,它要求写作主体具有一定的知识素养和文化素养;其次,它凝聚着写作主体对于外在世界的各种感知和认识;再次,它反映了写作主体的艺术才华和个性气质;最后,它也是各种风格和表达技巧的生动体现。正是因为受这些因素的影响,所以每一篇文章都是独特的。很多产品可以批量复制、规模化生产,而文章却不行。特别是文学作品,它更需要创新。李翱说:"创意造言,皆不相师。"⑤ 王若虚也持类似的观点,他说:"文章自得方为贵,衣钵相传岂是真?"⑥ 这些都是在强调创造在文学写作中的重要性,而古往今来,无数的诗人、作家就是按照这一要求来写作的。对于创造,他们不仅有深刻的理解,而且有高度的自

---

① 钱玄、钱兴奇、王华宝、谢秉洪注译:《周礼》,长沙:岳麓书社,2001年,第413页。
② (春秋)孔子:《论语》,张燕婴译注,北京:中华书局,2006年,第68页。
③ (战国)屈原:《楚辞》,林家骊译注,北京:中华书局,2010年,第154页。
④ 魏宏灿校注:《曹丕集校注》,合肥:安徽大学出版社,2009年,第313页。
⑤ 转引自赵则诚、张连弟、毕万忱主编:《中国古代文学理论词典》,吉林:吉林文史出版社,1985年,第485页。
⑥ 转引自何宝民主编:《中国诗词曲赋辞典》,郑州:大象出版社,1997年,第912页。

觉。杜甫诗云:"为人性僻耽佳句,语不惊人死不休。"①这就是文学创造的集中体现。

第二,文章将语言文字作为表达媒介。语言是否得体,表达是否顺畅,语义是否连贯,既是我们评判一篇文章好坏的基本标准,也是我们对文章语言的基本要求。"一个多少尝到写作甘苦的人都会有这样的体会:想通的不一定能说通,说通了又不一定能写通。尽管写出来的东西比原先想到的东西其生动性和丰富性要逊色得多,但文章总是以写出来的为准。由想到写其实就是由内部语言向外部语言的转化。这个转化并不是轻而易举的。"②我们经常会遇到"文不逮意""词不达意"的情况,特别是对初学写作者而言更是如此。相反,一些高水平的写作者往往对语言驾轻就熟,可以从容不迫,信手拈来。文章的差异,特别是行文风格的差异,通常就是因语言的不同而造成的。一个真正懂得写作之奥妙的人会自觉地在语言上下功夫,唐代诗人贾岛的"推敲"就是众所周知的例子。

第三,文章具有一定的篇幅和内在逻辑。也就是说,文章总是具有一定的长度,只言片语往往不构成文章,但究竟多长方为文章又没有一个客观的标准。我们通常认为文章应该具有头、身、尾,是一个结构和意义相对完整的语言机体。如贺电所写的《中华火车站平安》:"北京火车站平安,西安火车站平安,郑州火车站平安,上海虹桥火车站平安,杭州火车站平安,广州火车南站平安,南京火车南站平安,成都火车东站平安……"这样的东西就是个笑话,算不得文章。另外,任何文章都应该有非常严谨的内在逻辑。如果是记叙文,就应该交代清楚事情的发生、发展、高潮和结局;如果是议论文,就应该提出问题、分析问题、解决问题;如果是公文,就应该交代清楚发文的缘由和背景,明确具体事项或者举措,提出相关要求。虽然文各有体,但逻辑必须谨严,结构必须浑然一体。

第四,文章的内容非常广泛。我们在日常生活中的所见所闻,对宇宙人生的所感所悟,对不可能世界的奇思妙想,对他人著述或

---

① 转引自秦言编著:《中国历代诗词名句典》,北京:中国商业出版社,2011年,第80页。

② 裴显生主编:《写作学新稿》(修订本),南京:江苏教育出版社,1994年,第138页。

者观点的分析评判等,这些都是文章表达的对象。只要我们擅于发现,大千世界的事物几乎皆可著成文章。

我们在明确了文章的含义和性质之后,对它应该有一个较为粗浅的认识,而我们正是凭着这种粗浅的认识建构起文章的图样。和具体的文章相比,它是抽象的,是我们在脑海中形成的关于文章内容和形式的预构。如从形式方面来说,它不仅结构完整,而且有严谨的内在逻辑;从内容方面来说,它涉及生活的方方面面,包括我们对外在世界的情感、认识和判断。文章的图样对于我们的写作,具有规范和指导作用。在某种意义上,它是我们文章写作的基本标准。我们说某篇文章"像样"或者"不像样",其实就是依照这个标准进行判断的。我们对文章图样的认识越是深刻,写作就越顺畅,写出来的文章自然就越符合预期。

二、文章的作用

文章的作用主要分为两个方面:一是对于写作者而言,文章所具有的个体价值;二是对于广大的读者而言,文章所具有的社会价值。当然,这两个方面并不是截然对立的,而是相互依存的。文章的社会价值通常以个体价值为基础,而文章的个体价值有时又可以转化为社会价值。

(一)文章的个体价值

1. 情感抒发

抒情是人的本能,就像我们饿了需要吃饭,渴了需要喝水一样。当我们在生活中有了各种感触时,就需要抒发。对于写作者而言,同样如此。《毛诗序》云:"诗者,志之所之也。在心为志,发言为诗。情动于中而形于言;言之不足,故嗟叹之;嗟叹之不足,故永歌之;永歌之不足,不知手之舞之,足之蹈之也。"[①]古往今来,无数文人墨客为抒发自己的情感而创作,如杜甫的《春望》、李煜的

---

① 转引自王育颐等编撰:《中国古代文学词典》(第四卷),南宁:广西教育出版社,1989年,第393—394页。这段话的意思是:诗是人的内心情感的表现。在心里,就是人的情感意志;当用语言文字把它表达出来时就是诗。情感在心里激荡,就用语言来表达它;如果用语言还表达不尽,就反复嗟叹;如果嗟叹还不尽情,就放开喉咙歌唱;如果歌唱还不尽情,就可以手舞足蹈。

《虞美人》、艾青的《大堰河——我的保姆》。

2. 社会沟通

除了抒情,作者有时撰文还有明确的社会目的,如给某人写信是为了沟通,给某个组织递交申请是为了加入该组织,给某家媒体撰文是为了报道某个事件,或者表达自己对某个事件的看法。如大家在初中所学的《与朱元思书》就是南朝文学家吴均写给友人的信,作者以生花妙笔为友人描绘了富春江的美丽山水,也写出了自己对这些美景的真切感受,意在奉劝友人放弃世俗功利,与自己共同徜徉于天地大美之间。

3. 娱乐消遣

作者有时撰文没有明确的社会目的,纯粹是为了娱乐消遣。如东晋诗人陶渊明在退隐浔阳之后"常著文章自娱"[①]。宋代女词人李清照的很多作品也是她在闺阁之中排遣寂寞的产物。在中国古代文学史上,还有大量的"遣兴""遣怀"和唱酬之作,诗人们创作这些作品主要是供自己茶余饭后消遣娱乐。因为这些作品没有任何实用目的,所以往往更加率真自然。

4. 自我实现

对于一些喜欢写作并且以写作为志业的人来说,他们全身心地投入创作不仅是为了给世界奉献优秀的作品,更是为了追求个体的价值实现。如海子在其短暂的一生中夜以继日地创作,目的就是成就自己。他的这一夙愿在诗歌《祖国(或以梦为马)》中展露无遗,他说:"我的事业,就是要成为太阳的一生/他从古至今——'日'——他无比辉煌 无比光明/和所有以梦为马的诗人一样/最后我被黄昏的众神抬入不朽的太阳。"[②]由此可见,海子对自己的期望值很高。其实几乎所有的作家都有这方面的理想诉求。

(二)文章的社会价值

1. 认识作用

文章的内容十分广泛,几乎无所不包。如有的文章介绍祖国的名山大川、名胜古迹,有的文章陈说历史的风云变幻,有的文章

---

① (晋)陶潜:《陶渊明集校笺(修订本)》,龚斌校笺,上海:上海古籍出版社,2011年,第444页。

② 海子:《海子诗全集》,北京:作家出版社,2009年,第435页。

介绍各地的习俗和美食,有的文章讲述现代科技的发展。对于读者而言,品读这些文章既可以增长见识,也可以深化自己对各种事物的认知。如茅以升的《中国石拱桥》就是以河北的赵州桥和北京的卢沟桥为例,详细介绍了我国古代石拱桥的特点及其在建筑史上的伟大成就。法布尔通过自己的深入观察,在《蝉》这篇文章中不仅详细介绍了蝉的生活习性,而且描述了它从卵向成虫转变的不平凡经历。这些文章虽篇幅短小,却能丰富人们的见闻,拓宽人们的视野。

2. 教育作用

黄庭坚说:"文章功用不济世,何异丝窠缀露珠。"①诗人叶适也持类似观点,他说:"为文不能关教事,虽工无益也。"②好的文章总是能够陶冶人的情操,给人以教育和启迪,引领人积极向上。如许地山的散文《落花生》就是通过对一家人种花生、吃花生的描写,告诉我们一个朴素的道理:做人要做有用之人,不要做只讲体面,而对他人或者社会毫无用处之人。冰心在散文《小橘灯》中描写了一个年仅八九岁的小姑娘虽然身处逆境,却积极乐观,并且富有爱心。杨朔的《荔枝蜜》写蜜蜂虽小,却在努力酿造生活、努力奉献。这些文章会直接作用于读者的心灵,激励他们树立正确的世界观、人生观和价值观,主动担负起社会责任。

3. 审美作用

好的文章,特别是一些优秀的文学作品,是按照美的规律进行创作的,其中包含着作者对于外在世界的审美感受和情感体验。如朱自清的散文《荷塘月色》,作者用细腻的笔法对月光下的荷塘进行了尽情描绘,写出了自然之美。鲁迅在《一件小事》中通过对生活在社会底层的人力车夫的深入刻画,写出了人性之美。莫怀戚的散文《散步》取材于日常生活,通过两代人的表现,写出了亲情之美。人们细细品味这些作品,必然会获得强烈的美感,

---

① (北宋)黄庭坚:《戏呈孔毅父》,见《黄庭坚选集》,黄宝华选注,上海:上海古籍出版社,2016 年,第 240 页。这句诗的意思是:文章如果没有经世济民治理国家的功用,那和蜘蛛网上点缀几点晶莹的露珠又有何区别呢?

② (南宋)叶适:《叶适集》(中),刘公纯、王孝鱼、李哲夫点校,北京:中华书局,2010 年,第 607 页。

从而产生精神的愉悦。

4. 凭据作用

这主要是针对一些应用文或者公文而言的。如人际交往中常见的书信,除了具有沟通作用,还具有凭据作用。命令、决定、公告等法定公文更是如此,当它们办理完毕、退出流通领域之后通常作为档案存查。其中,一些重要的公文甚至要永久保存。

第二节 写作的基本规律和要求

我们学习写作,除了需要掌握有关文章的基础知识,还需要掌握写作的基本规律,明确写作的相关要求,这些都是我们写作的指南。如果我们能够熟练掌握这些规律和要求,那么在写作这条道路上可能就会走得很顺畅。否则,就有可能走很多弯路,通径甚至会变成迷途。

一、写作的基本规律

写作作为人类特有的精神创作活动,长期和"灵感论""迷狂说"等纠缠在一起。这些理论不仅把写作非理性化了,而且将它神秘化了,变成了只可意会而不可言传的东西。其实写作作为一种社会现象,有其内在的客观规律。这些规律不仅体现在写作的整个过程之中,而且渗透在每个环节之中。更重要的是,它们会影响写作活动的成果即作品的质量。因此,对于我们来说,熟悉并且把握这些规律尤为重要。

(一)多元因素融合律

多元因素融合律是针对影响文章写作的因素而言的。我们知道,写作并不是简单的个体行为,更不是单纯的语言表达行为。这一活动从始至终都受到多种因素的影响,如外在的社会环境、时代氛围、意识形态以及作者的个体经历、人生阅历、文化程度、身份地位、价值观念等,都会对写作行为产生影响。有时,读者也会制约我们的写作。譬如,我们平时给远方的朋友写信、发短信或者微信聊天,在遣词造句时必须考虑到对方的文化程度、兴趣爱好、身份地位以及彼此的熟识程度等,而不是全凭自己的感觉进行写作。

皮埃尔·布尔迪厄(Pierre Bourdieu)在《艺术的法则》一书中曾提出"文学场"的概念。所谓"文学场",也就是一个力场,各种不同的力都会在这个场中交汇,互相角逐。文学创作是这样,比文学创作范围更为宽泛的写作更是如此。所以,马正平在《高等写作学引论》中明确提出了"写作场"的概念。他认为,作者的写作行为既受到自律性因素的控制,也受到他律性因素的控制。自律性因素包括作者的写作思维、写作动机、主题意识、文章意识等,他律性因素包括作者所处的时代社会生活背景、写作文化、读者等。"写作行为的瞬间状态,就是这样在多种他律和自律性因素的控制之下的一种自组织行为。"①这一表述深入阐明了写作行为的本质及其复杂性。

下面,我们不妨以鲁迅的散文《记念刘和珍君》为例展开分析。该文写于1926年4月1日。在"三·一八惨案"中,学生刘和珍、杨德群等在段祺瑞执政府门前请愿时遭到军警袭击,饮弹身亡。鲁迅之所以写这篇文章主要是受到几个方面因素的影响:一是他和刘和珍之间的师生情谊;二是他对段祺瑞执政府的卑劣行径的满腔愤怒;三是他对以刘和珍、杨德群为代表的中国女性的敬佩;四是他对"真的猛士"的殷切期盼;五是在刘和珍、杨德群追悼会上"程君"的当面催促。正是这些因素促使鲁迅撰写了这篇时文。当然,这些因素不是简单地叠加,而是有效地融合,如果缺少了其中任何一个,都可能影响到文章的表达效果。

(二)点化调整渐深律

点化调整渐深律是指对文章写作进行不断调整、逐步深化的规律。我们要知道,这个规律其实贯穿于写作行为的始终。从宏观的层面来说,在文章的构思阶段,我们需要不断地甄选材料、设计情节、提炼主题、选择恰当的文体和语体;在行文表达阶段,我们需要反复地推敲字句、优化表达;在完形阶段,我们需要对文章进行全面修改和润色。从微观的层面来说,即具体到写作的每一个

---

① 马正平编著:《高等写作学引论》,北京:中国人民大学出版社,2002年,第109页。

细节,我们都需要不断地调整深化,直到自己满意为止。

老舍曾谈到他的小说《骆驼祥子》的创作。1936年春天,老舍和一位朋友聊天时,朋友谈到他在北平时见过的一个车夫。这个车夫自己买了车,又卖掉,反反复复,最终还是受了穷。随后朋友又告诉老舍,有个车夫被军队抓了去,却因祸得福,因为他趁部队转移之机牵回了三匹骆驼。老舍觉得这些故事生动有趣,很适合写一篇小说。于是,他向别人打听骆驼的习性,然后联系到车夫,便设计出了骆驼祥子这一形象。怎样写他呢?当然不能孤立地处理,而要把他放到车夫这个群体里进行描写。这样既有中心人物,又有人物生活的环境,小说的视野一下子就打开了。由这里,老舍又想到一个车夫除了饮食还应该有别的要求,如爱的需要、生理的需要,他应该拥有自己的家庭。由此,他又设计了虎妞这个形象。但如果只是写祥子和虎妞之间的爱情、婚姻,小说又可能流于表面,缺乏深度,所以他又刻意拉大了他们之间的差距……[①]《骆驼祥子》的故事情节就是这样一点一点地呈现出来的。在这一过程中,少不了各种比照、权衡和思索。一般来说,经过深思熟虑确定下来的思路、方案往往是最佳的,它不仅能够使故事情节骤然生动,而且能够使文章的主题更加深刻。接下来的行文表达和修改环节亦同样如此。

点化调整渐深律是提高文章质量的重要规律。这个规律要求我们在写作时要舍得下功夫,对每个细节都要精雕细琢。姜夔说:"诗之不工,只是不精思耳,不思而作,虽多亦奚为?"[②]刘勰说:"辞如川流,溢则泛滥。权衡损益,斟酌浓淡。芟繁剪秽,驰于负担。"[③]他们说的就是点化调整的具体要求和方法。总而言之,我们在写文章时必须耐心细致、精益求精。

---

① 胡絜青编:《老舍论创作》,上海:上海文艺出版社,1980年,第44—45页。
② (南宋)姜夔:《白石道人诗说》,见何文焕辑《历代诗话》(下),北京:中华书局,2004年,第680页。
③ (南朝)刘勰:《文心雕龙》,见范文澜注《文心雕龙注》(下),北京:人民文学出版社,2006年,第544页。这段话的意思是:文辞好比江河之水,太满了就会泛滥。我们创作时要权衡哪里当增哪里当减,要斟酌哪里该浓墨重彩,哪里该淡笔勾勒。只有删削枝节,剪裁芜秽,作品才能合宜,没有负担。

(三)法而无法通变律

"法而无法通变律揭示的是作者自觉不自觉地学习、借鉴写作之法,并加以革新和创造,灵活运用于写作的一般规律。"[①]一般来说,初学写作者并不懂得写作的技法,通过不断地学习、借鉴,会逐步领会并且掌握写作之法。随着写作技能越来越娴熟,经验越来越丰富,便会对各种技法融会贯通。这是学习写作的一般规律。

即便是天才式的人物,他们在起步阶段也必须向同代人特别是前人学习技法。例如,"华莱士·史蒂文斯最讨厌别人提及他因阅读前驱诗人的作品而获益;但是,如果史蒂文斯没有读过沃尔特·惠特曼,他就根本不可能写出什么有价值的东西"[②]。假如弥尔顿没有阅读过莎士比亚,他也不可能写出精美的诗篇。雪莱曾短暂追随过华兹华斯。亨利·戴维·梭罗长期奉爱默生的作品为圭臬。由此可见,技法承传往往是新人起步的必由之路。

当我们的写作趋于成熟,就要学会创新,不断突破既有的方法。清代学者魏际瑞说:"不入于法,则散乱无纪;不出于法,则拘迂而无以尽文章之变。"[③]清人徐增在《而庵诗话》中也提出了类似的观点,他说:"诗盖有法,离他不得,却又即他不得。离则伤体,即则伤气。故作诗者先从法入,后从法出。能以无法为有法,斯之谓脱也。"[④]可见,写作之道就是要从"有法"通变为"无法"。当然,这里的"无法"不是不要方法,而是对各种方法的融会贯通、巧妙运用。我们的写作若能达到这般境界,必然纵横捭阖、收放自如。

---

① 王锡渭主编:《新编大学写作教程》(第四版),北京:北京大学出版社,2017年,第31页。

② [美]哈罗德·布鲁姆:《影响的焦虑——一种诗歌理论》,徐文博译,南京:江苏教育出版社,2006年,第14页。

③ 转引自郭绍虞:《中国文学批评史》,天津:百花文艺出版社,2008年,第477—478页。这句话的意思是:写作如果不讲究方法,文章就会散乱无绪;如果不摆脱一些定法,就会陷入陈规旧套而难以展现文章变化之妙。

④ (明)徐增:《而庵诗话》,转引自刘逸生《诗话百一抄》,北京:中国青年出版社,2016年,第189页。这句话的意思是:写诗应该是有方法的,没有方法不行,但太拘泥于方法也不行。离开方法,就会伤及诗体;拘泥于方法,就会伤及诗气。所以,写诗的人先要学习各种方法,再摆脱方法的束缚而融会贯通,这就是写诗的奥妙。

不管我们是否意识到以上这些规律,它们都始终存在并且影响我们的写作。我们若是能够熟练地把握这些规律并且自觉地将它们运用于实践,那么经过一段时间的积累,必然会有效提高写作水平。

二、写作的基本要求

目前,我们有些同学对写作还缺乏应有的认识,甚至把写作和作文等同起来。不错,作文的确是写作的一部分,但只是最为基础的部分。在中小学阶段,我们之所以要安排作文教学,目的就是培养大家的书面语言表达能力。《义务教育语文课程标准(2011年版)》规定,学生在义务教育阶段应"能具体明确、文从字顺地表达自己的见闻、体验和想法。能根据需要,运用常见的表达方式写作,发展书面语言运用能力"[1]。《普通高中语文课程标准(2017年版)》规定,高中生应"能凭借语感和对语言运用规律的把握,根据具体的语言情境和不同的对象,运用口头和书面语言文明得体地进行表达和交流"[2]。这些要求都比较低,可以说这些都是最为基础的语言练习。进入大学之后,我们必须提高对写作的认识。

写作本质上是人类特有的精神创造活动。这一活动不仅凝聚了人类对于外在世界的认知,而且凝聚了人类对于自身的认知。我们总是通过写作来再现外在世界或者展示内心世界。有时,我们也通过写作来建构外在世界,特别是一个未知的或不可能的世界。萨特说:"写作既是揭示世界又是把世界当作任务提供给读者的豪情。"[3]德国浪漫派认为,写作就是不断地进入人的内心。因此,写作既是我们观看世界、建构世界的方式,也是我们洞察自身的方式。我们既为自己写作,也为他人写作。写作背负了神圣的职责和使命。由此,我们看到那么多的作家和诗人为写作倾尽心力。玛格丽特·杜拉斯说:"写作是充满我生活的惟一的事,它使

---

[1] 中华人民共和国教育部:《义务教育语文课程标准(2011年版)》,北京:北京师范大学出版社,2012年,第7页。

[2] 中华人民共和国教育部:《普通高中语文课程标准(2017年版)》,北京:人民教育出版社,2017年,第6页。

[3] [法]萨特:《萨特文论选》,施康强选译,北京:人民文学出版社,1991年,第132页。

我的生活无比喜悦。我写作。写作从未离开我。"①卡夫卡在致女友菲莉斯的信中说："我的生活方式仅仅是为写作设置的,如果它发生变化,无非是为了尽可能更适合于写作而已。"②安德烈·纪德在日记中更是欣喜若狂地写道："写作!真叫人乐不可支!简直发神经!思考,幻想,并歌唱自己的幻想和思考。"③写作对于他们来说不只是一种创造活动,更是一项崇高的事业。我们需要在这一层面上来理解写作,否则我们就可能把写作当成简单的遣词造句。思想上的麻痹,必然会导致实践中出现问题,我们之所以写不好文章,其实与此有密不可分的关系。谈到写作的基本要求,不外乎以下几点:

第一,要有强烈的社会责任感。"文章作为一种工具能起到反映社会生活、交流思想认识、总结实践经验、表达情感志趣、传递社会信息、传播文化知识、制造社会舆论、调节人的生活等作用。一言以蔽之,文章最根本的社会功能和作用,就是促进人类社会的发展和人的自我完善。"④因此,我们在写作时要树立正确的人生观、价值观和世界观,以积极、健康、优美的文字去感染读者,引领他们进步。那些蹩脚的、庸俗不堪的文字不仅会浪费读者的时间,而且会败坏他们的审美趣味。我们古人在谈到文章写作时要求"修辞立其诚",即将"立诚"作为"修辞"的标准,就是要求写作主体传递正能量。只有这样,我们的文章才能积极发挥它的社会效用。

第二,要有实事求是的精神。宋代学者郑樵说："千古文章,传真不传伪。"⑤清代学者潘德舆也说："文章之道,传真不传伪。"⑥这里的"真",既是指情感真,也是指内容真,即真人真事、真情实感。

---

① [法]玛格丽特·杜拉斯:《写作》,桂裕芳译,上海:上海译文出版社,2014年,第9页。
② [奥地利]弗朗兹·卡夫卡:《卡夫卡书信日记选》,叶廷芳、黎奇译,天津:百花文艺出版社,2009年,第183—184页。
③ [法]安德烈·纪德:《纪德文集·日记卷》,李玉民译,广州:花城出版社,2002年,第12页。
④ 路德庆主编:《普通写作学教程》(第四版),北京:高等教育出版社,2010年,第41页。
⑤ 转引自(清)袁枚:《小仓山房诗文集4》,周本淳标校,上海:上海古籍出版社,1988年,第1803页。
⑥ (清)潘德舆:《养一斋诗话》,北京:中华书局,2010年,第23页。

如果要做到这点,我们就必须实事求是。在下笔行文之前,必须认真观察,深入调查研究,仔细收集有关材料,并且对这些材料进行有效甄别,特别是公文、科普说明文和学术论文的写作更应该如此。我们不能坐在家里玄想,更不能胡编乱造,否则害人害已。近些年来,频繁被曝光的学术论文造假问题值得我们警醒。

第三,要精益求精。也就是说,我们在文章写完之后不仅要反复修改,而且要在修改中不断积累写作经验。唐彪在《读书作文谱》中转引武叔卿的话说:"文章有一笔写成不加点缀而自工者,此神到之文,尚矣。其次须精思细改,如文章草创已定,便从头至尾一一检点。气有不顺处,须疏之使顺;机有不圆处,须炼之使圆;血脉有不贯处,须融之使贯;音节有不叶处,使调之使叶。如此仔细推敲,自然疵病稀少。倘一时潦草,便而苟安,微疵不去,终为美玉之玷矣。"[1]很多同学在这方面总是缺乏耐心,一篇文章写完就草草收兵,有时甚至连起码的字词和标点符号错误都懒得修改,这样久而久之,根本就不可能把文章写好。列夫·托尔斯泰是举世闻名的大文豪,他都强调文章写完之后要不断地修改。我们熟悉的作家曹雪芹写《红楼梦》反复批阅 10 载,数易其稿。杨沫的《青春之歌》写了 6 年,其间作了 6 次重大修改,出版后又修改了 3 次。杜鹏程的《保卫延安》已知的修改过程竟有 16 稿之多。可见,好的作品都是精心打磨出来的。古人云:"赋诗十首,不若改诗一首。"[2]我们要在修改中不断地总结经验,为以后的写作打好基础。

总而言之,我们要树立明确的文章意识,牢牢把握写作的基本规律并且学会利用这些规律指导自己的实践。在思想观念上,不断提高自己对写作的认识,能够高瞻远瞩,既领会写作的神圣责

---

[1] (清)唐彪辑撰:《读书作文谱》,台北:台元彩色印刷有限公司,1976 年,第 64 页。这段话的意思是:写文章,有一气呵成不加点染而自然美妙的,那属于神来之笔,这再好不过。其次就需要精思细改,如文章起草完毕之后,就需要从头至尾一一检查。文气有不顺处,就需要梳理,使之顺畅。结构有不圆合处,就需要反复锤炼,使之圆合。脉络有不连贯处,就需要变通,使之连贯。音节有不协调处,就需要调整,使之协调。这样仔细推敲,自然就没什么缺陷。如果马马虎虎,只图小小的成功,不清除各种小问题,它们最终就像美玉上的斑点。

[2] (南宋)魏庆之:《诗人玉屑》(上),王仲闻点校,上海:上海古籍出版社,2007 年,第 244 页。

任,又努力克服各种消极的,特别是懒惰的思想。在行动上,积极投身于写作实践。只有这样,我们才能不断地积累写作经验,进而提升自己。

思考与练习

一、思考题

1. 什么是文章图样?它对于我们的写作具有哪些作用?
2. 文章具有怎样的个体价值和社会价值?
3. 写作有哪些基本规律?这些规律在写作活动中是如何体现出来的?
4. 写作有哪些基本要求?为了达到这些要求,我们该如何努力?
5. 为什么说写作是一项崇高的事业?你对此如何理解?
6. 信息时代对我们的写作提出了哪些新要求?

二、练习题

1. 上网搜索并认真阅读莫言在诺贝尔文学奖颁奖仪式上的发言《讲故事的人》,分析讨论他的写作历程。
2. 上网搜索并认真阅读朱光潜的文章《谈作文》,总结概括此文的要点。
3. 请以"我的写作经历"为题写一篇文章,对自己在写作上的得失进行总结,字数不少于800字。

第二章

作者必备的能力

　　作者是写作活动的主体,他在整个写作活动中始终处于主导地位。作者的个人能力不仅会影响写作的进程,而且会影响作品的质量。清代学者叶燮在《原诗》中认为作者应具有才、胆、识、力。在他看来,"大凡人无才,则心思不出;无胆,则笔墨畏缩;无识,则不能取舍;无力,则不能自成一家"①。而要写出好文章,必须才、胆、识、力四者兼备,"苟一有所歉,则不可登作者之坛"②。他此处所讲的才、胆、识、力,也就是作者必备的能力。我们把它概括为观察与想象、阅读与审美、分析与综合等三个大的方面,这三个方面虽然与叶燮的提法并不相同,但同样能够反映出写作活动对作者的能力要求。

第一节　观察与想象

　　相较于普通人在日常生活中的观察与想象,写作者的观察往往更加主动、敏锐、精微、持久,想象则更加丰富、精妙、独特。通过观察,写作者可以深入对象的内部,把握和占有各种各样的素材,

---

① （清）叶燮、（清）薛雪、（清）沈德潜:《原诗　一瓢诗话　说诗晬语》,霍松林、杜维沫校注,北京:人民文学出版社,2005年,第16页。
② （清）叶燮、（清）薛雪、（清）沈德潜:《原诗　一瓢诗话　说诗晬语》,霍松林、杜维沫校注,北京:人民文学出版社,2005年,第29页。

为即将开始的创作储备"粮草","厉兵秣马";通过想象,写作者进入最关键的构思环节,经由静观默察得来的素材而展开联想,神与物游,孕育内心意象,为创造出栩栩如生的艺术形象而上下求索。总之,观察力与想象力是作者首先应当具备的重要能力。

一、观察

所谓"观察",是指作者综合运用各种感官,有意识、有目的地感知自然、社会和人生现象,从客观世界摄取信息和写作材料的过程。观察是写作准备阶段作者获取素材最重要的手段,一个写作者首先要成为一个优秀的观察者,对自然风貌、社会现象尤其是人生世相有细致用心的观察。

(一)观察的特点

1. 观察是有目的地、长期地认识和把握对象的过程

首先,观察离不开"看",但又不是一般的看。顾名思义,"观"就是用眼睛看,"察"就是要看清楚,看真切,看仔细,看透彻,看出该事物与众不同的地方。在《福尔摩斯探案集》里有这样一个情节:当华生同福尔摩斯争论谁的眼光敏锐时,福尔摩斯随手指着门外的台阶问他有几级,华生无言以对。福尔摩斯告诉他是十三级,并且对他说:"我们俩都注意到那儿有台阶,但是,我是观察,而你不过是看看而已。"可见,观察并不简单,观察事物比看见事物要复杂得多,也难得多。

其次,观察要求目的明确,即作者要有主观能动性。因为客观世界复杂多样,只有目的明确,观察才不至于混乱,写作者必须根据自己的需要,有目的、有计划、有意识地主动观察自然现象和社会现象,必须把注意力集中在自己的观察对象上,有时甚至需要凭借自己的意志,去克服困难,保证观察的专注性,只有这样才能准确地认识和把握特定事物的本质特征,获得第一手材料。比如当代作家汪曾祺,非常善于对万事万物进行细致入微的观察和感受,而观察所得又借助白描的语言娓娓道来,意趣横生,《葡萄月令》《昆明的雨》等都是观察的精彩例证,这里我们看看他所观察的大淖:

淖,是一片大水。说是湖泊,似还不够,比一个池塘可要大得多,春夏水盛时,是颇为浩渺的。这是两条水道的河源。淖中央有一条狭长的沙洲。沙洲上长满茅草和芦荻。春初水暖,沙洲上冒出很多紫红色的芦芽和灰绿色的蒌蒿,很快就是一片翠绿了。夏天,茅草、芦荻都吐出雪白的丝穗,在微风中不住地点头。秋天,全都枯黄了,就被人割去,加到自己的屋顶上去了。冬天,下雪,这里总比别处先白。化雪的时候,也比别处化得慢。河水解冻了,发绿了,沙洲上的残雪还亮晶晶地堆积着。这条沙洲是两条河水的分界处。从淖里坐船沿沙洲西面北行,可以看到高阜上的几家炕房。绿柳丛中,露出雪白的粉墙,黑漆大书四个字:"鸡鸭炕房",非常显眼。炕房门外,照例都有一块小小土坪,有几个人坐在树桩上负曝闲谈。不时有人从门里挑出一副很大的扁圆的竹笼,笼口络着绳网,里面是松花黄色的,毛茸茸,挨挨挤挤,啾啾乱叫的小鸡小鸭。由沙洲往东,要经过一座浆坊。浆是浆衣服用的。这里的人,衣服被里洗过后,都要浆一浆。浆过的衣服,穿在身上沙沙作响。①

这段话将大淖的四时风景、地理方位和民俗人情"一网打尽",其观察可谓全面、细致、精准,其语言可谓平实、真切、鲜活,让人有身临其境之感。很显然,这样的观察不是粗浅的、浮光掠影的,而是专注的、饱含深情的。也惟有如此,才能真正全面、深刻地感知和把握对象,了然于心,形之于手。

最后,观察不是一时兴起,而是长期观看、反复审察的过程。宋代画家文与可擅长水墨写生,尤其喜欢画竹子。为了画竹,他每天都细心观察,在盛夏正午的阳光下观察,在狂风暴雨中观察,春夏秋冬,年复一年,研究竹叶和竹枝在每一个季节、每一种天气里形态的变化。时间长了,他闭着眼睛都能画出逼真动人、生气勃勃的竹子来。他的好朋友晁补之称赞说:"与可画竹时,胸中有成竹。"现代作家朱自清在《荷塘月色》中曾写道:"这时候最热闹的,要数树上的蝉声与水里的蛙声……"这看似平常的一笔,却是作者观察所得。他在《关于"月夜蝉声"》中说,有人写信给他,指出蝉在夜里是不叫的。他请教了许多人,包括昆虫学家,也都说蝉在夜里

---

① 汪曾祺:《菰蒲深处》,上海:上海三联书店,2018年,第81—82页。

不叫。于是朱自清认为月夜蝉叫只是"例外",打算再版时删掉。但他并没有对此放弃观察,"又有两次听到月夜的蝉声",由此他说:"从以上所叙述的,可以知道观察之难。"①"文与可画竹"和"朱自清听蝉"的故事正说明,观察是一种有目地、主动地、长期地认识和把握对象的过程,只有坚持不懈地用眼观、用心察,"胸有成竹"才有可能。

2. 观察是多种感官参与、多种感觉联动的综合活动

观察要用眼睛看,视觉起主导作用,但观察又并不仅限于视觉。尽管视觉的优越性和重要性是其他感官所无法比拟的,但就表现而言,各种感觉却是一样生动、确切。事实上,人是一个有机的生命整体,利用各种感觉器官感知各种事物。各个感觉器官虽有分工,但它们之间并不是相互割裂、互不相通的。一种感官的变化常会引起其他感官的变化,它们之间是相互协作、相互影响和相互沟通的。在心理学上,我们把这种感觉的沟通、联动现象称为"通感"或"联觉"。比如当人看到杨梅,便会满口生津,嘴里就会有酸甜的味道。所以,我们在观察时,一定要综合运用各种感官。只有这样,才能全面、丰富地感知对象。比如余光中的散文《听听那冷雨》:

> 听听,那冷雨。看看,那冷雨。嗅嗅闻闻,那冷雨,舔舔吧那冷雨。雨在他的伞上这城市百万人的伞上雨衣上屋上天线上,雨下在基隆港在防波堤海峡的船上,清明这季雨。雨是女性,应该最富于感性。雨气空蒙而迷幻,细细嗅嗅,清清爽爽新新,有一点点薄荷的香味,浓的时候,竟发出草和树沐发后特有的淡淡土腥气,也许那竟是蚯蚓和蜗牛的腥气吧,毕竟是惊蛰了啊。也许地上的地下的生命也许古中国层层叠叠的记忆皆蠢蠢而蠕,也许是植物的潜意识和梦吧,那腥气。②

在这里,如果没有眼睛、耳朵等感官一起联合行动,这幅"听雨图"就不会如此丰富、生动,给人以雨气迷蒙的立体感觉了。可见,通

---

① 朱自清:《关于"月夜蝉声"》,见《朱自清全集》(第四卷),南京:江苏教育出版社,1990年,第535页。
② 余光中:《听听那冷雨》,北京:国际文化出版公司,2014年,第30页。

感或联觉的灵活应用,能激发写作者创造出精妙的通感的语句。古人说的"五官生五觉,五觉出文章",就是这个道理。而读者也正是通过视觉,几乎同步在味觉、嗅觉和听觉中激起反应,从而获得对艺术形象的整体把握和想象。

3. 观察是专心致志的、感受着和思维着的知觉活动

一般的走走看看,是每一个健全的人都能做到的,但积极的感受和思维只有在观察中才有可能进行。观察,既不是走马观花式的张望,也不是漫不经心的浏览,而是专心致志的、感受着和思维着的知觉活动。观察着的人就是感受着的人、思考着的人。

观察和感受常常相提并论。感受,心理学的解释是人的器官受到各种外界事物(如形象、颜色、音响、气味)的刺激,所产生的一种相应的心理活动。如美景会让我们陶醉,丹青水墨会让我们宁静,"感动中国"的人物事迹会让我们感动,幽幽花香会让我们心旌摇荡,等等。如《红楼梦》第三十二回写道:史湘云在怡红院中劝宝玉:"还是这个情性,改不了。如今大了,你就不愿读书去考举人进士的,也该常会会这些为官作宰的,谈讲谈讲那些仕途经济的学问,也好将来应酬庶务,日后也有个朋友……"[1]宝玉听了,大觉逆耳:"姑娘请别的屋里坐坐,我这里仔细腌臜了你知经济学问的人!"袭人道:"姑娘快别说这话。上回也是宝姑娘也说过一回,他也不管人脸上过得去过不去,他就'咳'了一声,拿起脚来走了。这里宝姑娘的话也没说完,见他走了,登时羞得脸通红,说又不是,不说又不是。幸而是宝姑娘,那要是林姑娘,不知又闹得怎么样,哭得怎么样呢!……"宝玉说:"林姑娘从来说过这些混账话不曾?若他也说过这些混账话,我早和他生分了。"[2]可巧这话被刚走进来的林黛玉听见。"林黛玉听了这话,不觉又喜又惊,又悲又叹。所喜者,果然自己眼力不错,素日认他是个知己,果然是个知己。所惊者,他在人前一片私心称扬于我,其亲热厚密,竟不避嫌疑。所叹者,你既为我之知己,自然我亦可为你的知己,既你我为知己,则又何必有'金玉'之论呢?既有'金玉'之论,也该你我有之,又何必来一宝钗呢?所悲者,父母早逝,虽有铭心刻骨之言,无人为我主

---

[1] (清)曹雪芹、(清)高鹗:《红楼梦》(上),北京:中华书局,2014年,第436页。
[2] (清)曹雪芹、(清)高鹗:《红楼梦》(上),北京:中华书局,2014年,第437页。

张;况近日每觉神思恍惚,病已渐成,医者更云:'气弱血亏,恐致劳怯之症。'我虽为你的知己,但恐不能久待;你纵为我知己,奈我薄命何!想到此间,不禁滚下泪来。"①这是林黛玉在观察中,听觉受到刺激而产生的喜、惊、悲、叹四种感受。由此可见,感受是观察者对事物的综合的情感反应和主观体验,是感知的深化,是融入了作者主观情感的一种心理活动。正因为观察中有感受,有思维,所以就有了独特性。

那么,观察究竟应达到怎样的理想境地呢?我国古代就有"得物态,穷物理"之说,著名思想家、文学家王夫之在《姜斋诗话》卷一里举例说明了这一点。他先以《诗经·卫风·氓》为证,这首诗写的是一个女子与"士"结婚以至被抛弃的经过,反映了当时社会男女之间的不平等。诗中有"桑之未落,其叶沃若"的句子,意即桑树未落叶的时候,桑叶润泽。诗人用它来比喻女主人公年轻时的健美。王夫之说,苏轼对此句诗评价得不错,认为"体物之工,非'沃若'不足以言桑;非桑不足以当'沃若'"②。作者对事物的观察是准确的。接着,王夫之又说,这句诗对事物的观察和反映"得物态,未得物理"。"沃若"已"得物态",即达到了生活的真实,把生活中桑叶的形态观察和描写得很鲜明、准确,但还没有在此基础上达到艺术的真实,即"得物理",表现出其与整首诗所要表现的主题情思相一致的神韵。为了阐明自己的观点,王夫之又举了《诗经》的另一个例子《周南·桃夭》,这是一篇祝贺女子出嫁的作品。"桃之夭夭,灼灼其华。之子于归,宜其室家。桃之夭夭,有蕡有实。之子于归,宜其家室。桃之夭夭,其叶蓁蓁。之子于归,宜其家人"③。他认为这前三句,不仅"穷物理",而且"得物态"。因为桃树唯有正

---

① (清)曹雪芹、(清)高鹗:《红楼梦》(上),北京:中华书局,2014年,第437—438页。

② 转引自戴鸿森笺注:《姜斋诗话笺注》,北京:人民文学出版社,2012年,第17页。

③ 《诗经》,刘毓庆、李蹊译注,北京:中华书局,2011年,第17页。这段文字的大意是:妩媚婀娜的桃树,耀眼的鲜花惹人频顾。这美丽的姑娘今日出嫁,娶亲的人家将和睦幸福。妩媚婀娜的桃树,累累的硕果令人爱慕。这美丽的姑娘今日出嫁,娶亲的人家将幸福和睦。妩媚婀娜的桃树,繁茂的树叶绿荫密布。这美丽的姑娘今日出嫁,娶亲的人家将幸福和睦。

当盛年,婀娜研茂,所谓"夭夭"之时,才是花荣、叶盛、实蕃。等到桃树再长,则"液流蠹结,花不荣,叶不盛,实不蕃"了。诗人以"夭夭"比喻出嫁的少女,暗示她出嫁后的幸福生活,那是再贴切不过了。这就告诉我们,要达到观察的理想之境,就必须在观察的同时认真思考,不仅要得其"物态",把握事物的形态样貌,还要穷其"物理",做到形神兼备、情理相融。

(二)观察的要求

1. 要注意观察的顺序

观察事物总是站在一定的位置,选取一定的角度,有顺序地进行。这个顺序包括时间顺序、空间顺序和事物关系顺序。

观察事物的发展,要遵循现在、过去、将来的顺序,把握事物变化的各个层次及其因果关系。

观察环境,一般要遵循面—点—面的顺序,先观察事物的全貌,然后观察各个局部,再把局部放到整体中来考察。

观察人物,要遵循表—里—表的顺序,先观察人物的容貌、表情、服饰、言语、举动、生活习惯,进而了解人物的经历、处境、性格、爱好,再进一步把握人物的外部特征。

事物之间总是互相联系的,构成事物的各个因素也总是互相影响的。讲究顺序,就是揭示事物内部或事物之间的各种联系,由表及里、由此及彼地认识事物。例如,杜甫诗句"细雨鱼儿出,微风燕子斜"[1],显然有着观察顺序,前一句是低头看水中之鱼,后一句是抬头看空中之燕。叶梦得在《石林诗话》中赞道:"此十字殆无一字虚设。细雨著水面为沤,鱼常常上浮而捣,若大雨则伏而不出矣。燕体轻弱,风猛则不能胜,唯微风乃受以为势,故又有'轻燕受风斜'之语。"[2]唯其雨细,鱼儿才欢腾地游到上面,如果雨猛浪翻,鱼儿就会潜入水底了。唯其风微,燕子才轻捷地掠过天空,如果风大雨急,燕子就会禁受不住了。由此亦可见诗人观察力之精微,缘情体物之天然。

---

[1] (唐)杜甫:《水槛遣心二首(其一)》,见谢思炜校注《杜甫集校注(五)》,上海:上海古籍出版社,2015年,第1913页。

[2] (清)何文焕辑:《历代诗话》(下),北京:中华书局,2004年,第431页。

2. 要抓住对象的特征

世界之大，包罗万象；宇宙之大，无奇不有。面对纷繁复杂的事物，究竟要如何观察呢？最重要的一点就是抓住特征。事物既有内部特征，也有外部特征。事物的内部特征是十分丰富而深刻的，事物的外部特征也是极其独特、具体、生动的。抓住特征，既指抓住事物的外部特征，也指抓住事物的本质特征。抓住了特征，就容易把握事物的情态、事物的道理，写出的文章也容易鲜明、逼真、深刻。比如海明威的《老人与海》，文章一开头就是对老人肖像的观察描写：

> 老头儿后颈上凝聚了深刻的皱纹，显得又黑又憔悴。两边脸上长着褐色的疙瘩。那是太阳在热带海面上的反光晒成的肉瘤，疙瘩顺着两边蔓延下去，因为老在用绳拉大鱼的缘故，两只手上都留下了皱纹很深的伤痕，但是没有一块疤是新的。那些伤疤年深月久，变得像没有鱼的沙漠里腐蚀的地方一样了。
>
> 他身上每一部分都显得老迈了，除了那一双眼睛。那双眼睛呵，跟海水一样蓝，是愉快的，毫不沮丧的。①

这段描写主要抓住"伤疤"和"眼神"两个特征，突出了老人的饱经风霜与坚定顽强、乐观豪迈。这就不仅为全篇奠定了基础，而且暗示出主题开掘的方向。接下来对大海的描绘则是全方位的，既写出了大海的浩渺、凶猛，给人以崇高感，又写出了大海的生机，给人以愉悦感。两种景象，前者烘托老人敢于与自然搏斗的悲壮慷慨的一面，后者则凸显了海上的荒凉，透露出老人热爱生活、童心未泯的另一面。人生的艰难、乐趣、价值，这些重大的思想底蕴都从文章描述的老人的形象中透露出来了。

那么，观察时如何才能抓住事物的特征呢？

第一，要观全察深。这是说观察既要全面，又要深入。"全面"是指观察首先要有广度，要多观察，观察事物的各个方面及其发展过程，积累尽可能丰富的生活材料；"深入"是指观察要有深度，要观察出别人没有发现的富有个性特征的类的东西来，要从那些看

---

① ［美］海明威：《老人与海》，陈良廷等译，北京：人民文学出版社，2013年，第1页。

似平常的事物中看出并不平常的东西,看出隐藏在事物内部的信息和富有实质性的内涵来,从那些看似没有联系的事物之间看出联系来。只要对事物进行全面、深入的观察,就能发现事物的各种特征,写作时就不会千人一面。

如果观察环境,就要既在空间方面了解其全体,又在时间方面观察它的变化和它周围的变化。如巴金的《海上日出》,就是从日出前怎样,天怎么样,云怎么样,然后又发生了什么变化,日出时又是怎么样,日出以后又发生了什么变化,都一一作了观察。

如果对象是人,就要观察这个人的服饰、外貌特征、语言行动等,还必须了解这个人的出身经历,他所处的社会环境和自然环境,弄清当地的风俗习惯,只有这样才能准确把握人物的性格特征,写出鲜明的形象来。如列夫·托尔斯泰在《安娜·卡列尼娜》中描述人们下火车的场面:"一个青年列车员不等火车停稳便吹起哨子来,从车上一跃而下,那些等不及的乘客也一个个随他跳下了火车,其中有个近卫军军官,挺胸而立,威严地四处张望着;一个好动的小商贩拎着一只小包,在愉快地微笑;一个农民肩上背着一只口袋。"[①]就人物的共性看,都是性急,但又各有各的个性。近卫军军官派头十足、傲慢而又忠于职守;小商贩的特征则是笑容满面,而"好动"则写出了他不放弃一刻时间进行钻营的习惯动作,尤其这里的"拎着一只小包"非常符合商贩的职业与身份;写农民只用了一个"背"字,就把农民的特征展示出来了。因为作者的观察全面、深入,注意到了人们的不同的职业、身份、举止、神态、风度等,所以描写人物时就能抓住特征。

第二,要比较差异。就是要把不同的事物或不同条件的同一事物联系起来,进行观察,从比较中发现差异,以捕捉它们各自的特征。只对个别事物孤立地进行观察,虽然目标单纯、注意力集中,但由于缺乏特定的参照物,不容易捕捉该事物与其他事物,尤其是与同类事物、相似事物之间的不同。世界上的万事万物,有着各种各样的联系,同一事物在不同条件下也会有变化,这都为比较差异提供了条件。

---

① [俄]列夫·托尔斯泰:《安娜·卡列尼娜》,智量译,南京:译林出版社,2001年,第54页。

金圣叹在《读第五才子书法》中有这样一段议论:"《水浒传》只是写人粗鲁处,便有许多写法。如鲁达粗鲁是性急,史进粗鲁是少年任气,李逵粗鲁是蛮,武松粗鲁是豪杰不受羁绊,阮小七粗鲁是悲愤无处说,焦挺粗鲁是气质不好。"[①]指明了这些梁山好汉的共性("粗鲁")之中的个性差异。

同样是春天雨后的花,在诗人笔下,也可以被写得不同。如杜甫《春夜喜雨》:"晓看红湿处,花重锦官城。"春雨下了一夜,雨后的花朵含雨带珠、晶莹欲滴,"红湿""花重"用得非常传神。王勃《郊兴》:"雨去花光湿,风归叶影疏。"写的也是春雨。雨下得时间短,雨后日出,所以看不出"红湿""花重",花上已无雨水,在阳光照耀下更见滋润,所以是"花光湿"。一个"光"字写出了花的精神;风停了,在阳光照耀下叶影倩疏,一个"疏"字写出了日光从叶影中透出的样子。他们观察都很细致,而写得又各有千秋。

法国大作家莫泊桑初学写作时,福楼拜要求他以"牛车"为题材写出七篇内容不同的散文来。莫泊桑很为难,福楼拜就启发他说:拉车的牛,早上和晚上神态不一样,赶牛车的人喝醉时和没有吃饱时,对牛的态度也不一样,牛饿着肚子上山冈和饱着肚子走平地时又有明显不同,等等。这里,福楼拜要求的就是比较差异。

第三,要学会分解。所谓"分解",就是把人或事物分为若干方面,先一个方面一个方面地去观察,然后综合起来,只有这样才能发现事物的独特之处。比如写景,郁达夫在《故都的秋》里写道:"北国的秋,却特别地来得清,来得静,来得悲凉。"这是对北国的秋的总体观察、综合印象,抓住了北国秋天最突出的特征。得出这最突出的特征,就包含一个分解的观察过程。作者写道:"在南方每年到了秋天,总要想起陶然亭的芦花,钓鱼台的柳影,西山的虫唱,玉泉的夜月,潭柘寺的钟声",还有"青天下驯鸽的飞声","牵牛花的蓝朵","秋蝉的衰弱的残声","灰土上留下来的一条条扫帚的丝纹"透出的"清闲"和"落寞",以及人们那种"一层秋雨一层凉"的韵调。[②] 由对这些分散的个别事物的观察,综合出北国的秋特别"清、

[①] (清)金圣叹:《金圣叹全集》(一),周锡山编校,南京:江苏古籍出版社,1985年,第19—20页。

[②] 郁达夫:《郁达夫散文名篇》,北京:中国画报出版社,2011年,第28—29页。

静、悲凉"的总体特征。

再如写人,《红楼梦》第二回,林黛玉对王熙凤的观察,就是先用听觉、后用视觉进行分解观察,最后再综合:

一语未休,只听后院中有笑语声,说:"我来迟了,不曾迎接远客!"黛玉思忖道:"这些人个个皆敛声屏气如此,这来者是谁,这样放诞无礼?"心下想时,只见一群媳妇丫鬟拥着一个丽人,从后房进来。这个人打扮与姑娘们不同,彩绣辉煌,恍若神妃仙子:头上戴着金丝八宝攒珠髻,绾着朝阳五凤挂珠钗,项上戴着赤金盘螭璎珞圈,身上穿着缕金白蝶穿花大红云缎窄裉袄,外罩五彩刻丝石青银鼠褂,下着翡翠撒花洋绉裙;一双丹凤三角眼,两弯柳叶吊梢眉,身量苗条,体格风骚,粉面含春威不露,丹唇未启笑先闻。

黛玉连忙起身接见,贾母笑道:"你不认得他,他是我们这里有名的一个泼辣货,南京所谓'辣子',你只叫他'凤辣子'就是了。"①

这样从听觉、视觉分解开来观察和描写,再用贾母的话加以综合,就把王熙凤的性格特征及其在贾府的特殊地位生动形象地突现出来了。

第四,要善于发现。法国著名雕塑家罗丹说:"美是到处有的,并非美在我们的眼目之前付之阙如,而是我们的眼目看不见美。"②如果有所谓的"大师",那么应该就是这样的人,他们用自己的眼睛看别人见过的东西,在别人司空见惯的东西上能够发现出美来。

比如,19世纪末,法国著名画家莫奈画了一幅伦敦的威斯敏斯特教堂的风景画,展出后遭到批评家们的嘲笑和批评,因为他把人们习以为常的灰白色的雾竟画成了紫红色。可是当这些批评家走出教堂,抬头一看,他们大吃一惊地发现,因为烟尘太多和有许多红色建筑物,伦敦的雾的确是紫红色的,而在此之前他们都没有发现。大师因为具有敏锐的观察力,所以能够发现别人未曾发现的东西。所以,一个善于发现的作者,总是能够发现别人发现不了的东西,从某种意义上来说,只有创造与众不同的现实世界,才能创

---

① (清)曹雪芹、(清)高鹗:《红楼梦》(上),北京:中华书局,2014年,第45—46页。
② [法]奥古斯特·罗丹:《艺术论》,傅雷译,上海:上海译文出版社,2019年,第79页。

造独树一帜的艺术世界。

二、想象

(一)想象的内涵及其特点

在人类的发展进程中,想象发挥着非常重要的作用。比如,几乎每个民族都通过神话想象了一个天上的世界,艺术创作更是离不开审美想象。古今中外的艺术家和理论家都认识到想象的重要性和独特魅力,提出了许多具有独特价值的想象论。陆机《文赋》中谈到"就思傍讯,精骛八极,心游万仞"[1],刘勰《文心雕龙·神思》中说到"寂然凝虑,思接千载;悄焉动容,视通万里;吟咏之间,吐纳珠玉之声;眉睫之前卷舒风云之色"[2],说的都是想象这种特殊的审美心理。法国哲学家狄德罗曾说:"想象,这是一种素质,没有它,人既不能成为诗人,也不能成为哲学家、有思想的人、有理性的生物,甚至不能算是一个人。"[3]黑格尔更直截了当地说,艺术家"最杰出的艺术本领就是想象"[4]。可见,想象是人之为人的最重要的心理机能之一,是写作者必须具备的艺术本领。

何谓"想象"?想象是人在头脑中对观察得来的原有记忆表象进行加工、改造,形成新的形象的思维活动过程。想象一方面产生于知觉和表象,另一方面又不受知觉和表象的限制,它受情感支配,可以自由创造出新的知觉和表象。想象在已有的知觉和表象及其相互联系的基础上,对这些知觉和表象予以甄别筛选、排列组合,把散在的、不相关的零碎的材料和印象集合在一起,不仅创造

---

[1] (西晋)陆机:《文赋》,见张怀瑾注《文赋译注》,北京:北京出版社,1984年,第70页。这句话的意思是:潜心思索,旁搜博寻,让心神驰骋在辽阔的宇宙,遨游在万仞高空。

[2] (南朝)刘勰:《文心雕龙》,见范文澜注《文心雕龙注》,北京:人民文学出版社,1962年,第493页。这段话的意思是:当他静默聚精会神地思索,可能想到了千古以前;当他突然间眸子一动,可能看到了万里之外;他吟咏的时候,嘴里发出琅琅的声音,在他的眉目之前,浮现着风云变幻的景象。

[3] 转引自童庆炳主编:《文学理论》,北京:高等教育出版社,2009年,第146—147页。

[4] [德]黑格尔:《美学》(第一卷),朱光潜译,北京:商务印书馆,1978年,第348页。

出新的知觉和表象,而且赋予它们新的形式和意义。无论是艺术家的审美创造,还是读者的审美欣赏,都离不开想象。艺术家的创作是将头脑中"神思"(构思)的意象世界固化在外在的物质材料上,这是把想象中的世界物化的过程。而读者的欣赏则是把物质化的作品在自己的头脑中进行意象化,想象一个意象的世界,从而获得美的享受。总之,只有通过想象,才能把审美活动中个别的、有限的形象、意象转化为无限多个、丰富的形象、意象世界,从而形成一个美的世界。同时,也只有通过想象,才能把无形的、看不见的、抽象的东西变成有形的、具有鲜活形象的审美图景。没有想象,无论是审美创造还是审美欣赏,都不可能完成。

艺术创造中的想象活动是一种独特的想象,它不同于科学的想象或一般的想象,它有自己的特点。概括起来主要有以下四个方面:

一是自由性。科学的想象往往指向唯一的答案,而审美想象更加自由,它是人自由感性的一种解放,允许足够的主观性和个人性。感觉和知觉都只能感知眼前的"此时此地"的东西,而想象则能够超越时间和空间的限制,使那些不在场的、看不见摸不着的东西"如在目前"。《文心雕龙·神思》开篇即云"形在江海之上,心存魏阙之下"[①],意味着"神思"(即想象)是一种不受时空限制的精神现象,它既可以在同一空间驰骋于古往今来之境,亦可以在同一时间纵横于辽阔之苍茫宇宙,正如陆机所说的,"观古今于须臾,抚四海于一瞬"[②]。上古之远,眉睫之近,宇宙之大,苍蝇之微,无一不可以想象。黑格尔认为,想象是自由的,具有无拘无束的偶然性和任意性。艺术作品的源泉是想象的自由活动,而想象就连在随意创造形象时也比较自由。无论是创作还是欣赏艺术形象,我们都好像逃脱了法则和规律的束缚,我们对艺术美所欣赏的正是创造和形象塑造的自由性。

二是情感性。情感是想象的动力,"神用相通,情变所孕",想

---

① (南朝)刘勰:《文心雕龙》,见范文澜注《文心雕龙注》(卷六),北京:人民文学出版社,1962年,第493页。

② (西晋)陆机:《文赋》,见张怀瑾注《文赋译注》,北京:北京出版社,1984年,第70页。

象之所以畅通，是因为它是情感变化引起的。"登山则情满于山，观海则意溢于海"①，情感是推动神思遨游宇宙、观览古今的真正动力。黑格尔也认为情感给想象"灌注生气"，使外在图形与内在自我达到完美的统一，情感能够推动主观与客观、精神与物质相摩相荡，从而使想象产生出巨大的创造力，给想象注满生命的元气。比如钱起的"曲终人不见，江上数峰青"②，秦观的"可堪孤馆闭春寒，杜鹃声里斜阳暮"③，前句都是说人事，后句都是写物景，由前者想象到了后者，我们却并不觉得这两种不同的意象摆在一起有什么不妥，它们能互相烘托，就是因为它们都传达出一种凄清的情感。换句话说，尽管两个意象在性质上不相类似，但在情感上相互协调，形成了整体。可以说，审美想象按照的是情感逻辑而不是理性逻辑，它不遵循科学的规律而遵循主体的情感的规律。

三是形象性。科学的想象或日常的想象主要是着眼于对事物的实际功能的想象，是客观的、功利的、物我界限分明的，它更多的是一种"推想"。而审美想象则紧扣形象来进行，主要是想象审美对象的整体形象，想象事物的形状，充满了审美主体的情感，它是非功利的、物我交融的。狄更斯在《大卫·科波菲尔》中叙述他几年前经历的一场暴风雨时说："许多年中，我常梦见它。我被它惊醒的时候，脑子里留下的印象是那么生动，就是在深更半夜，在我那寂静的卧室里，也会觉得它仍在狂暴肆虐。"④多年前的暴风雨不可能现在还在安静的房间里狂暴肆虐，这显然不是作者"看"到的真实风暴，而是作者头脑中想象到的格外逼真的风暴，是审美感受的风暴。虽然艺术家通过想象可以"思接千载""视通万里"，但无论如何想象，都始终离不开具体、生动、鲜明的形象。用刘勰的话来说，就是"神与物游"，正是在这个意义上，别林斯基认为"诗人用形象思索"。

四是创造性。想象是真正的创造性的活动，它不同于记忆，记

---

① （南朝）刘勰：《文心雕龙》，见范文澜注《文心雕龙注》，北京：人民文学出版社，2006年，第494页。
② 转引自朱自清：《朱自清说诗》，北京：东方出版社，2007年，第251页。
③ 庄泽义编选：《宋词精读》，杭州：浙江人民出版社，2018年，第110页。
④ ［英］狄更斯：《大卫·科波菲尔》，庄绎传译，北京：人民文学出版社，2015年，第809页。

忆仅能记住发生过的事件以及相关的情境,不能把普遍性显示出来,而艺术(审美)想象不是机械的记忆、被动的幻想和抽象的思考,它是一种能够主动创造观念和形象的杰出本领。对于想象的这种巨大的创造功能,刘勰打了一个生动的比方:"若情数诡杂,体变迁贸,拙辞或孕于巧义,庸事或萌于新意,视布于麻,虽云未费,杼轴献功,焕然乃珍。"①在刘勰看来,想象(神思)对于艺术形象的创造,就像纺织中将麻纺成布一样。麻相当于生活素材,它们是非常普通的、平凡的"庸事"。麻一旦经过加工制作,便成了"焕然乃珍"的布。"庸事""拙辞"经过想象之"杼轴献功",即经过创造性的想象,也能萌生出"巧义""新意",成为"焕然乃珍"的艺术作品。由麻到布的飞跃,正是创造性想象的结果。

(二)创造的想象与联想作用

从类型上来说,想象有"再现的想象"与"创造的想象"之分。再现的想象只是在记忆中复原旧有的经验,产生不了艺术,艺术必须有创造的想象。我们不妨以王昌龄的《长信怨》一诗来加以解释。

奉帚平明金殿开,暂将团扇共徘徊。
玉颜不及寒鸦色,犹带昭阳日影来。②

对于诗歌创作而言,所谓"想象"就是作者在心里唤起意象。一般的想象大半都是再现的,比如我昨天看见一只鸦,今天回想它的形状,丝毫不用自己的意思去改变它,就是只用再现的想象。比如诗中的"奉帚""金殿""玉颜""寒鸦""日影""团扇""徘徊"等,在独立时都是再现的想象。而"创造的想象"并非无中生有,而是利用已有的意象加以新的配合。比如《长信怨》的后两句就是创造的想象的结果,"寒鸦""日影"是司空见惯的,但王昌龄独创性地用带昭阳日影的寒鸦来表现班婕妤的"怨",至情至理,非常精彩。由此可

---

① (南朝)刘勰:《文心雕龙》,见范文澜注《文心雕龙注》,北京:人民文学出版社,1962年,第495页。
② 转引自陈昌渠、张志烈、邱俊鹏注:《唐诗三百首注释》,成都:四川人民出版社,1982年,第403—404页。

见,"创造的想象"比"再现的想象"更能体现出写作者的想象力和艺术创造能力,即能够将"平常的旧材料"加以"不平常的新综合",旧中出新,是为"创造"。对于艺术而言,这种创造的想象有效地实现了意象的具体化和个人化,创造出了一个如在目前的具体情境,避免了以抽象的概念表达抽象的思想情感,这正是艺术区别于哲学、艺术家不同于思想家的关键所在。

创造的想象从理智方面可以分析为两种心理作用,即分想作用和联想作用。所谓"分想作用"就是把某一个意象(比如鸦)和与它相关的许多意象(比如树林、天空、行人等)分开而单提出它来。很显然,这种分想作用是选择的基础,而选择有时就是创造,正如雕刻家在一块顽石中雕出一座爱神来,画家在一片荒林中描绘出一幅风景画来,诗人从混乱的自然中勾画出美的意象来,"采菊东篱下,悠然见南山","寒波澹澹起,白鸟悠悠下","风吹草低见牛羊"等皆是如此。如果没有这种分想、选择的本领也就无法创造艺术,因为无法在混乱的情境中把用得着的成分单提出来,把用不着的成分丢开,来塑造一个完美的形象。

所谓"联想作用"就是综合,创造大半是"旧意象的新综合"。联想就是见到甲而想到乙,它是一种最普遍的作用,通常分为两种:一种是类似联想,比如看到菊花想起向日葵,看到春光想起少年,这是甲和乙在性质上有类似点;一种是接近联想,比如看到扇子想起萤火虫,走到赤壁想起曹操或苏轼,这是甲和乙在经验上曾相接近。二者常常混在一起,比如看到菊花想起陶渊明,既是接近联想,因为陶渊明常写菊花诗,又是类似联想,因为菊花有高人节士的气概,与陶渊明的性格相类似。

对于人而言,联想是知觉、概念、记忆、思考、想象等心理活动的基础。对于艺术而言,知觉和想象都以联想为基础,无论是艺术家的创造还是艺术接受者的欣赏,知觉和想象都必须活动,尤其在诗的方面。从某种意义上来说,诗歌的微妙往往在于联想的微妙。比如李商隐的《锦瑟》:

> 锦瑟无端五十弦,一弦一柱思华年。
> 庄生晓梦迷蝴蝶,望帝春心托杜鹃。
> 沧海月明珠有泪,蓝田日暖玉生烟。

此情可待成追忆,只是当时已惘然。①

李商隐和许多晚唐诗人的作品在技巧上类似于西方的象征派,都是使用几个很精妙的意象,以唤起读者的多方面的联想。比如这首诗中间四句,借庄生蝴蝶、望帝春心、月明珠泪、良玉生烟等精妙意象,犹如图画的颜色、阴影、浓淡配合在一起,烘托出一种有情致的风景,唤起读者一种渺茫恍惚、不堪追索的悲哀,尤其是五六两句把想象活动区域推得更远、更渺茫、更精微,让读者产生无限联想,从而体会到诗的美感。从这个意义上说,"联想有助美感,与美感为形象的知觉两说并不冲突。在美感经验之中,精神须专注于孤立绝缘的意象,不容有联想,有联想则离开欣赏对象而旁牵他涉。但是这个意象的产生不能不借助于联想,联想愈丰富则意象愈深广,愈明晰。一言以蔽之,联想虽不能与美感经验同时并存,但是可以来在美感经验之前,使美感经验愈加充实"②。

接近联想和类似联想的使用常与不同的主题或文体相关。比如,"怀古""忆旧"的作品大半起于接近联想,看到赤壁就想起曹操或苏轼,看到遗衣挂壁就想到已故的妻子等。类似联想在艺术上尤为重要,如"关关雎鸠,在河之洲,窈窕淑女,君子好逑","玉颜不及寒鸦色""云破月来花弄影"等,皆是类似联想的范例。类似联想之所以重要,是因为它能够使物变成人(拟人)、人变成物(托物)。比如"感时花溅泪,恨别鸟惊心""水是眼波横,山是眉峰聚"等诗句都是以物拟人,都是作者将主观之情移置于物而产生的类似联想,如朱光潜所言,"一切移情作用都起类似联想,都是'拟人'的实例"③。再比如,班婕妤自比"团扇"、曹植写的《七步诗》等,都是托物的实例。托物是一种不愿直言心事而婉转地以隐语来表达的方式,为中国文人所喜爱,其中以动植物的故事隐射人类的是非善恶的寓言最具代表性。无论是拟人还是托物,都是象征,即以甲为乙的符号,而类似联想正使得甲可以作为乙的符号。象征也好,类似联想也罢,归根结底,其功能都在于用具体的事物来代替抽象的概

---

① 转引自周汝昌:《诗词会意:周汝昌评点中华好诗词》,周伦玲编,贵阳:贵州人民出版社,2017年,第35页。
② 朱光潜:《文艺心理学》,上海:复旦大学出版社,2011年,第86页。
③ 朱光潜:《谈美》,北京:中华书局,2010年,第73页。

念,即"寓理于象"。

总之,只有理解了想象和联想的内涵、特性以及它们对于作者和读者的重要作用,我们才能真正懂得如何在写作中实现旧意象的新综合,懂得如何通过类似联想实现拟人和托物,并懂得如何抓住精妙的意象去解读意象背后的理与情。

(三)想象力与洞察力

在康德看来,想象力是沟通感性与理性的桥梁。感性只能接受表象,理性则负责综合与统一,而使二者联系起来以获得客观现实性的就是想象力。想象力是人的超越日常经验和日常意识的思想情怀,是对世界和人生的诗意感悟,是对宇宙万物的审美性的占有,是主体精神和对象碰撞出的火花,是人类存在的升华,是为了克服人生的悲剧性而虚构出的心灵幻境。正是想象力使一件件作品有了生气、有了精神,使一位位艺术家显示出天才的特质。

然而,悖谬的是,随着年龄的增长和知识的丰富,一个人的想象力并不是自然而然地增长,成人的想象力常常比不上儿童的想象力。比如,在黑板上画一个圆圈,问"这是什么",大学生可能只会告诉你,这是一个圆圈,而幼儿园里的孩子们会告诉你,这是月亮、饼干、足球、车轮、自己的脸等。因此,对于写作者来说,培养和训练自己的想象力变得尤为重要。从某种程度上来说,想象力也就是创新力,想象力的培养也就是创新力的培养。

需要注意的是,想象虽然是自由的,但这并不意味着写作者在写作时可以天马行空、胡思乱想,因为创作意图、对象材料等的约束,写作者就必须同时培养一种能力,那就是洞察力。正如当代著名作家余华所言,"只有当想象力和洞察力完美结合时,文学中的想象才真正出现,否则就是瞎想、空想和胡思乱想"[①]。在文学创作中,"飞翔"和"变形"最能体现一个作家是否具有丰富的想象力和精准的洞察力。

现在我们讨论第一个话题——飞翔,也就是文学作品中的人物如何飞翔?有一次,加西亚·马尔克斯在和朋友谈到《百年孤独》的写作时遇到一个难题,就是俏姑娘雷梅苔丝如何飞到天上

---

① 余华:《我们生活在巨大的差距里》,北京:北京十月文艺出版社,2015年,第63页。

去。对于很多作家来说，这可能并不是一个难题，这些作家只要让人物双臂一伸就可以飞翔了，因为一个人飞到天上去本来就是虚幻的，或者说是瞎编的，既然是虚幻和瞎编的，那么只要随便写这个人飞起来就行了。可是加西亚·马尔克斯是伟大的作家，对于伟大的作家来说，雷梅苔丝飞到天上去既不是虚幻也不是瞎编，而是文学中的想象，是值得信任的叙述，因此每一个想象都需要寻找到一个现实的依据。马尔克斯需要让他的想象与现实签订一份"协议"，马尔克斯一连几天都不知道如何让雷梅苔丝飞到天上去，他找不到"协议"。由于雷梅苔丝上不了天空，马尔克斯几天写不出一个字，然后在某日下午他离开自己的打字机，来到后院，当时家里的女佣正在晾床单，风很大，床单斜着向上飘起，女佣一边晾着床单一边喊叫着说床单快飞到天上去了。马尔克斯立刻获得了灵感，他找到了雷梅苔丝飞翔的现实依据，他回到书房，回到打字机前，雷梅苔丝坐着床单飞上了天。马尔克斯对他的朋友说，雷梅苔丝飞呀飞呀，连上帝都拦不住她了。可以说，《百年孤独》中的床单与《一千零一夜》里的阿拉伯飞毯异曲同工。神奇的飞毯更像是神话中的表达，而雷梅苔丝坐在床单上飞翔，则充满了生活的气息，是想象力和洞察力的完美结合。

　　第二个话题是文学如何想象"变形"，也就是人如何变成动物（比如卡夫卡《变形记》中的"大甲虫"）、变成树木、变成房屋等。比如，在《西游记》里，孙悟空和二郎神大战时不断变换自己的形象，而且都有一个动作——"摇身一变"。这个动作十分重要，既表达了变的过程，也表达了变的合理。如果变形时没有身体摇晃的动作，直接就变了，这样的变形就会显得突兀和缺乏可信性，这个"摇身一变"，既体现了作者的想象力，又表明了作者有意为读者提供现实依据的洞察力。孙悟空变成麻雀站在树梢，二郎神立刻变成饿鹰，抖开翅膀，飞过去扑打；孙悟空一看大事不妙，变成一只大鹚冲天而去，二郎神马上变成海鹤追上云霄；孙悟空俯冲下来，淬入水中变成一条小鱼，二郎神变成鱼鹰飘荡在水波上；孙悟空只好变成一条水蛇游近岸钻入草中，二郎神追过去变成一只朱绣顶的灰鹤，伸着长嘴来吃水蛇；孙悟空急忙变成一只花鸨，露出一副痴呆的样子，立在长着蓼草的小洲上。这时候草根和贵族的区别体现出来了，身为贵族阶层的二郎神看见草根阶层的孙悟空变得如此低贱,因为花鸨是鸟中最贱最淫之物,不愿再跟着变换形象,于是现出自己的原身,取出弹弓,拽满了,一个弹子将孙悟空打了一个滚。这一笔看似随意,却十分重要,显示出叙述者在其想象力飞翔的时候,仍然对现实生活明察秋毫。对于草根出身的孙悟空来说,变成什么不重要,重要的是达到自己的目的;贵族出身的二郎神就不一样,他在变成飞禽走兽的时候,必须变成符合自己贵族身份的动物,不像孙悟空,可以变成花鸨,甚至可以变成一堆牛粪。

可见,无论是神话和传说的叙述,还是超现实和荒诞的叙述,想象始终离不开现实,写作者必须站在生活的大地上进行想象,想象力必须与洞察力相得益彰,只有这样才能把现实生活中的不可能与不合情理,变成文学作品中的可能与合情合理。

第二节　阅读与审美

阅读与审美也是写作者必须具备的基本能力。阅读不仅是获取写作素材的最便捷方式,也是积累写作语言、学习写作技巧、深化命题立意不可或缺的途径。为更好地发挥阅读对写作的作用,写作主体需要掌握一定的阅读技巧,选择合适的阅读对象。同时,写作作为一种创造美的精神活动,对主体的审美能力包括审美感受能力、审美鉴赏能力、审美创造能力等有较高要求。而提高审美能力的前提是拥有健康的审美趣味,我们只有树立科学的世界观、人生观、价值观,在审美实践中养成高雅、进步的审美趣味,不断提高自身审美能力,才能写出格调高雅、文质兼美的文章。

一、阅读

阅读是从文字、图片、表格、符号、公式等材料中获取信息的过程,它对写作意义重大,可以说没有阅读就不可能有持续的写作。骆宾王七岁赋诗,从小才思敏捷,他后来能够与王勃、杨炯、卢照邻齐名,号称"初唐四杰",与他坚持阅读与学习分不开。而王安石笔下的"方仲永",同样文采过人,五岁即能赋诗且广受称道,但他的父亲不让他阅读学习,最终导致他丧失了写作的能力。因而,写作决不可离开阅读。

(一) 阅读对写作的意义

1. 有利于积累写作素材

俗话说,巧妇难为无米之炊,我们没有素材就无法写作。写作素材的获取,除了亲身观察、经历,最重要的途径是阅读。个人经历毕竟有限,有时也没必要事事亲历,阅读既能为写作提供最广泛的素材,也是获取写作素材的最便捷方式。司马迁写作《史记》,除了实地考察采访得到的资料,最主要的材料来源就是各种图书资料。当代写作亦是如此。比如说议论文的写作,常用到大量的事实论据,这些论据多通过阅读来获取。以论证"勤奋、坚持对于成功的重要性"为例,在正面论证时,以下事实可作为论据:一是范仲淹"划粥断齑"的故事。范仲淹年轻时,到长白山醴泉寺僧舍读书。由于家境贫寒,他为了节约粮食,就每天煮一锅粥,待凝固后划分为四块,早晚各取两块,就着捣碎的腌菜吃下。如此这般坚持苦读三年,最终进士及第,成为宋代著名的政治家、文学家。[①] 二是王羲之"墨池"的典故。东晋大书法家王羲之,自幼练习书法十分勤奋,常在住宅旁的池塘里清洗笔砚,这处池塘被称为"洗砚池"。由于练习太勤,洗得太多,后来池水尽黑,所以该池又被称为"墨池",而王羲之终成"书圣"。宋代著名散文家曾巩曾来到墨池遗迹凭吊王羲之,写下《墨池记》,中有:"盖亦以精力自致者,非天成也。"[②] 即认为王羲之的成功不是天才所致,而是刻苦用功的结果。除正面论证外,还可以从反面加以论证,此时可以项羽失败的经历为例:项羽年少时,曾学习识字、写字,但均未学成就放弃了;后来又练习剑术,也没有学成。项羽学习的有始无终,预示了他后来的有勇无谋,最终导致功业不终。这些正、反面事实论据,都需要广泛阅读才能获取,有了这些论据,文章自然能做到言之有物。当然,不仅是议论文,其他文章若想更好地反映生活、表达思想,也要涉及许

---

① 事迹最早见《范文正公年谱》。原文是:"公与刘某同在长白山醴泉寺僧舍读书,日作粥一器,分为四块,早暮取二块,断齑数茎,入少盐,以啗之,如此者三年。"(宋)楼钥:《范文正公年谱》,明正德十二年叶士美、欧阳席刻本。

② 曾巩:《曾巩集》(上),陈杏珍、晁继周点校,北京:中华书局,1984 年,第 279 页。

多我们不曾或无法经历的人、事、物,特别是科技论文的写作,不可能每个数据都依靠亲自实验获得。我们只有通过阅读来积累知识和开阔视野,才能让写作顺利进行。

2. 有利于丰富写作语言

写作是靠语言来表达思想的过程,"夫人之立言,因字而生句,积句而成章,积章而成篇"①,"辞不足不可以为成文"②。即文章是由字、词、句逐级扩展而来的,如果缺乏必要的文辞就无法写成文章。不仅如此,好的文章还需要语言尽可能丰富,否则即使成文也会令人生厌。毛泽东主席就曾说过:"如果一篇文章,一个演说,颠来倒去,总是那几个名词,一套'学生腔',没有一点生动活泼的语言,这岂不是语言无味,面目可憎,像个瘪三么?"③所以我们必须尽可能丰富语言积累,因为只有词汇量足够丰富,才有可能从中选择最准确、形象、生动的那一个;只有表达足够多样,才能让文章更活泼、更吸引人。而语言的积累一方面可以通过学习日常生活中的群众语言来完成,另一方面则离不开对古今中外优秀作品的阅读。比如阅读鲁迅的作品,可以让我们领悟诸如"阿Q精神""国民劣根性"这些词语的内涵;阅读古希腊神话,可以使我们了解诸如"阿喀琉斯之踵""潘多拉的盒子"这些短语的意义;阅读中国古典诗词,可以积累"露从今夜白,月是故乡明""不识庐山真面目,只缘身在此山中"这些富含感情和哲理的句子。在阅读中掌握这些或深刻或形象或精炼的词汇和语言之后,就能够在写作时根据需要使用它们,用以代替那些肤浅平庸或者繁琐冗长的表达。

3. 有利于借鉴写作技巧

写作技巧就是写作者熟练而巧妙地运用各种艺术手段,充分地表达思想情感,反映社会生活的技能。在积累大致相同的情况下,谁掌握的技巧越丰富,谁的写作意图就实现得越圆满。写作技巧一般包括语言技巧(修辞、句式等)、表达方式(叙述、描写、说明、

---

① (南朝)刘勰:《文心雕龙》,见范文澜注《文心雕龙注》,北京:人民文学出版社,1958年,第570页。

② (唐)韩愈:《答尉迟生书》,见马其昶校注、马茂元整理《韩昌黎文集校注》(上),上海:上海古籍出版社,2014年,第163页。

③ 毛泽东:《反对党八股》,见《毛泽东选集》(第三卷),北京:人民出版社,1991年,第837页。

议论、抒情等)、表现手法(前后照应、设置悬念、卒章显志、虚实结合、欲抑先扬或欲扬先抑、借景抒情、托物言志、以小见大、对面落笔、对比反衬、移步换景、以动衬静等)。这些可以通过阅读来不断体会,进而在写作时加以运用。以"虚实结合"为例,它不但可以使文章富于变化,也能使表现对象更加丰满、富有层次感。鲁迅先生的《从百草园到三味书屋》中,除"雪中捕鸟"等真实活动的叙写外,还有对"美女蛇"传说故事的串入,以及对自己将被送到三味书屋读书的原因的猜测。前者为文章增添了神秘色彩,后者加深了对百草园生活的留恋。这种虚实结合的行文方法,可以给我们的写作带来很大启发。

4. 有利于深化文章主题

面对相同的写作材料,不同作者的立意可能不同,有的比较普通,有的则能做到深刻而新颖。如同样是战争和灾难题材,大多数写作者会想到直呈伤痛与苦难,把伤痕——展览,以记录其对生活的破坏,表达一种悲悯情怀。但一些优秀的作家却从不同的角度作出了更深刻的揭示和思考,如杜甫,其《北征》一诗作于安史之乱后作者从凤翔到鄜州探亲途中,诗人一方面描绘了"所遇多被伤,呻吟更流血""夜深经战场,寒月照白骨"的惨痛景象,另一方面也展现了山中自然界"山果多琐细,罗生杂橡栗。或红如丹砂,或黑如点漆"的欣欣向荣;一方面写出战乱中一家人的悲凉和穷困,另一方面则写出了与妻子儿女团聚后的温馨。这就不仅揭示了战争带来的苦难,更唤起人们对没有战争的日常美好生活的珍惜和向往,引起一定的社会反思,其立意自是更深一层。这种立意之法,值得当代灾害题材写作者学习。除了直接提供立意的借鉴,阅读还可以丰富我们的学识,锻炼我们的思维,使我们今后在文章立意时思路更加开阔。

(二)阅读的技巧

阅读对写作意义重大,掌握一定的技巧也是必要的。下面,我们将简要介绍几种与写作相关的阅读技巧。

1. 泛读和精读

写作需要扩大知识面、开阔视野,这就要广泛阅读,包括阅读一些主攻专业方向之外的图书,比如文学专业需要了解一些历史、绘画、民俗等知识，多数专业都要了解一些文学、时政、科普知识等，这时可采用泛读的方法。先把书粗略翻看一遍，了解前言、目录、照片、图表、附录等；对于文章，则是先浏览大标题，之后再通过扫描式或跳跃式的快速阅读了解文章的基本观点和内容，这样有利于在最短的时间内把握一本书、一篇文章的梗概。泛读过的内容，会在头脑中形成粗浅的记忆，将来写作时如果需要与之相关的素材，可以回过头去查阅。泛读有时还能帮助我们打开写作思路、激发写作灵感。已故著名唐诗研究专家余恕诚先生，2007年在浏览《光明日报》时注意到该报刊发了全国各大城市当代辞赋的"百城赋"专栏，2013年浏览《光明日报》时注意到报纸上一则关于武则天时期著名女政治家上官婉儿墓出土并发现长达千字墓志文的新闻，这分别引起了他对"赋"这种文体生命力和武则天时期文学的思考，于是指导学生写作这两个专题的论文。

精读则是慢读和细读，它的特点是逐行逐段，甚至逐字逐句地深入钻研，配合圈点画线、写批语等有效手段，对内容加以整合或评价。精读离不开思考，真正深刻的作品，必定包含着作者对人生、对社会的观察与思考。比如鲁迅的小说《药》，通过华老栓夫妇买人血馒头给儿子治病、革命者夏瑜被军阀杀害后他的鲜血被用来做人血馒头这两个同时展开的故事，揭示了人民在封建统治下的麻木和愚昧，表现了作者对辛亥革命失败原因的思考。在阅读时，必须深刻体会和思考小说的深层主题，以及小说的结构布局、线索设置、人物塑造的方法及其对表达主题的作用。这样的思考对于我们提高文学鉴赏能力，或直接学习相关写作技巧都大有裨益。再如理工科同学阅读专业性很强的自然科学著作，对其内容就需要进行深入细致的钻研与思考。特别是公式、原理、定律，不仅要记住它们的结论，还应该理解它们的推理过程，懂得结论是如何一步一步得出的，掌握它们的适用条件和范围。对写作而言，这样精读和思考的好处是能够加深对阅读内容的理解，使认识上升到理性的高度，化知识为能力，让写作主体的思维得到锻炼，从而有助于科技论文写作中的创新；同时，还能促进初学者领悟和借鉴成功的研究方法甚至论文的行文安排等。

当然，泛读与精读是相对而言的，二者结合可以形成既广博又专精的知识结构，为写作提供丰富多彩又专深独到的素材和视角。

2. 反复阅读

严格地说,这也是一种精读。一些经典著作,其思想内涵比较丰富,或知识点比较密集、内容深奥,读一遍不能完全理解和接受,这就需要多读几遍。反复阅读的好处是不仅能加深对同一个疑难问题的理解,而且可能会发现一些新的问题。比如列夫·托尔斯泰的《战争与和平》,全书人物有 500 多个,视野十分开阔,反映了 19 世纪初俄国的社会生活状况,普通读者初次阅读时可能很难把握人物关系、人物性格前后的发展变化,以及作者在叙事中所寄予的理想。读完再读一遍,不仅能帮助理清这些问题,还有可能从某些人物性格中找到自己的影子。当然,在反复阅读规模宏大的著作时,也可以每次带着不同的阅读目的。比如苏轼读《汉书》,第一遍学习治世之道,第二遍学习用兵之法,第三遍研究官制和人物。再比如毛泽东主席阅读《红楼梦》,初读时把它当作小说、当作故事来读,后来则把它当作历史、当作政治来读。对写作来说,反复阅读可以使我们全面把握阅读对象的思想内容,提升自己的思想水平,牢固掌握相关素材及各素材之间的相互联系,深刻体会名作成功的语言表达和写作技巧。

3. 抄读和做读书笔记

对一些比较重要或自己特别感兴趣的图书可以采用抄读的方法进行阅读。短小精悍的可以全文抄录,篇幅较大的则适宜择其要者抄录,这种方法可以有效加强对阅读内容的记忆。苏轼读《汉书》就是采用反复阅读和抄读相结合的方法,他一共抄过三遍《汉书》,第一遍一段事抄三个字,第二遍一段事抄两个字,第三遍一段事抄一个字。读完抄完三遍后,只要任意选定他所抄的某个字,他就能顺着该字往后背诵几百字,一字不差。[①] 抄读法较其他方法能更好地保存素材,写作时随手可用。

与抄读法类似的是做读书笔记。但后者又不同于一般的抄书,它是在抄录的同时写下评论和感想,或是在对阅读内容深入理解的基础上用自己的话把要点记录下来。这种方法除了能够加强

---

① 苏轼抄《汉书》一事宋代陈鹄《西塘集耆旧续闻》卷一有载,原文见(宋)王辟之、陈鹄:《渑水燕谈录·西塘集耆旧续闻》,韩谷、郑世刚校点,上海:上海古籍出版社,2012 年,第 85 页。

记忆和理解、积累写作材料,还可以训练思维能力,提高对复杂问题的归纳总结能力和语言表达能力,从而有利于提升写作水平。特别是抄录时写下的评论和感想,有时可以直接成为写作内容的一部分,比如赵瓯北的《二十二史札记》、陈兰甫的《东塾读书记》就是如此。梁启超就曾经说过:"大抵凡一个大学者平日用功,总是有无数小册子或单纸片,读书看见一段资料觉其有用者,即刻抄下(短的抄全文,长的摘要记书名卷数页数)。资料渐渐积得丰富,再用眼光来整理分析他,便成一篇名著。"①

(三)阅读的范围

阅读不仅要有正确的方法,还要选择合适的对象。虽然就写作而言,阅读内容多多益善,但在浩如烟海的阅读对象中,我们要选择那些能给我们写作带来启发的图书和文章。

首先是经典作家作品,包括小说、散文、诗歌、报告文学、论说文等各种文体。鲁迅说:"凡是已有定评的大作家,他的作品,全部就说明着'应该怎样写'。"②也就是说,他们的作品在文本各方面都具有典范性,阅读它们可以提升自己对不同的文体风格、语言风格的认识和感悟,触类旁通、事半功倍地总结和掌握相关文体的写作规范。当代著名作家陈忠实,就曾重点阅读契诃夫和莫泊桑的短篇小说,特别是以《莫泊桑小说集》中的十来篇作品作为精读的范本,同时进行创作,一年中写了近10篇短篇小说,其中《信任》还获得了全国短篇小说奖。作家王安忆也曾说过,她的阅读世界里有三项任务:《悲惨世界》《战争与和平》及阿嘉莎·克里斯蒂的所有侦探小说。很多经典作家作品,对新生代的创作都起到了很大的促进作用。古人云:"取法乎上,仅得乎中;取法乎中,只为其下。"③为提高写作水平,我们应该阅读一流的、经典的作家作品,这不仅能提升我们的认识水平和思想深度,还能帮助我们形成必需的文

---

① 梁启超:《治国学杂话》,见李俐编《梁启超讲读书》,天津:天津古籍出版社,2005年,第24页。

② 鲁迅:《不应该那么写》,见《鲁迅全集》(第六卷),北京:人民文学出版社,2005年,第321页。

③ (唐)李世民:《帝范后序》,见董诰等编《全唐文》(第十卷),北京:中华书局,1983年,第121页。

章图样意识。

其次是名家的书信、日记、传记等。一方面,它们往往在文本的结构、语言和写人叙事方面都属上乘,都有一些可供借鉴的成功经验,本身就可以当作优秀的文学作品来欣赏和学习;另一方面,它们又包含了大量的史实,可以使我们扩大知识面,开阔视野,积累丰富的写作素材;再一方面,它们往往体现了名人深邃的思想、真实的情感,可以使我们修身养性,提高思想深度,了解和体验更丰富、更真实的生活。

再次是名家的创作谈。许多名家在创作作品的同时,也往往结合自己的创作经历谈论他们的心得和体会,所以诸如《名家谈写作》《外国名家谈写作》《名家巨匠谈写作》之类的图书或文章都很常见。阅读这些内容,可以让我们在写作的过程中少走一些弯路。

以上我们谈的主要是文学阅读。不过,如果是写作学术论文,则应注意阅读那些能够打下专业基础的著作,因为专业领域的深入一定离不开对基本知识、根本理论的掌握。比如爱因斯坦在开始研究广义相对论时进展缓慢,后来发现原因是数学基础不牢,于是花三年时间补学数学,才最终建立和完善了广义相对论体系,写作并发表了《广义相对论基础》一文。当然,在阅读专业著作时,也应选择该领域经典的著作。当前,各类出版物数量繁多,质量也良莠不齐,唯有经典长盛不衰。我们在选择著作时,既可以向行家请教,也可以参照大家公认的"推荐书目"。

二、审美

所谓"审美",就是对自然、社会、艺术、科学领域中所蕴涵的美的品鉴和领会。一个人首先要能够感知美、鉴赏美,才能够创造美,而写作实际上也是一种创造美的精神活动,它要按照美的规律,把美的理想、美的愿望、美的追求、美的要求渗透到文字中去。比如实用性文体(公文、科技论文、法律文书等)追求能用简短、通俗的语言将问题清晰、准确、得体地表达出来,这是一种美;文学性文体(诗歌、散文、小说、戏剧、报告文学等)追求吸引人、打动人、启发人,这也是一种美。既然文章都追求美,那么写作者必须拥有较高的审美能力。具体而言,审美能力主要分为审美感受能力、审美鉴赏能力和审美创造能力等。

(一)审美感受能力

简单地说,审美感受能力就是凭借人的感官和大脑对审美对象的感知能力。它主要包括两个方面:

(1)对审美对象外部特征的感知能力。自然界巍峨的高山、汹涌的河流、广阔的大海,人物的面容、身材,音乐、绘画、雕塑、舞蹈等艺术样式所凭借的节奏、旋律、和声、音色、色彩、线条、构图、造型、材质、动作、形体等,有的直接作用于人的视觉,有的直接作用于人的听觉。这些外部特征的美需要人具有一定的审美感受能力才能被感知,对一个缺乏审美感受能力的人而言,再优美的音乐也如同耳旁风,再美妙的风景、再精妙的绘画也无异于过眼云烟,都无法引起他特别的注意。

(2)对审美对象内在意蕴(包括情感表现和象征意义)的感知和体验能力。那些能够直接刺激人的感官的外部形态往往都隐藏着特定的内在意蕴。因而对审美对象不仅要观其行,还要见其神,领悟其深刻的内涵和特有的情感。比如在中国的文化传统中,梅、兰、竹、菊具有清高、淡雅的意蕴,象征着高洁的品质。一定的自然空间也表现一定的情感,从山下看山上,是"高远",给人崇高、庄严之感;从山顶向前平视,是"平远",含开展、辽阔之意;从山上看山下,是"深远",给人苍茫、雄浑之感。不同的颜色也代表着不同的情感,红色表达热烈、奔放的情感,代表着喜庆;蓝色多表达安宁、祥和的情感,象征着心胸宽阔、理智。人物的外在形体,反映的是内在的风姿和风神;民俗风情里有老百姓的酸甜苦辣和喜怒哀乐。如果审美感受能力低下,就无法感知和理解这些内在意蕴。

可见,要感知审美对象的美,光凭感官的直觉是远远不够的,它必须在大脑的参与下,调动想象、联想才能完成。而文学作品作为一种特殊的审美对象,一般不直接作用于人的视觉、听觉,对它的审美是通过语言这一媒介来进行的,这就更需要借助读者的想象、联想才能完成。比如朱自清的《背影》对父亲的描写:

我看见他戴着黑布小帽,穿着黑布大马褂,深青布棉袍,蹒跚地走到铁道边,慢慢探身下去,尚不大难。可是他穿过铁道,要爬上那边月台,就不容易了。他用两手攀着上面,两脚再向上缩;他

肥胖的身子向左微倾，显出努力的样子……①

在阅读这段文字时，读者脑海中首先会浮现一个戴着黑布小帽，穿着黑布大马褂和深青布棉袍，行动有些迟缓的中老年男性的背影，感知到这一外在形象后，再结合自己的生活体验和审美经验，进一步感受这形象背后的深层意蕴——父亲对儿子深沉的爱，这里全程都有想象、联想的参与。当然，对于生发合理且必要的想象、联想来说，审美经验很重要，它对想象、联想下的审美感受起到很大的制约作用。而审美经验又是在过往的审美实践中形成的，因而要培养和提高审美感受能力，离不开大量的审美实践。如果闭门不出，不走进自然当中，就无法感受自然万物之美；如果未经观赏和临摹优秀的绘画作品，就不能很好地感知丰富的绘画形象之美；如果不阅读大量的经典文学作品，也就很难感受到文学作品的语言美、形象美和情感美，"必须在读作品中学会读作品"②。这些审美实践都将以审美经验的形式参与到下一次的审美活动中。

在审美实践中，掌握一定的专业背景知识会有助于审美活动的顺利进行。比如了解角色分行、声腔变化和程式动作的相关知识，对感知戏曲之美十分必要，否则观看戏曲表演很可能无法领会其形象的装扮、动作甚至唱腔背后的意义。掌握一定的古汉语知识和相关的写作背景，对感受诗词的内在意蕴更是必不可少。以李清照《声声慢》中"独自怎生得黑"这句为例，若孤立地从现代汉语角度，也可以把它理解为"独自／怎／生得黑"，即"独自怎么（皮肤）生得这么黑"，这样的话就丝毫感觉不到美感了。如果了解到"怎生"是一个古汉语词汇，有"怎样""如何"之意，知道《声声慢》写于靖康之难后作者面对国破、家亡、夫死的境况，那么断句和理解就不会出现错误，它只能是表示独自一个人如何能够熬到天黑。只有感知到这一层含义，才能切身体会作者内心的凄凉和痛苦。所以要提高审美感受能力，一要经过大量的审美实践，二要掌握相关专业知识。

---

① 朱自清：《背影》，见《朱自清散文集》，北京：西苑出版社，2006年，第56页。
② 王彬彬：《文学批评是审美感受的表达》，载《文学报》2015年6月4日第18版。

（二）审美鉴赏能力

审美鉴赏能力，是在审美感知的基础上对审美对象进行鉴别、欣赏和评价的能力。审美鉴赏首先要能够区分美丑，进而识别美的形态、范畴和程度，其次要能够领悟和评价审美对象的美，包括其外在形态美和内在意蕴美，这有利于理性地掌握美的规律。

审美鉴赏能力主要在艺术鉴赏实践中形成并发展，艺术鉴赏实践离不开相关的专业知识，因为只有在具备一定的专业知识的基础上才能寻找到一定的鉴赏门径。比如国画鉴赏一般要从笔力、构图、意境入手，油画鉴赏则多关注构图、色调、造型，雕塑鉴赏要从造型、体量切入，音乐鉴赏要关注旋律、和声、曲式、配器，小说鉴赏需把握人物、情节、语言、结构、写作技巧、主题等，散文鉴赏多从选材、线索、语言、主旨、表达方式、表达技巧等入手，说明文鉴赏多关注说明顺序、说明方法、说明语言、说明效果等，古诗词鉴赏则要关注语言、情志、意象、意境等。以著名油画《蒙娜丽莎》为例，鉴赏时会关注它饱满的构图、柔和的色调、人物造型的端庄等。而对《红楼梦》中《林黛玉进贾府》这一章的鉴赏，则主要集中在对林黛玉进贾府这一情节中出现的几个人物的评价上。小说通过对林黛玉外貌神情、言谈举止的描写，采用正面描写和侧面烘托的方法，突出了林黛玉的美貌多情、体弱多病，以及寄人篱下时步步留心、时时在意的心理。此外，小说还描绘了王熙凤的刁钻狡黠、察言观色、机变逢迎，贾宝玉的眉清目秀、叛逆乖张。而对整部《红楼梦》的鉴赏，则绕不开其复杂深刻的主题。

值得一提的是，艺术鉴赏有时需要拓宽鉴赏视野。比如国画鉴赏，就往往涉及诗、书、画、印多种艺术，需要鉴赏者了解一定的诗歌、书法、篆刻艺术，否则就不能很好地鉴赏国画。诗歌有时也是这样，以鉴赏王维的山水诗为例，鉴赏者必须同时具备一定的诗歌和国画知识，因为其山水诗的突出特点就是"诗中有画"。如果按照一般理解，认为这其中的"画"就是普通的追求形似的画，那就不可能对王维山水诗作出精到的评价。首先须知在诗歌艺术非常成熟的唐代，仅仅是对景物进行再现性描摹，从而使诗具有画面感，根本算不上一流，唐诗的上乘之作都是具有浓厚情韵的。其次要知道王维是文人写意画的开创者，他的画与民间绘画、宫廷绘画不同,不追求形似,而是重写意,往往借山水花木等抒发个人情感。正是在借景物描绘抒发个人情感这一点上,王维的诗、画相通。比如《山居秋暝》中的"明月松间照,清泉石上流",就是借明月、青松、清泉、山石四种清幽雅洁的景物,一方面渲染了环境的静谧美好,表达了诗人对山中美景的喜爱陶醉,另一方面传达出一种怡然自得和幽远淡泊的心境,寄寓了诗人高洁的情怀。① 这里的鉴赏就建立在对文人写意画的进一步了解之上。

　　运用恰当的鉴赏方法,也能促进审美鉴赏能力的提高。比较法就是很有效的方法之一。如在鉴赏中国古典音乐时,常将它与西方古典音乐作比较,前者比较重旋律,并且是单线型旋律,所以声音充满了弹性和韵律,非常优美动听;后者则重和声,表现为块状的多声体系的堆加,给人力度感。将《琵琶语》与《命运交响曲》相比较,就能发现中国古典音乐线性的旋律之美。鉴赏文学作品时,比较法也是常用的方法。首先是不同作品间的比较,例如《孔乙己》和《范进中举》,主题和人物形象都可以拿来比较。就人物形象而言,主人公都是受封建文化毒害的读书人和科举制度的牺牲品,形象上具有一定的相似性,若将二人加以比较,便能发现他们各自的性格特征——孔乙己的清高、善良、迂腐、自我安慰,范进的自卑自贱、圆滑虚伪、神经脆弱。其次,在同一作品内部,不同人物之间也可以进行比较,比如林黛玉和薛宝钗就常被放在一起比较。最后,在某个具体作品的语言鉴赏中,还可以运用替换比较的方法,即将作品原有语言,替换成其他语言再加以比较。例如张若虚《春江花月夜》中的"海上明月共潮生",若将"生"替换成"升",则只能客观描述月亮升起这一自然现象,比较后才能发现"生"的表达效果:赋予月亮生命力和感情色彩。再如李清照《声声慢》开头的叠字,若将"寻寻觅觅"换成"寻觅寻觅",就能明显感觉到声韵和节奏上的变化,前者"寻寻"是平声舒缓,"觅觅"是仄声急促,两对叠字连用表现出内心的起伏不安,而后者"寻觅寻觅"是单纯急促的节奏,表现的是一种欢快的情绪。经过比较,更能发现原文的妙处。所以,审美鉴赏需要恰当的方法。

---

① 参见卢娇:《也谈"明月松间照,清泉石上流"》,载《学语文》2021年第1期。

（三）审美创造能力

审美创造能力，就是按照美的规律去表现、创造美好事物的能力。它是审美能力中最高层次的能力。就写作而言，它主要体现为采用一定的文体形式，来反映各种美的事物，创造新的审美意象、文学形象或者新的观念、理论、思维、方法的能力。对写作者来说，发现美、感受美之后就要考虑如何表现美与创造美，按照美的规律来写作。比如赵丽宏在三次观察诺日朗瀑布后，写下了《晨昏诺日朗》，描绘了瀑布的雄伟神奇，体会到诺日朗在平静中孕育着激情这一深刻的美学内涵和人生哲理。葛剑雄在剑桥偶遇著名物理学家霍金，写下了《邂逅霍金》，表达了对霍金坚毅品格和献身精神的崇敬、对剑桥人文精神的赞美。汪曾祺在熟悉北京胡同文化、深刻体会胡同文化衰落的基础上，写下了《胡同文化》，表现了北京居民的生活方式及其文化心态，也表达了自己对胡同文化的复杂心理。从中可见，写作者在审美实践中获得大量感性、理性材料的同时，也积淀了丰富的情感，获得了真切、细腻甚或是独特的审美感受，在此基础上才能通过一定的构思和想象，最终用语言表达出来。

审美教育的最终目标是培养审美创造能力，而培养审美创造能力，首先要培养创造性精神，审美主体勇于探索未知，不怕困难不怕付出，并精益求精的品质对提高审美创造能力而言是必不可少的。比如三毛走进荒凉的撒哈拉沙漠去寻找真善美，才写下了一系列撒哈拉的故事；司马迁在遭受宫刑之后，忍受常人无法忍受的痛苦和耻辱，才最终写出《史记》；贾岛"两句三年得，一吟双泪流"，才在晚唐诗坛上占有一席之地，这都是创造性精神——创造的热情和意志在起作用。其次要培养审美主体的创造性意识，即自觉求新求异的品格。就写作而言，要追求不落窠臼、别出心裁，从而写出新的作品，不能满足于模仿他人，必须有自己的独创。最后，也是最重要的一个方面，即培养主体的创造性思维能力，包括形象思维和抽象思维互补的能力、发散性思维能力等。其中发散式思维能力尤为重要，甚至被看成创造性思维能力最明显的标志。而发散性思维的主要特征是具有多视角、多侧面、多层次的联想和想象能力，因而审美想象能力有时被单独列出作为与审美感受、审美鉴赏和审美创造并列的一种审美能力（因第一节有对想象的专门讨论，这里不再赘述）。创造性思维还包括非逻辑的直觉、顿悟式的灵感思维，它虽然具有难以预期的突发性和偶然性的特点，但还是植根于大量的实践经验和长期艰苦的精神劳动。

在发挥审美创造能力的时候，还要注意真是美的基础，这是美的重要规律，所以写作时一定要遵循求真的原则。在反映客观外物或事件时，首先要把握它的本来面目，遵照真实的物质形态、属性或事实本身，这是追求"形真"；其次要挖掘其真实的内在意蕴，包括内在规律和意义等，不能牵强附会，这是追求"神真"。对于文学性文体而言，则更要追求"情真"。因为是否有写作者情感的投入，是区分文学与非文学的重要标准。鲁迅说《史记》是"史家之绝唱，无韵之离骚"，即是称赞《史记》既是一部优秀的史学著作，也是一部像《离骚》一样优秀的文学著作，而后一句话的着眼点是《史记》具有浓郁的感情色彩，它在记述历史人物言行事迹的同时寄寓了作者或褒或贬或爱或憎的强烈感情。相反，即便能用优美的语言真实再现客观物象，如果没有写作者真情实感的投入，也不可能成为真正的文学。2017年5月，机器人"微软小冰"的首部诗集《阳光失了玻璃窗》出版，该书收录的139首诗歌，都是"微软小冰"在分析和学习几百位现代诗人的几千首诗歌创作经验、创作风格后，通过输入的图片获取灵感，再遣词造句而成的。那么这是否意味着人工智能具备了强大的审美创造能力呢？答案是否定的。因为文学就是"作为个体情感体验，展现人的喜怒哀乐、爱恨情仇的'人学'"①，心有所感、情有所动、思有所生正是作为文学写作这一审美创造的本质所在。而人工智能写作虽然能够掌握文学写作的技巧、方法和知识，但它顶多只是模式化地模拟人类情感发生的条件，它的致命缺陷——无法拥有和投入真情实感，永远无法克服。所以人工智能不可能生成高度个性化、典型化的文学作品，它的"写作"也无法成为积极能动的审美创造。

以上就是审美能力的三个主要方面，三者互相关联，互相渗透。诚然，写作必须建立在一定的审美能力之上，但审美能力又受

---

① 高建平：《文学艺术就是要传情达意》，载《光明日报》2019年5月15日第14版。

审美趣味的制约。所谓"审美趣味",也叫"审美情趣",是审美主体的审美偏爱、审美标准、审美理想的总和,表现为主体在审美活动中具有一定稳定性的审美倾向和主观爱好(包括偏好),这些倾向和爱好又往往体现在审美判断和审美评价之中。审美趣味具有一定的个体性和差异性,但它又受社会群体的审美倾向、审美评价标准的影响,它必须符合公序良俗,以此来衡量,审美趣味在性质上就有高与下、雅与俗、健康与病态、进步与落后之别。高雅、健康的审美趣味能带来良好的审美体验与精神陶冶,庸俗低下的审美趣味则使个体在审美体验中表现出无聊、低俗甚至卑劣的精神特点,在写作中就会表现出违背美的规律,以俗为美、以丑为美。所以审美趣味对发挥审美创造能力、对写作至关重要。那么,如何培养高雅、健康的审美趣味来促进写作呢?

首先,审美趣味受到审美主体的世界观、人生观、价值观的影响,后者会从根本上影响人们对特定审美对象的审美感受和审美判断。因此要形成积极进步的审美趣味,就必须树立科学的世界观、人生观、价值观。而科学的世界观、人生观、价值观同时也是文章生命力的内核,真正好的文章不仅需要具备语言结构等形式美、逻辑美,更需要彰显价值美、伦理美。必须明确,"只有坚持马克思主义世界观,善于运用辩证唯物主义和历史唯物主义认识、改造世界,才能无私无畏地直面问题,客观深刻地分析问题,科学务实地解决问题,全面真实地反映问题;只有坚持马克思主义人生观,才能把初心使命镌刻在字里行间,方寸之间展现大格局、大情怀、大担当;只有坚持马克思主义价值观,才能力戒形式主义官僚主义,彻底摒弃华而不实的文风,确保言之有物、感人肺腑"[①],如此文章才能展现价值美。此外,写作还要"在喜怒哀乐、是非对错、美丑善恶等方面展现鲜明态度"[②],该褒则褒,当贬则贬,要符合法理人伦、世道人心,只有这样才能使文章展现伦理美。

其次,审美趣味还受到审美主体文化水平和审美素养等的影响。为此,我们要多学习一些美学知识,多进行高尚的审美活动,

---

① 周建华:《品悟文章之美》,载《人民日报》2021年2月2日第7版。
② 周建华:《品悟文章之美》,载《人民日报》2021年2月2日第7版。

如阅读名著、观看经典艺术作品等,再通过感受、体验、判断、交流、共享等方式,潜移默化地接受美的熏陶。只有这样才能养成健康、进步的审美趣味,进而创作出格调高雅、文质兼美的文章。

第三节 分析与综合

写作是一种复杂的思维活动,而人类的思维过程必定伴随着认识过程。在写作中,我们正是通过分析与综合这两种认识过程,将纷纭复杂的思维活动条分缕析,理清头绪,最终呈现为笔下文章的。无论是在严谨的议论文体中,还是在周详的说明文体中,抑或是在文采飞扬、不拘一格的小说、散文和诗歌中,分析与综合其实都无处不在。从观察生活,到立意选材、布局谋篇,都离不开分析与综合。为了提高写作水平,我们需要有意识地研究和掌握分析与综合的方法,培养和锻炼分析与综合的能力。

一、分析

(一)分析的含义

分析,就是在头脑中把一个事物、一种现象、一个概念分成较简单的组成部分,找出这些部分的本质属性和彼此之间的关系。

分析首先是一种重要的思维能力。例如,当我们谈论"我的邻居"这个概念时,我们往往会详细介绍:"我的邻居是个三十来岁、身高一米八五、皮肤黝黑的男人,他住在我家对门,家里有妻子和两个孩子。"在谈论的过程中,我们通过一系列具体的细节认识了这位"邻居"。当我们观看一幅图画的时候,会一边观察画面,一边分析:这画想要表达什么?沈括的《梦溪笔谈》中有这样一段故事:"欧阳公尝得一古画牡丹丛,其下有一猫,未知其精粗。丞相正肃吴公与欧公姻家,一见曰:'此正午牡丹也。何以明之?其花披哆而色燥,此日中时花也。猫眼黑睛如线,此正午猫眼也。有带露花,则房敛而色泽。猫眼早暮则睛圆,日渐狭长,正午则如一线耳。'此亦善求古人笔意也。"①从赏画者的角度来看,善于分析,就拥有了一双识别真假的慧眼。

分析是一种"总—分"式的认识过程。我们在认识世界时,客观事物往往是以一个直观、笼统、大概的整体形象呈现在我们的面前,使我们很容易看到事物的表面,而难以窥见其内在本质。而分析恰恰要化整为零,把客观事物的整体分解为各个部分、方面、要素,然后逐个加以研究,深入客观事物内部,透过现象认识本质。简单地说,分析就是把事物"拆开来看"。

在写作中,我们常常要把一个现象、问题分解成简单的组成部分和构成因素,加以考察,理出它们的本质属性、彼此之间的关系。写作学中的"分析",就是把人、事、物、理的各个方面进行解剖,找出这些部分的本质属性和彼此之间的联系。运用这种方法,既可以对事物进行量的分析、质的分析、原因和条件的分析、价值和历史的分析,也可以进行重点分析、概略分析、多层分析、多角度分析、系统分析,等等。② 在拆解事物的思维过程中,我们要遵守逻辑规律,分解推导,把对事物的认识从具体上升到抽象,从个别上升到一般,从现象上升到本质。在写作实践中,通过有意识的分析训练,我们的思维水平和认识能力必然会得到提升。

(二)分析的方法

分析法在议论文体写作中运用得尤为广泛而直接,包括学术论文、文学评论、社会评论、杂文等。在记叙文体及文学创作中,分析则往往以较为隐蔽的方式"藏"在整个创作过程之中。初学写作

---

① 转引自胡道静:《胡道静文集·梦溪笔谈校正》,上海:上海人民出版社,2011年,第409页。这段话的意思是:欧阳修曾经得到一幅名为《牡丹丛》的古画,花下有一只猫,他不知道这幅画是画得精妙还是粗糙。丞相吴正肃和欧阳修是儿女亲家,他一见这幅画就说:"这是正午的牡丹。怎么证明它呢?这朵花松散下垂而颜色发干,这是正午时候的花。猫眼中的黑眼珠如一条线,这是正午时候的猫眼。如果是带着露珠的花,那么花房一定紧紧收敛且色泽鲜艳。猫的眼睛在早晨和傍晚都是圆的,渐近中午就又窄又长,到了正午就像一条线。"这就是善于探求古人的笔法意境。

② 参见尹均生主编:《中国写作学大辞典》(第一卷),北京:中国检察出版社,1998年,第91—92页。

者不妨通过辩论、演讲、写议论文的方式进行写作实践,在实战中训练自己的分析能力。此外,在说明文体和一般应用文体写作中,分析的方法也经常被用到,并且各具特色。

1. 议论文体写作中的分析方法:分析论证

元代文章学家陈绎曾在《文说》中谈道:"以题中合说事逐一分析,开写于篇中各间架内,次其先后所宜,逐一说尽,或以意化之,或以情申之,或以实事纪之,或以故事彰之,或以景物叙之。一篇之内,变幻虽多,句句切题也。此作文入门之法。"①逐一分析的各层次间的关系是平行的、开列式的。孟子论述"生于忧患、死于安乐",论证时列举了历史上六位名人的事例:"舜发于畎亩之中,傅说举于版筑之间,胶鬲举于鱼盐之中,管夷吾举于士,孙叔敖举于海,百里奚举于市。故天将降大任于是人也,必先苦其心志,劳其筋骨,饿其体肤,空乏其身,行拂乱其所为,所以动心忍性,曾益其所不能。"②这段文字先分说六个个别事例,再归纳总结出一个普遍规律。

在议论文中,分析是论证的重要手法之一,通过对事实论据或理论论据进行分解,发掘其蕴涵的规律及意义,更加充分地证明论点。议论文中常见的分析形式有概念分析、因果分析、条件分析、比较分析、辩证分析等。

(1)概念分析。这里的概念指的是文章中心论点中的核心概念。写作时,从材料中提取核心概念,对这些概念加以分析,明确

---

① (元)陈绎曾:《文说》,见《影印文渊阁四库全书》(第1482册),台湾:台湾商务印书馆,1986年,第244页。这段话的意思是:对题目中应该说的事逐一进行分析,首先安排在篇目中不同的结构内,其次安排它们适宜的先后顺序,逐一详尽阐述,或议论,或抒情,或记事,或用典,或写景状物。(这样一来)一篇文章之中,变幻虽多,但句句都不离主题。这就是文章入门的方法。

② (战国)孟子:《孟子·告子章句下》,见杨伯峻译注《孟子译注》,北京:中华书局,2012年,第327页。这段话的意思是:舜从田野之中成长起来,傅说从筑墙的工作中被选拔出来,胶鬲从鱼盐的工作中被选拔出来,管夷吾从狱官的手里被释放而选拔出来,孙叔敖从海边被选拔出来,百里奚从买卖的场所被选拔出来。所以天将要把重大任务落到某人身上,一定先要使他的意志受到磨练,使他的筋骨得到锻炼,使他忍饥挨饿,使他遭受贫穷,使他的每一行为总是不能如意。这样,便可以震动他的心意,坚韧他的性情,增强他的能力。

其内涵和外延,有助于对中心论点进行分解。例如,亚里士多德的《诗学》这样解释悲剧的概念:认为悲剧"是对于一个严肃、完整、有一定长度的行动的摹仿;它的媒介是语言,具有各种悦耳之音,分别在剧的各部分使用;摹仿方式是借人物的动作来表达,而不是采用叙述法;借引起怜悯与恐惧来使这种情感得到陶冶"[①]。其中的每一个分句都是一个分论点,共同支撑"悲剧是摹仿"这一中心论点。

(2)因果分析。有因必有果,有果必有因。因果分析就是从存在的问题入手,层层分析形成问题的原因,直至分析到最后不可分解为止。因果分析的目的是梳理问题中隐含的逻辑链及其形成机制,找出问题产生的根本原因及其突破点。"因"是分论点,"果"是中心论点。在确立了中心论点(果)后,再来分析达成这个结果的原因。孟子有段著名的议论:"桀纣之失天下也,失其民也;失其民者,失其心也。得天下有道:得其民,斯得天下矣;得其民有道:得其心,斯得民矣;得其心有道:所欲与之聚之;所恶勿施,尔也。"[②]这段话的意思是:桀和纣丧失天下,那是由于失去了百姓的拥戴。失去百姓的拥戴,那是由于失去了民心。获得天下有方法:得到了百姓,这就得到天下了。获得百姓有方法:赢得了民心,这就得到百姓了。获得民心有方法:百姓所希望得到的,就给他们聚积起来;他们所厌恶的,就不要强加给他们,如此而已。这一段话的论点是"得民得天下",论据是夏桀、商纣的灭亡。文中论证时,对论据从因果关系上进行了层层分析:失天下是因为失其民,失其民是因为失其心。从分析中进一步揭示出事物发展的规律,更充分地证明了"得天下要得其民,得其民要得其心"的中心论点。

(3)条件分析。条件分析是在引述事实论据后,对其达成条件作出分析的方法,着力于揭示论据与论点之间的逻辑关系,论述得到何种结果,需要满足何种条件。中心论点是结果,而分论点是达成结果的条件。如丁肇中《应有格物致知精神》要论证"中国学生

[①] [古希腊]亚里士多德:《诗学》,罗念生译,上海:上海人民出版社,2006年,第30页。

[②] (战国)孟子:《孟子·离娄章句上》,见杨伯峻译注《孟子译注》,北京:中华书局,2012年,第182页。

应该了解自然科学",对于这个题目就可以采用条件分析的方法,先设想一下:"了解自然科学需要具备什么条件?"这样就可以得到下列分论点:①要有探索客观事物的实验精神,②要有目标、有想象力、有计划地探索。

(4)比较分析。比较分析试图通过比较事物的异同点,区别事物,达到对各个事物有深入的了解认识,从而把握各个事物。在调查资料的理论分析中,当需要通过比较两个或两个以上事物或对象的异同来达到认识某个事物的目的时,一般采用比较分析方法。进行比较分析时,既可以横向比较,也可以纵向比较。罗迦·费·因格的《谈创造性思维》(原题为《事物的正确答案不止一个》),将"富于创造力"和"缺乏创造力"的两类人群进行比较,从而得出"富于创造力的人,认为自己具有创造力;缺乏创造力的人,不认为自己具有创造力"[①]的有趣结论。

(5)辩证分析。对中心论点进行正反对照分析。如彭端淑《为学》:"蜀之鄙有二僧:其一贫,其一富。贫者语于富者曰:'吾欲之南海,何如?'富者曰:'子何恃而往?'曰:'吾一瓶一钵足矣。'富者曰:'吾数年欲买舟而下,犹未能也。子何恃而往!'越明年,贫者自南海还,以告富者,富者有惭色。西蜀之去南海,不知几千里也,僧富者不能至,而贫者至之。人之立志,顾不如蜀鄙之僧哉!"[②]该文通过对贫富二僧的比较,轻松得出了"有志者事竟成"的道理。

2. 常见的分析步骤

在议论文体写作过程中,一般可以通过以下几个步骤对论题进行拆解,将写作任务化整为零,逐个完成。

(1)揭示文章中心论点,引材料、说任务、提矛盾、亮论点。

(2)把中心论点分解为分论点,或把中心论点中的主要概念分解为它的组成要素。

(3)分析每一个分论点或要素。具体包括:分析分论点或要素的构成;分析分论点或要素成立的原因;对支撑分论点的论据进行事实分析。在此基础上得出新判断,指出性质。

---

① 该文见《九年级语文(必修)》(上册),北京:人民教育出版社,2018年,第98页。

② 李朝正、徐敦忠:《彭端淑诗文注》,成都:巴蜀书社,1995年,第464页。

(4)分析分论点或要素之间的关系。

(5)分析与自己观点相反的观点、论据等。

(6)联系现实,表明写作意义。

(7)照应开头,总结全文,升华主旨,或揭示规律,指导实践。

3. 说明文体写作中的分析方法:分类说明和分解说明

在说明文体中,分析的写作方法主要体现为分类说明和分解说明。所谓"分类说明",就是把一个事物分成若干类别,以揭示事物的种属关系。以下我们以科普说明文为例:

生物分类是研究生物的一种基本方法,生物分类主要是根据生物的相似程度,将生物划分为不同的等级,并对每一类群的形态结构和生理功能等特征进行科学的描述,以弄清不同类群之间的亲缘关系和进化关系。

近代生物分类学诞生于18世纪,它的奠基人是瑞典植物学者林奈。……林奈把自然界分为植物、动物和矿物三界,在动植物界下,又设有纲、目、属、种四个级别,从而确立了分类的阶元系统。……1859年,达尔文的《物种起源》在分类学中开始贯彻进化思想,明确了分类研究在于探索生物之间的亲缘关系,使分类系统成为生物系谱,生物系分分类学由此诞生。

生物分类系统主要包括七个主要级别:种、属、科、目、纲、门、界。随着研究的发展,分类层次不断增加,单元上下可以附加次生单元,如亚×(次×),如华南虎亚种,或者总×(超×),如鸟类总目等。①

以上这段引文是典型的分类说明,通过对生物进行层级式分类,明确了生物之间的亲缘关系和进化关系。

所谓"分解说明",就是通过划分一个过程的发展阶段,或剖析一个事物的构成因素来进行说明。例如,小说按照其构成可分解为人物、情节、环境三要素,情节按照其发展阶段,又可分解为开端、发展、高潮、结局几部分。这都属于分解说明。以黄传惕的《故宫博物院》为例,为了清楚地说明故宫的特征,文章按照空间顺序

---

① [法]布封:《自然史》,陈筱卿译,北京:北京联合出版公司,2016年,第198页。

组织材料,由外入内,沿着故宫的中轴线,从南到北,以中间带两边,把故宫分成"前朝"和"内廷"两部分,依次介绍。"前朝"写台基一段,先总写三大殿,然后再分写。写"内廷"时先写"后三宫",再写"东西六宫"和"御花园"。按照游览顺序,将故宫的整体划分为若干构成因素,井然有序。

4. 记叙文体和文学创作中的分析方法:分解印象和分类结构

在记叙文体和一般文学创作中,分析往往表现为"分解",即把表象拆分成一个个构成要素。例如,中国古典小说在描写人物外貌时,经常运用"分解印象"的技法,即将整体印象分解开来,逐个进行描写。

如曹雪芹在《红楼梦》第三回中对林黛玉的肖像描写:

> 宝玉早已看见多了一个姊妹,便料定是林姑妈之女,忙来作揖,相见毕归坐,细看形容,与众各别:
>
> 两弯似蹙非蹙罥烟眉,一双似喜非喜含情目。态生两靥之愁,娇袭一身之病。泪光点点,娇喘微微。闲静时如娇花照水,行动似弱柳扶风。心较比干多一窍,病如西子胜三分。
>
> 宝玉看罢,笑道:"这个姊妹我曾见过的。"①

曹雪芹在描写林黛玉的肖像时,就利用了整体印象的分解。"两弯似蹙非蹙罥烟眉,一双似喜非喜含情目",一般人看来,眉与目本是一个整体,但作者为了突出黛玉的外貌特征,却把眉与目从整体印象中分解出来进行描写,从而获得了细腻、鲜明的表达效果。

又如《三国演义》第一回中,读者借刘备之眼初次打量张飞和关羽:

> 玄德……当日见了榜文,慨然长叹。随后一人厉声言曰:"大丈夫不与国家出力,何故长叹?"玄德回视其人:身长八尺,豹头环眼,燕颔虎须,声若巨雷,势如奔马。
>
> ……
>
> 正饮间,见一大汉,推著一辆车子,到店门首歇了;入店坐下,便唤酒保:"快斟酒来吃,我待赶入城去投军。"玄德看其人:身长九尺,髯长二尺;面如重枣,唇若涂脂;丹凤眼,卧蚕眉;相貌堂堂,威

---

① (清)曹雪芹、(清)高鹗:《红楼梦》,北京:中华书局,2014年,第59—60页。

风凛凛。①

这两段肖像描写,分别从关、张异于常人的身高、面容、眉眼、须髯等细节进行分解描写,用字极为俭省,仅寥寥数语就使他们两人的形象如在眼前,令人印象深刻。

除人物外貌可以运用分析方法进行整体印象的分解描写之外,分析法应用在古典诗词中有时也可获得意想不到的艺术效果。如南宋词人辛弃疾的《贺新郎·别茂嘉十二弟》:

> 绿树听鹈鴂,更那堪鹧鸪声住,杜鹃声切!啼到春归无寻处,苦恨芳菲都歇。算未抵人间离别。马上琵琶关塞黑,更长门翠辇辞金阙。看燕燕,送归妾。将军百战身名裂。向河梁回头万里,故人长绝。易水萧萧西风冷,满座衣冠似雪。正壮士悲歌未彻。啼鸟还知如许恨,料不啼清泪长啼血。谁共我,醉明月?②

该词前三句写鸟鸣声声,作者没有笼统地以"鸟啼"概括,而是不厌其烦地一一点名:"绿树听鹈鴂""鹧鸪声住""杜鹃声切"。鹈鴂是《离骚》里提到的鸟:"恐鹈鴂之先鸣兮,使夫百草为之不芳",鹧鸪啼鸣声如"行不得也哥哥",而杜鹃则相传为古蜀国君王魂魄所化,声声啼血,声如"不如归去"。三鸟齐鸣,运用分解整体印象的方法,形成强烈的悲感气氛。接下来,一连五组"人间离别"的典故。上阕写三组女性的离别,极尽哀婉——"马上琵琶关塞黑"写王昭君;"更长门翠辇辞金阙"写汉武帝的陈皇后;"看燕燕,送归妾"用《诗经·邶风·燕燕》的典故,写春秋时卫庄公之妻庄姜送别戴妫。下阕写两组男性的离别,更加悲凉壮阔——"将军百战身名裂。向河梁回头万里,故人长绝",用李陵别苏武典;"易水萧萧西风冷,满座衣冠似雪。正壮士悲歌未彻",用燕太子丹别荆轲典。五个典故宛如五个分镜头,共同支撑起"人间离别"的悲怆主题。王国维对此评论道:"稼轩《贺新郎》词送茂嘉十二弟,章法绝妙。且语语有

---

① (明)罗贯中:《三国演义》,北京:人民文学出版社,1973年,第3页。
② 辛更儒笺注:《辛弃疾集编年笺注》(第五册),北京:中华书局,2015年,第1731页。

境界,此能品而几于神者。然非有意为之,故后人不能学也。"①

类似的手法,还出现在南宋词人蒋捷的《声声慢》中:

黄花深巷,红叶低窗,凄凉一片秋声。豆雨声来,中间夹带风声。疏疏二十五点,丽谯门、不锁更声。故人远,问谁摇玉佩,檐底铃声。彩角声吹月堕,渐连营马动,四起笳声。闪烁邻灯,灯前尚有砧声。知他诉愁到晓,碎哝哝、多少蛩声。诉未了,把一半、分与雁声。②

在此,"凄凉一片秋声"是总写,下面一连串的"雨声""风声""更声""铃声""角声""笳声""砧声""蛩声""雁声"是分解描写。这首词虽是游戏之作,亦别有一番情趣。

除了以上列举的微观技法,分析方法还可以运用到整部作品的结构设计中。19世纪法国现实主义作家巴尔扎克,在开始着手创作他的不朽巨著——由九十多部既独立又相互联系的小说构成的作品总集《人间喜剧》之际,就借鉴了法国博物学家布封在《自然史》中运用的分析方法,为自己的创作设定了形形色色的"标签":

巴尔扎克把"人间喜剧:社会研究"确定为系列作品的总标题,在总标题下,设"风俗研究""哲理研究""分析研究"三个类别。以篇幅最大的"风俗研究"为例,其下又设六个子类别,巴尔扎克称之为六类"场景",即"私人生活场景""外省生活场景""巴黎生活场景""政治生活场景""军队生活场景"和"乡村生活场景",每个场景均由若干部小说支撑。我们熟悉的《高老头》从属于其中的"私人生活场景",而另一部力作《欧也妮·葛朗台》则从属于"外省生活场景"的标签下。经过这般精细的层层分解,每部小说各就各位,都成为支撑《人间喜剧》这座文学大厦的一块块基石,让19世纪法国社会生活的方方面面都得到了巨细无遗的全景式展现。巴尔扎克在与友人的通信中说:

一八三八年把这巨大工作中的三个部分完成到相当的程度,至少可以使人们看到这个计划的结构,并用全面的观点去批判

---

① 王国维:《人间词话》,见施议对译注《人间词话译注》,长沙:岳麓书社,2008年,第188页。

② (南宋)蒋捷:《竹山词》,上海:上海古籍出版社,1988年,第21页。

它……《风俗研究》要反映一切社会现实状况。我要描写每一种姿仪,每一种生活情景,每一种男性或女性的性格,每一种职业,每一种生活的方式,每一种社会地位,每一个法兰西的省份,童年,青年和老年,法律,政治和战争——没有漏掉任何一项。这部分写完之后,揭破了一点一点的心灵故事以后,展开一叶叶的社会历史后,算是奠定了我的基础。我不希望只描写幻想的插曲。我身边到处的事实便是我写作的素材。

接着,我的第二步,《哲学研究》。写了原因之后必然得写结果了。我在《风俗研究》中指明生活,感情和生活的结果怎样互相利用。《哲学研究》中,我则要讲到生活的动机和感情的动机。我提出问题——个人或社会的生命所必要的推动力量和条件是什么东西呢?在用如此的方式谈论了社会以后,我便用批判的眼光去研究他。在《风俗研究》中,我把个人写成典型;但在《哲学研究》中,我把典型写成个人。但是,我所要描写的仍然是生活……

最终,描写了因果关系以后,进行我的《分析研究》了,因为说明了因果,我们便得遵守原则,把《婚姻生理学》归入这一项中。风俗提供给我们戏剧,原因是化妆室和舞台。最后,戏剧的作者便是原则了。但在比例方面,因整个工程是螺旋式上升的,顶上变窄了,变成集中的了。假如我用二十四册写《风俗研究》,则需用十五册写《哲学研究》,但《分析研究》仅九册就足够了。如此,我便可以描写,分析,批判人的本身,人类和社会,却不必在这种西方的《一千零一夜》中重复地讲述了。所有的工程完成之后……我写下最后一个字以后——然后,别人才可以批评我是对或是错。①

巴尔扎克有着"创立一个文学世界"的写作雄心,其创作之基正是他明晰的分析思维和扎实的分析方法。我们在具体的写作实践中,也要根据实际情况,按照文体、写作目的和写作任务的要求,恰当地选用分析方法。

---

① 转引自司蒂芬·茨威格:《巴尔扎克传》,幼明编译,北京:中国人事出版社,1995年,第180—181页。

二、综合

（一）综合的含义

综合就是在分析的基础上,把分析过的对象或现象的各个部分、各个属性联合成一个统一的整体。与分析一样,日常生活中,我们同样时时刻刻离不开综合的思维方式。当一位旅行者谈起他曾见识过一种"躯体高大、体毛褐色、背有双峰、耐热耐渴,善于在沙漠中负重行走"的动物,我们也能够将这一系列具体的细节在脑海中迅速整合起来,形成一个概念,并告诉他"你看到的动物是骆驼"。这就是综合的认识过程。

毛泽东在《实践论》中有这样一段论述:

> 原来人在实践过程中,开始只是看到过程中各个事物的现象方面,看到各个事物的片面,看到各个事物之间的外部联系。例如有些外面的人们到延安来考察,头一二天,他们看到了延安的地形、街道、屋宇,接触了许多的人,参加了宴会、晚会和群众大会,听到了各种说话,看到了各种文件,这些就是事物的现象,事物的各个片面以及这些事物的外部联系。这叫做认识的感性阶段,就是感觉和印象的阶段。也就是延安这些各别的事物作用于考察团先生们的感官,引起了他们的感觉,在他们的脑子中生起了许多的印象,以及这些印象间的大概的外部的联系,这是认识的第一个阶段。①

这个过程讲的是感性认识的形成过程,其中已经涉及分析和综合,延安的方方面面各有其特点,将之综合起来,也就形成了对延安的整体印象。

作为思维活动的一种外显形式,写作本身即具有综合性。写作活动是作者思想、生活、知识、才能及天赋等各方面情况的综合反映。因此,学习和掌握写作理论,仅仅是提高写作水平的一个方面,要想真正写出好文章,必须从思想水平、生活阅历、知识积累、审美情趣等方面来提高自己。诗人陆游说:"汝果欲学诗,工夫在

---

① 毛泽东:《实践论(节选)》,载《湘潮》2019年第5期,第55—56页。

诗外。"我们在认识世界时要把分析和综合有机地结合起来,只有这样才能形成系统、全面的认识。

(二)综合的方法

综合是议论文体写作常用的论证手法,对分析的结果或论据本身进行概括、集中,发掘其蕴涵的本质及规律,更充分地来证明论点。

在写作过程中,常用的逻辑思维步骤是"综合—分析—综合",分析与综合双向并存。写作者要根据"综合—分析—综合"的逻辑思维过程,设计文章结构和顺序。文章通常由开头(提出问题或论点)、中段(若干分论点分析问题或论证)、结尾(解决问题或作结论)三大部分构成。在写作每个分论点时,均要用到"综合—分析"的方法,对分项和细节进行详细阐述。一般模式是明确文章总体(综合思维)—列出分项(分析思维)—对分项进行细节阐述(分析思维)—增加补充性的综合说明或进行总结(综合思维)。

在整体的布局谋篇方面,综合往往体现为文章的总分式结构。总分式结构是灵活多变的,视具体的写作对象而定,既可以"先分后总",也可以"先总后分",还可以"先总后分再总"。

"先分后总"是分析在前,综合在后。把所要表述的对象或主题分成若干部分或侧面,从不同角度渐次展开阐说或论述,最后在此基础上作出结论或归纳全文。

"先总后分"与"先分后总"相反,综合在前,分析在后。是先提纲挈领,总体述说,然后再划分为若干层次或侧面,分别阐说或论述,从不同侧面贯彻总论总述。例如荀子《劝学》,开篇先提出"学不可以已"的中心论点,然后分别从学习的效果"知明而行无过矣"、学习的作用"君子生非异也,善假于物也"、学习的方法和态度"不积跬步,无以至千里""锲而不舍,金石可镂"等多个侧面来证明中心论点,最后没有总收。

"先总后分再总"是先总论,然后分而论之述之,最后再总括,更上一层楼,使文章逻辑严密,条理分明,中心突出。这种结构最能体现"综合—分析—综合"的双向逻辑思维。例如韩愈的《马说》一文,先提出中心论点:世有伯乐,然后有千里马。论证时逐层分析了千里马吃得多与走得远的关系,比较了千里马与普通马的异同,揭示出千里马常有而伯乐不常有的现象。最后进行综合:"策之不以其道,食之不能尽其材,鸣之而不能通其意,执策而临之,曰:'天下无马!'呜呼! 其真无马邪? 其真不知马也!"①"总—分—总"的逻辑层次井然有序。

除了议论文体,其他文体也会时时应用到综合思维和综合的写作方式。立意选材需要综合。沈从文在《〈沈从文散文选〉题记》中说道:"我生于斯长于斯的一条延长千里水路的沅水流域。对沅水和它的五个支流、十多个县分的城镇及几百大小水码头给我留下人事哀乐、景物印象,想试试作综合处理,看是不是能产生点散文诗的效果。"②布局谋篇同样需要综合。有一种"综括式结构"类型,以综合概括的方式组织编排材料,将许多发生在不同时空的不同性质的事物以及作者对之的感受、印象、评价、态度,进行综合概括,形成一个总的思想观点或情感意向,按照认识逻辑或情感逻辑直接倾吐、抒发,而不为具体的时空顺序拘泥羁绊。如果没有综合思维的引领、统御,这样的文章结构显然是无法完成的。

总之,分析和综合就是把整体分解为部分和把部分重新结合为整体的认识过程。人的整个认识过程是分析与综合的统一。不会分析,则不可能对客观事物有具体深入的认识;不会综合,则不可能对事物有整体、全面、本质的了解。分析与综合互为前提,互相补充,互相转化。要写文章,作者的头脑里必须先有一套分析事物、综合事物的武器,它的有无对写作来说意义重大。

一、思考题

1. 什么是观察? 观察有何特点?
2. 如何才能把握事物的特征?
3. 什么是想象? 想象有何特点?

---

① (唐)韩愈:《马说》,见马其昶校注、马茂元整理《韩昌黎文集校注》,上海:上海古籍出版社,2014年,第40页。

② 沈从文:《沈从文全集》(第16卷),太原:北岳文艺出版社,2009年,第385页。

4. 如何理解再现的想象与创造的想象?

5. 什么是联想作用?如何理解类似联想和接近联想?

6. 为什么写作者需做到想象力与洞察力的结合?

7. 为什么写作离不开阅读?阅读哪些著作对提高写作水平最有帮助?

8. 为什么说写作活动离不开分析与综合?请结合自己的写作实践,谈谈分析与综合在写作中的作用。

二、训练题

1. 从选材、语言、主旨等角度鉴赏张爱玲的散文《爱》,并和同学讨论。

爱
张爱玲

这是真的。

有个村庄的小康之家的女孩子,生得美,有许多人来做媒,但都没有说成。那年她不过十五六岁吧,是春天的晚上,她立在后门口,手扶着桃树。她记得她穿的是一件月白的衫子。对门的年轻人同她见过面,可是从来没有打过招呼的,他走了过来。离得不远,站定了,轻轻的说了一声:"哦,你也在这里吗?"她没有说什么,他也没有再说什么,站了一会,各自走开了。

就这样就完了。

后来这女子被亲眷拐子卖到他乡外县去做妾,又几次三番地被转卖,经过无数的惊险的风波,老了的时候她还记得从前那一回事,常常说起,在那春天的晚上,在后门口的桃树下,那年轻人。

于千万人之中遇见你所遇见的人,于千万年之中,时间的无涯的荒野里,没有早一步,也没有晚一步,刚巧赶上了,那也没有别的话可说,惟有轻轻的问一声:"哦,你也在这里吗?"

2. 请试着写一篇小小说,想象一个你所熟悉的人物的变形和变形之后的命运,力求将想象力与洞察力相结合,能够自圆其说,字数不限。

第三章

文章的写作过程

文章写作是个复杂的系统工程,它通常是由一系列环节构成的。这些环节主要包括立意、选材、构思、谋篇、行文表达、修改和润色。它们既有序,又环环相扣。缺少中间任何一个环节,我们写出来的文章质量都会大打折扣。即便是凭灵感写作,也绕不开其中的关键环节,只不过这些环节不太容易被人们察觉而已。所以,对于我们来说,深入了解并且掌握这些环节是十分必要的。

第一节 立意与选材

立意与选材是文章写作的首要环节。二者孰先孰后,历来争论不休。有人认为先有材料,然后方有立意。如谢榛在《四溟诗话》中说:"李白斗酒百篇,岂先立许多意思而后措词哉?盖意随笔生,不假布置。"[①]也有人认为文章写作先有立意,然后方有材料。如黄子肃以诗论文,说:"大凡作诗,先须立意。意者,一身之主也。"[②]直至20世纪80年代仍有部分写作教材按照"选材—立意—结构—表达—修改"的顺序讲述写作过程。显然,这是一种反映论

---

① (明)谢榛、(清)王夫之:《四溟诗话 姜斋诗话》,宛平、舒芜校点,北京:人民文学出版社,1961年,第23页。

② (清)吴景旭:《历代诗话》,陈卫平、徐杰点校,北京:京华出版社,1998年,第849页。

的写作观,即认为文章写作是对外在世界的客观反映,其起点是纷繁复杂的社会现象,而这些现象就是我们在日常生活中的所见、所闻、所触、所感。我们为什么会对这些事物感兴趣,并且产生了写作的冲动?毫无疑问,是因为我们在这些纷繁复杂的社会现象中有所发现,即有了自己的主观认识,该认识通常就是文章的主题。表面上,文章的主题是从材料中得来的。其实如果没有主题,再多的材料都不成其为材料。进言之,如果没有立意,我们又如何选材?所以我们认为,立意是比选材更为基础的写作环节。

一、立意

(一)立意的含义

所谓"立意",就是确立文章的主题。作者通过文章的全部材料和表现形式,表达出文章的基本思想,确立文章的旨意。[①] 因此,古人常以兵法为喻,"意犹帅也",将文章立意与统兵打仗联系在一起。王夫之在《夕堂永日绪论·内篇》中说:"无论诗歌与长行文字,俱以意为主。意犹帅也。无帅之兵,谓之乌合。李、杜所以称大家者,无意之诗,十不得一二也。烟云泉石,花鸟苔林,金铺锦帐,寓意则灵。"[②]没有主题思想的文章,如乌合之众,杂乱无章;文章有了主题思想,就有了统帅。

(二)立意的基本要求[③]

文章立意的基本要求,可以简单地概括为求真、求专、求新和求深四大原则。

1. 求真

求真,指立意必须正确、鲜明,这是对立意的基本要求。所谓正确,就是符合客观世界的真实情况,能够反映自然和社会的发展

[①] 梁劲:《"意犹帅也"——古人论文章的立意》,载《湛江师范学院学报》1995年第3期,第8—11页。

[②] (明)谢榛、(清)王夫之:《四溟诗话 姜斋诗话》,宛平、舒芜校点,北京:人民文学出版社,1961年,第146页。

[③] 本部分内容参考了季忠民:《千古文章意最高——谈评论立意的"三基本"》,载《新闻战线》2008年第6期,第42—43页。

规律,可以帮助人们正确认识客观世界。具体而言,要能够肯定先进,否定错误,把握现实,预测未来的发展趋势。立意必须坚持正确的导向,以马克思主义的科学理论为指导,旗帜鲜明地坚持真理、反对谬误,歌颂真善美,鞭挞假恶丑,唱响主旋律。如1978年5月11日《光明日报》刊登的特约评论员文章《实践是检验真理的唯一标准》,坚持马克思主义辩证唯物论和认识论,冲破了"两个凡是"的思想束缚,推动了全国的思想解放运动。这篇文章以其鲜明、正确的舆论导向,在我国历史发展的关键时期产生了重大社会影响而载入史册。正确是深刻的前提和基础,不正确则无深刻可言。

所谓鲜明,即应该旗帜鲜明地表达自己的立场。在不同体裁中,其表现形式有所不同。在议论文体中,主题应当被简洁明快、直截了当地表达出来。例如荀子的《劝学》,开篇就直陈主题:"君子曰:学不可以已。"①即学习不可以停止。这不但是《劝学》的首句,而且是整部《荀子》的首句,开头就提出了中心论点,语言简劲,用意深远而鲜明。而在记叙文体中,特别是文学作品中,主题贵蕴藉,往往采用比喻、象征、托物言志等方法来阐释主题,而不是直白地说出来。例如海明威的《老人与海》,这部小说的故事情节极富象征性,其寓意是毫不畏惧、充满自信的硬汉精神支撑着人对抗险恶的命运。含蓄蕴藉并不是没有主题,相反,主题越是蕴藉深婉,就越是引人深思,立意也就越是鲜明。

2. 求专

求专,指立意要专一、集中。连绵不绝的巍峨群山,只能有一座主峰。同样,一篇文章只能有一个主题,聚焦一个观点,不能面面俱到。特别是短小精悍的评论文体,务必要突出中心意思和骨干材料。一篇议论文只有一个中心论点,即作者所要表明的主要观点;比较复杂的议论文可以有分论点,但分论点是服务于中心论点的,展开的时候围绕主要观点作多层表述,切不可旁逸斜出。比如一篇以"生命"为话题的作文,审题可以从多个角度确立题意,如"生命是宝贵的,应该珍惜""生命是脆弱的,需要倍加爱护""生命

---

① (战国)荀子:《荀子》,见梁启雄注《荀子简释》,北京:中华书局,1983年,第1页。

确实值得敬畏""尊重生命,才能尊重个性""热爱生命,才能热爱生活""尊重生命,才会爱惜自己,爱惜他人"等。有的写作者往往在一篇文章中展现好几个观点,结果就显得主旨不明,东拉西扯,说理不清。而有的虽然是以一个观点为中心,但在中途旁逸斜出,讲另一个观点去了,这就违背了立意的"求专"原则。

主题应当是专一集中的,但在文学作品中,特别是内容复杂的鸿篇巨制,有时也会出现多主题的现象。多主题,就是一篇文章或一部作品有两个以上的主题,需要注意的是,它们之间的地位不是平起平坐的,必然有主有次,其中的主要主题称正主题,亦称基本主题;次要主题称副主题,亦称小主题。正主题居于统摄其他主题的主干地位,并贯穿作品的全部内容;副主题则受正主题的制约,以正主题为中心而展开,从不同的侧面为突出、补充、丰富、深化正主题服务,同时也具有相对独立的思想意义。例如曹雪芹《红楼梦》的正主题是写封建贵族官僚大家族的必然没落,副主题是写宝黛的恋爱悲剧。没有副主题的铺陈展开,正主题难免流于空洞;而若没有正主题统摄全篇,仅仅描写一对青年男女的恋爱故事,又难免会沦为一部庸常的言情小说,无法揭示封建大家族崩溃的悲剧意义。立意的求专原则,在议论文体中体现为要确立中心论点,在文学作品中体现为要确立正主题,突出它们的统帅地位和贯穿作用,把一切"意"与"事"统统置于它们的管辖之下。

3. 求新

立意贵新,这里所谓的"新",就是确立思想内容或主题要有独创性,不落窠臼。"陈言务去",立意要力求新颖、吸引人,不要吃别人嚼过的馍,发表没有新意的观点。我们常说:"第一个把姑娘比作鲜花的是天才,第二个则是蠢材。"立意新颖是历代文论家、作家的重要审美追求。黄庭坚在总结自己的创作心得时说:"随人作计终后人,自成一家始逼真。"袁枚在《随园诗话》中也说:"要之,以出新意,去陈言,为第一着。"① 唯有独辟蹊径,发人之想发而未发、言人之欲言而未言的思想和观点,才能增强文章的吸引力、感染力。

怎样才能使文章的立意新颖独到呢?选准角度,别出心裁,文章就容易推陈出新。"山之精神写不出,以烟霞写之;春之精神写

---

① (清)袁枚:《随园诗话》,北京:人民文学出版社,1982年,第185页。

不出,以草树写之"①。同一写作对象,不同的作者,角度绝不雷同。写女子之美,宋玉在《登徒子好色赋》中这样写:"东家之子,增之一分则太长,减之一分则太短;著粉则太白,施朱则太赤;眉如翠羽,肌如白雪;腰如束素,齿如含贝;嫣然一笑,惑阳城,迷下蔡。"②把女子之美写到了极致,那么后人怎样超越呢?《陌上桑》写道:"行者见罗敷,下担捋髭须。少年见罗敷,脱帽著帩头。耕者忘其犁,锄者忘其锄。来归相怨怒,但坐观罗敷。"③从旁观者的角度,写女子产生的审美效应,给读者以充分的想象空间。可见角度一变,创新即现。

4. 求深

立意贵深,就是立意要有思想高度和深度,在开掘材料时要把思想的触角伸向更广、更深的领域,这样才能给人以强烈的震动。行文唯有立意深刻高远,才能说理透彻,给人以启迪,引人深思;相反,文意肤浅,读完即完,无需思考,这样的作品必然缺乏味道。由此,我们就必须克服就事论事、浮于浅表的弊病,凡事多问几个"为什么"。通过见人之常见而未见,发人之常发而未及,写出"人人心中皆有,人人笔下俱无"的东西,揭示事物的内在规律,给人留下深刻的印象。

深刻,是在正确、新颖的基础上,对主题所提出的进一步要求。鲁迅在《关于小说题材的通信》中说:"选材要严,开掘要深,不可将一点琐屑的没有意思的事故,便填成一篇,以创作丰富自乐。"④这里的"开掘要深",就是说要挖掘材料的深层意蕴,而不是浅尝辄止。鲁迅评论果戈理的小说《死魂灵》,称赞并指出果戈理写作艺术的独特之处:"是在用平常事,平常话,深刻地显示出当时地主的无聊生活。"⑤"人们灭亡于英雄的特别的悲剧者少,消磨于极平常

---

① (清)刘熙载:《艺概》,叶子卿点校,杭州:浙江人民美术出版社,2017年,第85页。

② 转引自付成波、郭素媛编著:《中国历代散文名篇鉴赏》,石家庄:花山文艺出版社,2019年,第61页。

③ 转引自曹旭:《古诗十九首与乐府诗选评(增订本上)》,上海:上海古籍出版社,2019年,第238页。

④ 鲁迅:《鲁迅全集》(第四卷),北京:人民文学出版社,2005年,第377页。

⑤ 鲁迅:《鲁迅全集》(第六卷),北京:人民文学出版社,2005年,第382页。

的,或者简直近于没事情的悲剧者却多。"① 鲁迅的评论恰如其分,指出果戈理小说擅长透过现象看本质,具有立意深刻、高远的特点。我们由此也可以看出,果戈理在选择材料和提炼主题的过程中是煞费苦心的。

"新"与"深"有内在的联系,深刻的主题能够深入挖掘事物的规律和本质,洞察前人未曾言及的道理和意义,有独到之处,自然会令读者耳目为之一新。当科举制度还处于鼎盛时期,吴敬梓就已洞察它的不合理性,故在《儒林外史》中对它进行了无情的批判。当封建制度还处在由盛转衰的转折关头,曹雪芹就凭他的艺术直觉预见到它必然灭亡的命运,将封建社会的政治、经济、文化制度,及其伦理道德、宗法观念的腐朽性暴露在光天化日之下。我们今天读《红楼梦》仍会觉得耳目一新,叹服作者思想的深刻、独到。新颖的主题必然是与时俱进的,作者要根据时代的发展变化,从全新的视角、立场出发,运用新方法,反映新问题,经过深思熟虑、反复追问,最终把自己独特的发现和见解呈现给读者,这往往也是深刻的。列宁曾称列夫·托尔斯泰的作品为"俄国社会的一面镜子"。鲁迅先生的多数作品被称为投枪、匕首般的战斗檄文。只有具有强烈的时代感的主题,才容易引起读者深刻的共鸣,也才能使作品具有一定的影响力。所以,富有时代感的主题才是既"新"又"深"的。

(三)立意与炼意

立意就是确定主题,炼意就是对主题进行提炼和打磨。在写作的思维活动中,主题的确立和提炼,实际上是同时进行的,主题的形成过程就是不断提炼和打磨的过程。所谓"主题",就是作者在说明问题、发表主张或反映生活现象时所表达的基本意见或中心思想,也就是文章的主旨。主题是文章的灵魂,是文章的统帅。写文章时,如何确定主题、提炼主题,是至关重要的一步,走好这一步,可以说已经成功了一半。

1. 主题的作用

(1)主题决定着材料的取舍。如何从浩如烟海的材料中进行

---

① 鲁迅:《鲁迅全集》(第六卷),北京:人民文学出版社,2005年,第383页。

选择？答案是要依主题需要而定。例如，同是写泰山的散文，姚鼐看到了日出，他的《登泰山记》的主题就是展现冒雪登泰山并观赏日出的经过，文章既描写了泰山的雄奇，也纠正了泰山记载的错误①；杨朔未看到日出，所以在他的《泰山极顶》中才有了这样的开头："泰山极顶看日出历来被描绘成十分壮观的奇景。有人说：登泰山而看不到日出，就像一出大戏没有戏眼，味儿终究有点寡淡。"②他的这一表述是为结尾处的主题"伟大而光明的祖国啊，愿你永远'如日之升'！"张目③；李健吾登泰山时遇雨，而得以观赏到烟雨变幻中的泰山的奇特风光，所以他的《雨中登泰山》着笔于"雨中"，意在写登山的"雨趣"和雨中赏景的感受，并在写景抒情之中插引传说故事，表达对祖国大好河山的热爱与赞美之情；冯骥才的《挑山工》干脆不着墨于泰山的雄姿和胜景，而是把目光投向挑货上山的山民，描绘了他们艰辛的劳作和惊人的毅力，赞颂了挑山工坚韧不拔的攀登精神。由此可见，根据文章主题表达的需要来裁剪材料，方能呈现入选材料的价值。

（2）主题支配着文章的谋篇布局。在构思中，主题如果呈现纵向深入的形态，文章必然要安排成递进式结构；如果呈现横向拓展的形态，文章则必然要安排成横式结构。例如，王安石的《读孟尝君传》，全文分四个层次，环环紧扣，逐层深入：开篇摆出世人的看法"世皆称孟尝君能得士"；第二层一反常人之见，鲜明地提出"孟尝君特鸡鸣狗盗之雄耳，岂足言得士？"第三层，笔锋又转，"擅齐之强，得一士焉，宜可以南面而制秦，尚何取鸡鸣狗盗之力哉？"从反面论证孟尝君没有得士；收篇自然得出结论："鸡鸣狗盗之出其门，此士之所以不至也。"④这就是典型的递进式结构；而吴晗的《谈骨气》，则以横式结构展开，分别以"文天祥威武不能屈""古穷人不食嗟来之食"和"闻一多拍案而起"三个平行事例，论证了"我们中国人是有骨气的"这个主题。⑤

---

① （清）姚鼐：《惜抱轩全集》，北京：中国书店，1991年，第169页。
② 杨朔：《杨朔散文选》，北京：人民文学出版社，2009年，第148页。
③ 杨朔：《杨朔散文选》，北京：人民文学出版社，2009年，第151页。
④ （北宋）王安石：《王临川全集》，上海：世界书局，1935年，第452页。
⑤ 吴晗：《吴晗文集》（第四卷），北京：北京出版社，1988年，第26—28页。

（3）主题制约着表达方式。写作的表达方式多种多样，有叙述，有描写，有抒情，有议论，有说明。这些表达方式，实质上都是表现主题的手段。一个特定的主题，必然要求有相应的表达方式来表现。因此，主题制约着表达方式的选择。例如，时间看不见、摸不着，却又实实在在地从我们身边流逝，朱自清的散文《匆匆》用"燕子去了又来""杨柳枯了又青""桃花谢了又开"形象地捕捉时光逝去的踪迹，使空灵而抽象的时间概念化为具体的物象；而卡尔·萨根的科普文《宇宙的边疆》则运用平实准确的说明文体，介绍宇宙、星系、恒星、行星和太阳系，最后回归到人类的家园——地球，通过知识的传达，激发读者对宇宙的想象。

2. 主题的形成

主题来自生活，作者观察、体验生活，然后把对生活的理解诉诸笔端。高尔基说："主题是从作者的经验中产生、由生活暗示给他的一种思想。"[①]一个作者处于社会之中，各种外界现象势必不断地反映在他的头脑中。开始，他获得的是大量的感性认识，即大量的生活素材，这种感性认识的材料积累多了，就可能产生飞跃，即由概念而判断，由判断而推理，上升为理性认识，由此形成文章的主题。

例如，鲁迅在谈《狂人日记》的主题时说过："《狂人日记》意在暴露家族制度和礼教的弊害。"[②]这个主题是怎样形成的呢？鲁迅生逢动荡不安的历史时期，对腐朽的家族制度和封建礼教有切肤之痛；新文化运动的影响，使他寄希望于未来。《狂人日记》是鲁迅在经历了沉默与思索之后的第一声呐喊，该作融入了他多年的愤怒、怨恨、不满、焦虑，以及希望、祈求等复杂情绪。鲁迅通过多年来对中国历史和现实社会的深思，透彻地"悟"出了《狂人日记》的主题——对封建礼教"吃人"本质的揭露和反抗。同样，《阿Q正传》的主人公阿Q的形象在鲁迅心中似乎埋藏了好多年。由此可见，作者的感受虽然起初是个别的、零乱的、模糊的，但随着时间的推移，其体验会逐步深入，文章的主题也会日渐明晰。

---

① 林焕平编：《高尔基论文学》，南宁：广西人民出版社，1980年，第52页。
② 鲁迅：《鲁迅全集》（第六卷），北京：人民文学出版社，2005年，第247页。

3. 主题的特点

一般来说，文章的主题具有主观性、客观性和时代性的特点。

（1）主观性。主题是现实生活在人们头脑中的反映，但这种反映不是机械的摹拟，而是一种积极的、能动的反映。这是因为其中伴随着作者清醒的主观认识和愿望。相近的材料，交给不同的作者来处理，主题往往各不相同。例如，同是反映北宋末年农民起义的小说，施耐庵的《水浒传》的主题是歌颂梁山英雄反抗压迫、英勇斗争，而俞万春的《荡寇志》的主题则是仇恨农民起义，将梁山一百单八将当作反面角色来写。前者的价值远远高于后者，一个重要的原因就在于作者的主观倾向不同，呈现出了相反的主题。即使在以客观见长的新闻写作中，也往往需要调动写作者的主观倾向。例如，罗森塔尔的《奥斯维辛没有什么新闻》是一篇获得过美国普利策新闻奖的优秀新闻作品，被誉为"美国新闻写作中不朽的名篇"。它跳出传统新闻只客观报道的窠臼，大胆地在反映客观事实的基础上，抒发了对法西斯暴行的深恶痛绝以及对自由、解放、新生的珍惜之情，着力表现了一名有使命感的记者的主观之见。[①]

（2）客观性。从主题形成的过程来看，它是文章所选取的材料蕴涵的深刻意义或作者借助这一材料所表达的观点。我们知道，材料往往来源于客观生活，是作者观察生活所得，而主题是建立在材料的基础之上，因此主题不可避免地带有客观性。如马丁·路德·金的著名演讲《我有一个梦想》，其客观材料包括"黑人遭受警察难以形容的野蛮迫害""黑人的基本活动范围是少数民族聚居的贫民区""黑人的选举权没有得到充分实现""有些受尽苦难和折磨，有些刚刚走出窄小的牢房，有些由于寻求自由，曾在居住地惨遭疯狂迫害的打击"，那么，无论切入点如何，其主题必然反映"当时美国黑人的悲惨现状亟待改变"这个客观事实。[②]

（3）时代性。作品都是特定时代的产物，体现了作者在某个时代的经历与感受。经过岁月沉淀留下来的作品，往往能够使人了

[①] 该文见《高一语文（必修）》（上册），北京：人民教育出版社，2003年，第41—42页。

[②] 该文见《高一语文（必修）》（下册），北京：人民教育出版社，2006年，第42—45页。

解那个时代的特征并从中汲取营养。凡是优秀的作品,几乎都反映出某个时代的精神和社会面貌。譬如,只有在19世纪风云激荡的法国,才会出现雨果的《巴黎圣母院》《悲惨世界》这样的浪漫主义杰作,而只有唐代"安史之乱"时的兵连祸结,才会孕育杜甫"三吏""三别"这样具有强烈人民性的诗歌名篇。要使主题具有时代性,作者必须站在时代前列,敏锐感应时代的气息,紧跟时代的步伐,正视现实,直面人生。

4. 主题提炼的方法

(1)归纳概括法。这一方法就是从各种互不相同的材料中归纳出共同的主题。在议论文的写作中,我们经常会用到这种方法。它是建立在大量事实论据的基础之上的。俗话说:"事实胜于雄辩。"可以通过列举事实,证明文章的论点。归纳概括法的运用存在诸多情况:如用某一思想统帅,以某种情趣连缀,或以人物性格或精神的主要侧面集结,将各种分散的材料集中在同一主题之下。例如,加来道雄的《一名物理学家的教育历程》主体部分由"童年时期的两件趣事"构成:一是观察"畅游在茶园池中的鲤鱼",二是"听说爱因斯坦死后未完成的论文仍然摆放在办公桌上",由此分别生发出思考,小水池的鲤鱼激发了想象力和对事物研究的兴趣,未完成的论文则引导他决心完成爱因斯坦未竟的事业。这两个材料很难分出主次、轻重,甚至也看不出相互间的联系,但作者把它们都与"丰富了我对世界的理解力,并且引导我走上成为一个理论物理学家的历程"这个主题联系起来,突出了主题,其他零散的材料,如"着手建立我自己的原子对撞机"和"研究科学文献"等也浑然一体,成为文章的血肉。①

运用归纳概括法提炼主题的关键是善于将材料从内在意义上甄别、分类。在写作实践中,往往会遇到这种情况,采集的材料很多,却不知从何写起,组织不成一篇文章;或者觉得材料都很生动,但是如果都塞进一篇文章中去,就会造成形式上的臃肿,甚至可能导致主题分散,或材料与观点分离的现象出现。这里,一个重要的原因就是材料太杂太分散,很难统一在一个主题之下。运用归纳

---

① 该文见《高一语文(必修)》(下册),北京:人民教育出版社,2019年,第50—54页。

概括法,对材料进行分类组合,把意义相近的材料集合在一起,分别提炼出不同的主题,再围绕主题组织文章,不仅不再是"老虎吃天,无处下口",而且可以写出多篇各具特色的文章,从而获得事半功倍的效果。

(2)深入开掘法。深入开掘,就是对写作对象进行去粗取精、去伪存真、由表及里的纵深开掘。我们视不同类型的写作对象和写作材料,可将其归纳为人、事、物、景、情、理六大类,提炼主题时其开掘的方法也各有侧重。

人常从性格上开掘。一个人之所以有别于其他人,主要不在于他的外部特征,而在于他的精神世界。因此,写人就要从思想性格方面入手,把他放在时代、社会和民族的大背景下,看其性格是否具有典型意义或认识价值。巴尔扎克所写的吝啬鬼葛朗台,是世界文学史上刻画得最成功的吝啬鬼形象之一,他是法国大革命后起家的资产阶级暴发户,为人比旧式地主精明,也更加凶狠,其敛财方式充满血腥味。巴尔扎克通过塑造这一人物形象,反映了1818—1848年法国社会的真实面目。而鲁迅在《阿Q正传》中塑造的阿Q,是辛亥革命前后中国社会中典型的麻木者。鲁迅通过塑造这一人物形象,触及了民族的灵魂,揭开了国民的痼疾。

事常从社会意义上开掘。纷纭复杂的社会生活,千头万绪的大小事件,其意义各不相同。即便是同一件事,其意义也是多层面的。主题欲深,就要善于从平凡小事中挖掘出深刻的主题,提炼出最主要、最感人、最深刻的那一点。食指的《这是四点零八分的北京》创作于1968年底,写的是知青离家参加"上山下乡"活动的场景。诗人抓住火车开动的这一时刻,把远离父母、家乡的惜别之情,对未来命运的忧虑和恐慌,都汇聚在"四点零八分"这一瞬间,使这一瞬间浓缩了一个特定时代的重大历史内涵。这个例子表明,深刻的主题往往从生活中来。任何事件都不是孤立的,写事不能就事论事,而要把它放到广阔的人生和人类社会历史进程的大背景中开掘意义。

景常从情致上开掘。有的文章以写景状物为中心,在写景状物中寄情寓意。王夫之说:"烟云泉石,花鸟苔林,金铺锦帐,寓意则灵。"①这也就是说,客观的景和物如果孤立地看不一定有什么意义,但当它与作者的主观感情结合起来,便具有了特殊的含义。如郁达夫的《故都的秋》,一语带过"陶然亭的芦花,钓鱼台的柳影,西山的虫唱,玉泉的夜月,潭柘寺的钟声",从秋士悲秋"觉得细腻,又觉得清闲,潜意识下并且还觉得有点儿落寞"②的心理感受落墨。因此,对景物的开掘须从情致方面着眼。这样,景物描写就生动活脱,意味深长,景物所显示的意义就愈加丰富。

理常从逻辑上开掘。说理类文章的主题通常是由作者直接提出来的,以基本观点的形式出现。基本观点要正确、鲜明并且令人信服,就必须从逻辑上去开掘,循序渐进地深入下去,道理就会顺理成章地显示出来。如《孟子》中《寡人之于国也》这一篇,孟子运用了"连锁推理"的形式,即用前边推出来的结论作前提,再推出新的结论。继而,又用这个新的结论作前提,推出更新的结论。孟子首先从"不违农时""数罟不入洿池""斧斤以时入山林"推出"谷不可胜食""鱼鳖不可胜食""材木不可胜用"的结论。接着,又用"谷不可胜食""鱼鳖不可胜食""材木不可胜用"这个结论作前提,推出"是使民养生丧死无憾"这个新的结论。又用"是使民养生丧死无憾"这个新的结论作前提,推出更新的结论"王道之始"。这种"连锁推理"的形式,强调了实行王道要从不违农时、发展生产、解决百姓最基本的吃穿问题入手。论述时环环相扣,简直无懈可击,充分显示了孟子的雄辩。③

情常从感染力上开掘。情感的抒发往往要借助于具体的人、事、物、景。我们评判它成功与否的标志,是看它能否打动人、感染人。因此,抒情要注意从感染力上开掘。一般来说,感染人的首要条件是情感的真挚,其次是体验的独特。韩愈《祭十二郎文》写家族人丁不旺、亲人辞世之悲:"承先人后者,在孙惟汝,在子惟吾;两世一身,形单影只。嫂尝抚汝指吾而言曰:'韩氏两世,惟此而已!'

---

① (明)谢榛、(清)王夫之:《四溟诗话 姜斋诗话》,宛平、舒芜校点,北京:人民文学出版社,1961年,第146页。
② 郁达夫:《郁达夫散文》,北京:人民文学出版社,2015年,第135、136页。
③ 杨伯峻译注:《孟子译注》,北京:中华书局,2012年,第5—6页。

汝时尤小,当不复记忆;吾时虽能记忆,亦未知其言之悲也!"①这是一段经典的情感描写,它的成功不只在情感的真实,更是写出了作者内心独特的情感体验。还有李密的《陈情表》写祖孙之情,袁枚的《祭妹文》写兄妹之情,其优胜之处亦在于此。

(3)逆向思维法。文章立意运用逆向思维法,有时会取得意想不到的效果。古人云:"同一话也,以尖新出之,则令人眉扬目展,有如闻所未闻;以老实出之,则令人意懒心灰,有如听所不必听。"②主题要有新意,就必须打破思维惯性,而逆向思维法就是打破思维惯性的最佳方法。

朱光潜在《咬文嚼字》里说:"习惯老是喜欢走熟路,熟路抵抗力最低引诱性最大,一人走过人人就都跟着走,越走就越平滑俗滥。没有一点新奇的意味。"③逆向思维首先要克服的就是"走熟路"的思维惯性。我们在提炼主题的过程中,若是变换一下思维的某个要素,即可产生新的思路,使文章富有新意。三苏父子都写过"鉴前世之兴衰,考当今之得失"的《六国论》,但由于三个人的着眼点不同,主题也就不同。苏洵主要着眼于政治形势的分析,他说:"非兵不利,战不善,弊在赂秦"④,批评六国屈辱苟安之国策;苏辙主要着眼于战略形势的分析,他认为"背盟败约,以自相屠灭"⑤,批评六国没有战略眼光;苏轼则从六国与统一以后的秦在历史中存在时间长短的比较上落笔,论证了秦较之六国灭亡得迅速的主要原因是秦"隳名城,杀豪杰,不养士"⑥。三篇《六国论》,取材范围大体相同,立意却各有千秋。

逆向思维,还可以通过"翻案文章"翻新主题来实现。一般人

---

① 马其昶校注:《韩昌黎文集校注》,马茂元整理,上海:上海古籍出版社,2014年,第379页。
② (清)李渔:《闲情偶寄》,江巨荣、卢寿荣校注,上海:上海古籍出版社,2000年,第70页。
③ 朱光潜:《谈读书》,沈阳:万卷出版公司,2018年,第49页。
④ (北宋)苏洵、(北宋)苏轼、(北宋)苏辙:《三苏集》,沈阳:万卷出版公司,2008年,第12页。
⑤ (北宋)苏洵、(北宋)苏轼、(北宋)苏辙:《三苏集》,沈阳:万卷出版公司,2008年,第249页。
⑥ (北宋)苏轼:《苏轼全集》,上海:上海古籍出版社,2000年,第738页。

最容易为流俗观点和自己的先入之见所蔽,这是主题创新的两大障碍。若敢于作"翻案文章","言前人所未言,发前人所未发",则可异中求新。王安石十分擅长"翻案"。杜牧曾写过《题乌江亭》:

> 胜败兵家事不期,包羞忍耻是男儿。
> 江东子弟多才俊,卷土重来未可知。

杜牧认为胜败乃兵家常事,只要能够"包羞忍耻","卷土重来未可知"。可王安石不以此诗为然,也以《乌江亭》为题写了一首诗:

> 百战疲劳壮士哀,中原一败势难回。
> 江东子弟今虽在,肯为君王卷土来?

他批评项羽刚愎自用,不重用人才。如今人心尽失,大势已去,江东子弟怎肯和他一起卷土重来呢?王安石以政治的眼光,从"人和"的角度看项羽,见解透辟,发人深省。支撑逆向思维的往往是作者的才、胆、学、识。同时,这一思维方法也应当建立在尊重客观生活的基础之上,要在正确的前提下求新求奇,否则就会受人诟病。

二、选材

(一)材料的含义

所谓"材料",就是作者从日常生活、现代网络或者图书资料中获得的事实、事理及主观感受。该词用于写作最早可追溯到宋代魏庆之的《诗人玉屑》,他在评价李商隐的诗歌时说:"李商隐诗好积故实……一篇中用事者十七八,以是知凡作者须饱材料。"[①]魏庆之提出的"作者须饱材料"的意思是我们在写作之前要广泛收集各种素材,多多益善。

接下来,我们需要对"材料""素材"和"题材"这三个概念作简单的区分,以免在使用时混淆。上文刚刚说过,凡是进入作者视野,为作者所意识、搜集的一切事实、事理及主观感受,都可称为"材料"。作者搜集到而未加选择、整理或提炼加工的原始材料,包

---

① (宋)魏庆之:《诗人玉屑》(上),王仲闻点校,北京:中华书局,2007年,第206页。

括自然形态的人物、事件、场景等,叫作"素材",经过作者的加工、提炼和改造并写入作品的素材,就转变为"题材"。这三个概念的含义各不相同:材料是统称,未加工的材料是素材,加工好并被写入文章的材料是题材。

(二)材料的分类

按照不同的标准,我们可以把材料划分为不同的类型。

(1)按来源分,我们可以把材料分为直接材料和间接材料。直接材料,即一手材料,是我们从生活中直接获取的材料,如作者的亲身见闻和切身体验。它具有高度的真实性、准确性和生动性。自传、回忆录、日记等主要是由直接材料构成的,文学作品虽可以虚构,但也离不开直接材料。直接材料是我们进行创作的基础。获得直接材料的途径主要有观察、调查、体验和实践。曹雪芹之所以能够写出不朽的名作《红楼梦》,主要源于他早年"钟鸣鼎食之家、诗礼簪缨之族"的生活经历;巴尔扎克之所以能够写出脍炙人口的《人间喜剧》,主要源于他在法律事务所的工作实践;巴金的"激流三部曲"(《家》《春》《秋》)是他根据自己的亲身经历写的。

间接材料,即二手材料,是经过间接途径获取的材料。这里的间接途径多指网络、书籍和报刊。不少作家的写作得力于间接的文字资料。如马克思写《资本论》,他每天到图书馆翻阅资料,前后翻阅了1500多种书刊,做了大量的笔记。鲁迅写《魏晋风度及文章与药及酒之关系》,从古代历史、政治、文学理论、诗文创作、医药等30余种著作中引证材料,他的《小说旧闻钞》也是从数十种刊物中抄录出来的。周作人盛年时期的文章亦多抄录书籍,大量援引前人文献资料,仅用寥寥几笔精到点评连缀成文,自成一家,被称为"抄书体"。使用间接材料,必须考察核实、鉴别真伪,切不可以讹传讹。

在间接材料中,我们尤其要重视专业的文献资料,如历史文献、科学文献、医学文献等。研究专业文献,既可以把握某一学科的发展轨迹,获取重要知识和材料,也有助于发现问题、开拓思路。撰写专业性、学术性较强的论文时,尤其要占有丰富的文献资料,以便提高理论起点。否则,就可能失之偏颇或难以有所突破。

(2)按内容分,我们可以把材料分为事实材料和理论材料。事实材料是文章中所选用的客观事实,一般指具体事例和数据。事实材料真实可靠,具有很强的说服力。多累积事实材料,既可以使我们开阔视野,获取丰富的感性认识,也可以有力地支持主题。毛泽东《别了,司徒雷登》一文在论述"我们中国人是有骨气的"时,就用了两个事实材料:"闻一多拍案而起,横眉怒对国民党的手枪,宁可倒下去,不愿屈服。朱自清一身重病,宁可饿死,不领美国的'救济粮'。"①写学术论文时,实验数据、观测结果等也属于事实材料。

理论材料多以概念、判断和推理的形式揭示客观事物的本质和规律,主要包括古今中外名人名言、公理、定律、原理等。引用恰当的理论材料,有利于我们阐述事理,增强文章的说服力。如钱钟书在谈中国诗时,引用了几段中外诗人论诗的名言:"一位中国诗人说:'言有尽而意无穷';另一位诗人说:'状难写之景,如在目前;含不尽之意,见于言外',用最精细确定的形式来逗出不可名言、难于凑泊的境界,恰符合魏尔兰(Verlaine)论诗的条件:那灰色的歌曲,空泛联接着确切。"②这就是运用理论材料的例子。

(3)按应用分,我们可以把材料分为概括材料和具体材料、主要材料和次要材料、正面材料和反面材料等。

①概括材料和具体材料。概括材料是没有具体情节和细节,从总体上进行粗略表述的材料。这类材料的特点是文字简明、内容概括、特征突出。司马迁在《报任少卿书》中就连用了一系列的概括材料:"盖西伯拘而演《周易》;仲尼厄而作《春秋》;屈原放逐,乃赋《离骚》;左丘失明,厥有《国语》;孙子膑脚,《兵法》修列;不韦迁蜀,世传《吕览》;韩非囚秦,《说难》《孤愤》。《诗》三百篇,大抵圣贤发愤之所为作也。"③八个迭句两两成对,高度概括,既表明了对历史上杰出人物历经磨难而奋发有为的事迹的赞颂,又表明了以他们为榜样,矢志进取、成就伟业的坚强意志。

与之相反,具体材料则是不抽象、不笼统的,可以实实在在地直接感觉到的材料。如人物的具体活动和事件、环境等。同样是

---

① 中共中央文献研究室、新华通讯社编:《毛泽东新闻作品集》,北京:新华出版社,2014年,第495页。

② 钱钟书:《写在人生边上·人生边上的边上·石语》,北京:生活·读书·新知三联书店,2002年,第163页。

③ (西汉)司马迁:《报任少卿书》,见钱仲联主编《古文经典》,上海:上海书店出版社,1999年,第199页。

司马迁的《报任少卿书》，他写李陵之功时就用到了具体材料："且李陵提步卒不满五千，深践戎马之地，足历王庭，垂饵虎口，横挑强胡，仰亿万之师，与单于连战十余日，所杀过当，虏救死扶伤不给，旃裘之君长咸震怖，乃悉征其左右贤王，举引弓之民，一国共攻而围之。转斗千里，矢尽道穷，救兵不至，士卒死伤如积。然李陵一呼劳军，士无不起躬流涕，沫血饮泣张空弮，冒白刃，北首争死敌者。"①这段文字不仅写出了李陵的英勇，而且写出了战斗的惨烈。可以说，斯情斯景，历历在目。具体材料便于表现人物或事物，当它与概括材料相结合，便能达到既反映全貌又突出重点的作用。

②主要材料和次要材料。主要材料是在揭示事物本质、表现文章主题方面具有重要作用的材料。它是作者从众多的材料中精选出来，经过分析比较并用于文章中的主要材料。它通常起着决定文章主题性质，深刻揭示和表现主题的作用。在文章中，它往往以详叙的形式表现出来，构成文章的主体。在记叙性文体中，主要材料往往表现为一个或数个贯穿始终的故事情节和突出人物性格、表现人物成长的材料；在论述性文体中，它往往表现为支撑中心论点的主要论据；在说明性文体中，它往往表现为对说明对象进行解说和介绍的主要文字。主要材料对突出主题起主导作用，是文章的主体，因而要求典型、真实、具体、充实。

次要材料是文章中不用来作为主干或主要依据的材料。在构成文章内容时，它处于次要地位，对表达主题起辅助作用。次要材料虽通常居于主要材料之下，但它是文章不可或缺的组成部分，对主题起着铺垫、渲染、映衬和烘托的作用。在技法上，次要材料一般以略写的形式表现出来。我们不妨以巴尔扎克的《高老头》为

---

① （西汉）司马迁：《报任少卿书》，见钱仲联主编《古文经典》，上海：上海书店出版社，1999年，第199页。这段话的意思是：李陵率领不到五千名步兵，深入胡地，足迹到达单于的王庭，这就像在虎口边放下诱饵，勇敢地向强大的胡人挑战，向居高临下的为数众多的敌军展开进攻，与单于率领的军队连战十几天，所杀敌人超过自己军队的人数，敌军连救死扶伤都顾不上。胡人的君长都震惊了，便征调了左贤王、右贤王，出动了所有能拉弓射箭的人，全部共同围攻他们。李陵转战千里，箭矢已尽，无路可走，而救兵又不至，死伤的士卒堆积如山。但是李陵一声召唤，疲劳的士兵便无不复起，人人眼里流血，暗自抽泣，于是拉开空弓，冒着敌人的刀剑，向北争着与敌人决死搏斗。

例,这部小说的主要情节是高老头把自己所有的爱都倾注在两个女儿身上,自己却潦倒而死,这是小说的主要材料,作者用墨也最多。而对初入社会的大学生拉斯蒂涅、外号叫"鬼上当"的伏脱冷、被大银行家赶出家门的泰伊番小姐、骨瘦如柴的米旭诺等人的故事只是简笔勾勒,因为它们属于次要材料。

③正面材料和反面材料。正面材料指的是作者从正面选取的用来表明自己观点和感情倾向的材料。这类材料与文章倡导的精神、阐述的问题、表明的观点直接相关,并在性质上一致。作者采用正面材料表现主题,往往能够直接起到教育、感染读者的作用。如果运用得贴切还可以强化主旨,增强文章的说服力。

反面材料指的是作者从反面选取的,用来批驳或否定对方,反衬作者思想感情的材料。这类材料和文章倡导的精神、表明的观点在性质上截然相反。在议论性文章中,反面材料是指与作者立论相反,用以批驳对方的反面论点、论据。在记叙性文章中,反面材料是与作者感情倾向相反,用以否定反面形象的材料。选用反面材料,对错误观点进行批驳,对丑恶现象进行否定,是为了树立作者正确的观点。恰当运用反面材料,可以使立论坚实,提高思维的精度,增强批驳的力量,深化议论的层次。但反面材料不能直接证明论点的正确,还须结合正面材料使用。在一篇文章中,正反两方面的材料对比选用,能使作者的观点更加鲜明,从而增强文章的说服力和感染力。

(三)选材的标准和原则

选材,就是选择材料,对占有的材料进行取舍。在文章写作的过程中,选材是决定文章成败的关键环节之一。和立意一样,选材也有相应的标准和原则。

1. 选材的标准

(1)选材要博。即我们在写作之前要尽可能多地占有材料。刘勰在《文心雕龙·神思》中说:"积学以储宝,酌理以富才,研阅以穷照,驯致以怿辞。"[1]这句话的意思是:积累学识如同储藏珍宝,明辨事理来丰富才学,研究阅历以进行彻底的观察,顺着思路去引出

---

[1] 范文澜注:《文心雕龙注》(下),北京:人民文学出版社,1962年,第493页。

美好的文辞。韩愈在《进学解》中也说:"玉札丹砂,赤箭青芝,牛溲马勃,败鼓之皮,俱收并蓄,待用无遗者,医师之良也。"①他以医生储备各种药材来比喻我们写作要广泛积累。只有平时勤于积累,博览群书,不断观察客观世界,才能有所感触,从而获得写作的素材。我们既要积累人生经验,也要积累丰富独特的情感;既要积累尽可能广的生活内容,也要注意积累观察、体验过程中的感受与认识;既要通过亲身实践进行直接积累,也要通过书籍、报刊、网格、广播、电视等载体进行间接积累。

(2)选材要严。鲁迅说:"选材要严,开掘要深。"②所谓"选材要严",就是要选出生动、新颖、典型的材料,不让没有说服力、感染力的材料进入文章。所谓"开掘要深",就是要透过材料的表层,尽量发掘出它深层的含义。

选材严,首先体现在对材料的鉴别上。鉴别材料是选择材料的基础,选择材料是鉴别材料的目的,没有精当的鉴别,就没有正确的选择。鉴别材料主要要考虑两点:第一,审核材料的真伪。我们要搞清楚材料的来源,如果是直接材料,要核实事件发生的时间、地点、有关人物、前因后果、数据的准确性等,看是否有虚构或夸张的成分;如果是间接材料,应当仔细核对原文,看是否有错讹或歪曲之处。第二,衡量材料的价值。我们要仔细斟酌材料的作用,判断是否可用以及如何用。

2. 选材的原则

(1)要围绕主题选材。选材必须切题,就是要力求选取最能表现主题的材料。材料的内涵和主题的意义要相一致,与主题无关的材料即使再生动,我们也要坚决予以舍弃。例如,司马迁《史记》中的《项羽本纪》就集中笔墨突出了项羽英勇善战的一面,与此主题关联不大的材料,如他在政治、军事上所犯的一系列错误及其性格的弱点,就用得较少,而是移至《高祖本纪》《陈丞相世家》《淮阴侯列传》等篇中。

(2)要选择典型的材料。典型材料具有强大的说服力和感染

---

① 马其昶校注:《韩昌黎文集校注》,马茂元整理,上海:上海古籍出版社,2014年,第53页。

② 鲁迅:《鲁迅全集》(第四卷),北京:人民文学出版社,2005年,第377页。

力,它会直接影响文章的质量。魏巍在《我怎样写〈谁是最可爱的人〉》中说:"在朝鲜时,我曾写了一篇《自豪吧,祖国》的通讯,里边写了二十多个我认为最生动的例子,带回来给同志们看了看,感到不好,就没有拿出去发表。因为例子堆得太多了。好像记账,哪一个也说不清楚、不充分。以后写《谁是最可爱的人》,就只选择了几个例子,在写完后又删掉了两个,事实告诉我:用最能代表一般的典型例子,来说明本质的东西,给人的印象是清楚明白的,也会是突出的。"[1]材料的典型性是个别与普遍的统一,个别性越是鲜明、独特、丰富,显示社会生活的本质和规律就越是深刻、越带普遍性,从而使文章具有较强的可读性、说服力和感染力。

(3)要选择真实的材料。我们选择的材料必须准确无误,同时材料来源要具有可靠性和权威性。材料要真实,有两方面的含义:一是指严格意义上的"生活真实",即指文章中的事实性材料要严格地符合客观事物的原貌或实际情况。二是指本质意义上反映生活真实的"艺术真实"。这是指文章中的事实性材料要能从本质上反映生活的真实面貌,合乎情理和逻辑。为达到这一目的,通常允许对作为生活素材的事件、环境、人物特征等进行加工改造。当然,在写作中,我们也要充分考虑不同文体对材料真实性的要求。新闻、传记、回忆录、调查报告、工作总结、说明文和学术论文,对材料真实性的要求极高,凡是涉及的人物、事件、地点、时间、数据、引文等,都必须准确无误。而在小说、戏剧、电影等文学体裁中,并不要求确有其事、实有其人,允许艺术虚构,但不能胡编乱造。有一则笑话:李廷彦向上司献《百咏诗》,其中有一联写道:"舍弟江南殁,家兄塞北亡。"上司看了黯然痛惜,对他说:"没想到你家遭遇凶祸,竟是祸不单行。"李廷彦连忙站起来解释说:"其实没有这回事,我是为了诗句的对偶工切才这样写的。"[2]这就是为了艺术而背离了生活的真实。

(4)要选择新颖、生动的材料。新颖的材料,是指别人没有用

---

[1] 广西师范学院中文系编:《中国当代文学研究资料·魏巍专集》,1979年,第6页。

[2] 转引自兆文、云波、怀玉选释:《中国历代寓言选》,太原:山西教育出版社,1981年,第448页。

过或者不常用的材料,这类材料能给人以新鲜感。生动的材料,是指材料本身具体形象,富有情趣。概言之,新颖、生动的材料主要包括以下三种:一是生活中具体可感的材料。因为这类材料源于现实生活,带有强烈的感性特征,容易激发读者的兴趣。二是带有情节和悬念的材料。这类材料不但生动,而且能够唤起读者的期待心理,甚至产生惊奇、确信、怀疑等心理反应。三是能使读者感到亲切的材料。总而言之,这里所说的"新颖、生动",就是不落俗套,主动摒弃千人一腔、千人一面的公式化和概念化,从而展现自己独特的审美感受,营造独特的艺术风格。

以上我们所说的就是文章的立意和选材。从整个论述可以看出,它们之间有着密不可分的关系。一方面,文章的立意需要合适的材料来支撑;另一方面,我们需要围绕文章的立意来选择材料。当然,它们在各自的处理上又包括很多细节,我们对于这些细节要有深入的把握。当这些任务完成之后,我们就可以顺利进入下一个环节,即对文章进行构思与谋篇。

第二节　构思与谋篇

构思与谋篇是继立意、选材之后文章写作的关键环节。我们要想写出高质量的文章,必须在构思与谋篇上下功夫。清代学者沈德潜在《说诗晬语》中曾以画论文,他说:"写竹者必有成竹在胸,谓意在笔先,然后著墨也。惨澹经营,诗道所贵。倘意旨间架,茫然无措,临文敷衍,支支节节而成之,岂所语于得心应手之技乎?"[①] 这段话强调的是,我们在下笔行文之前必须把文章的结构想好,倘若边想边写,文章就十有八九写不好。所以,构思与谋篇是决定文章成败的关键。

一、构思

古往今来,很多学人在写作时都注重文章的构思。譬如,《晋

---

① (清)叶燮、(清)沈德潜:《原诗·说诗晬语》,孙之梅、周芳批注,南京:凤凰出版社,2010年,第120页。

书·左思传》就写道:"复欲赋三都……遂构思十年,门庭藩溷皆著纸笔。"①意思是左思为写《三都赋》前后构思了十年,他在门边、庭院、厕所等地方都放上纸和笔,偶然得句便立马写下来。就是经过这样艰苦卓绝的努力,其《三都赋》写成以后,人们竞相传抄,导致洛阳纸价大涨,从而有了"洛阳纸贵"的典故。在写作实践中,构思的过程往往很折磨人,然而,对于写作者来说,"不经一番寒彻骨,怎得梅花扑鼻香"。

(一)构思的含义

构思也称为"运思",它是一种复杂且具有创造性的思维活动。一般来说,它具有两种形态:一是广义的构思,一是狭义的构思。所谓"广义的构思",是指写作者在前期观察、体验的基础上,对相关信息进行加工和提炼的思维过程。其内容大体包括材料的选择、主题的确定、人物和情节的设计、结构的安排等。可见,广义的构思几乎贯穿于写作的整个过程。所谓"狭义的构思",专指写作动机萌发之后、动笔行文之前的思维活动。这个阶段的主要任务是对材料进行精心选择、合理安排文章的结构以及行文线索。这两种形态的构思并不是截然分开的,它们总是叠合在一起,共同推动写作者的精神创造。

(二)构思的作用

1. 构思是写作的"蓝图"

写作者在下笔行文之前必须对文章的篇章结构有所谋划,大致形成文章的图样,知道文章应该怎样开头,如何结尾,中间包括哪些部分,每个部分又起什么样的作用,应采用什么样的方法将这些部分贯穿起来,这些都是构思环节的主要内容。清代学者李渔曾以建房为喻,他说:"工师之建宅亦然。基址初平,间架未定,先筹何处建厅,何处开户,栋需何木,梁用何材,必俟成局了然,始可挥斤运斧。"②在下笔行文之前,我们必须把文章的结构想清楚,否

---

① (唐)房玄龄等:《晋书》,黄公渚选注,北京:商务印书馆,1934年,第207页。
② (清)李渔:《闲情偶寄》,江巨荣、卢寿荣校注,上海:上海古籍出版社,2000年,第18页。

则就不能轻易动笔。

金圣叹在评点《水浒传》第十三回时说:《水浒》一部书,前前后后一共讲了一百零八位好汉的故事,而晁盖则是那个"提纲挈领"统领全局的关键人物。按一般人的创作思路,既然晁盖是提纲挈领的关键人物,那么第一回就应该先讲他的故事,讲完了晁盖,然后再按顺序逐个编织其他人的故事。然而,在《水浒传》中,晁盖直到第十三回才出场,却产生了极佳的效果。金圣叹敏锐地发现了《水浒传》作者构思的精妙之处,于是道:"有有全书在胸而始下笔著书者,有无全书在胸而姑涉笔成书者。"就《水浒传》的写作而言,正因为作者胸有成竹,预先构思好了整个故事的宏伟蓝图,布置好了各段情节的大致比例,调配好了人物的出场顺序,这才按照计划从容命笔。如果第一回便从晁盖写起,《水浒传》必会沦为庸常之作。金圣叹由此感叹:"夫欲有全书在胸而后下笔著书。此其以一部七十回一百有八人轮回搁叠于眉间心上,夫岂一朝一夕而已哉!"[1]

构思是对文章内容和形式的全面预设,在实际写作过程中,虽然常会出现对原预设进行大幅修改或突破预设的情况,但倘若由此否定构思的作用,缺乏前瞻性和整体观念,边写边想,文章质量显然难以保证,甚至会出现半途而废的情况。对此,朱光潜在《文章出苦心》中就进行过详细的描述,他说:"一般人作文往往不先将全部想好,抬一张稿纸,提笔就写,一直写将下去。他们在写一句之前,自然也得想一番,只是想一句写一句,想一段写一段;上句未写成时,不知下句是什么,上段未写成时,不知下段是什么。写得无可再写时,就自然终止。这种习惯养成时,'不假思索'而任笔写去,写得不知所云,也是难免的事。文章'不通',大半是这样来的。"[2]事先不做好写作规划,不进行周密严谨的构思,就如同不绘制蓝图便仓促搭建房屋,建筑物越是高大,越是有坍塌的风险。

---

[1] (明)施耐庵、(清)金圣叹:《金圣叹批评本水浒传》,长沙:岳麓书社,2015年,第147页。这段话的意思是:作者在胸中把整本书都想好了,然后才动笔。就是这样,他对这部七十回、一百有八人构成的小说反复思量,这里所花费的岂止是一朝一夕的功夫啊!

[2] 朱光潜:《谈读书》,沈阳:万卷出版社,2018年,第56页。

2. 构思是思维的"梳子"

在写作冲动或写作需要产生的阶段,写作者往往要面对纷乱繁多的概念、现象、数据、素材,以及他本人的情绪和直觉,思维会陷入暂时的混乱和凝滞。遇到这种情况,无须沮丧,更不要因此放弃。这时,需要一把"梳子"对纷乱的思绪进行梳理,从中理出头绪。构思就是这把"梳子"。

"作者思有路,遵路识斯真。"[①]写作时,我们只有理清思路,才能有效地组织材料,妥善安排文章的内容。思路的梳理,靠的是写作者的理性思维能力,它必须以客观事物的内在联系为依据,体现客观事物在认识活动中的条理性、规律性,也体现作者认识客观事物时的阶段性、程序性。

刘勰《文心雕龙·附会》说:"总文理,统首尾,定与夺,合涯际,弥纶一篇,使杂而不越者也。"[②]这句话的意思:是综合全篇的条理,使文章首尾连贯,决定增加什么和删去什么,把各部分融汇起来,组织成一个看似复杂,实则条理明晰、层次清楚的总体。化无序为有序,变模糊为明晰,杂乱的思维被逐渐理顺的过程,正是写作者克服困难、认识能力得到逐步提升并最终实现突破的过程。因此,构思是锻炼思维能力、整合认识体系的一种有效方式。高等教育阶段,要求学生撰写课程论文和学位论文,其用意也大抵在此。

构思不仅仅是对已知材料、既有思路的简单整合,在构思过程中,写作者随时都会有新的发现,源源不断的新发现又会进一步带来新的写作创意。写作是一种探索性的自主学习方式,效果明显优于被动的灌输式学习。在写作中,构思作为思维的梳理工具和触发利器,自始至终都处于重要的地位。

(三)构思的要求

1. 紧扣主题

一般说来,构思应包括确定主题,选择材料,设置矛盾冲突,安排篇章结构,选取表现角度和表达技巧等,其中确定深化主题是构

---

① 叶圣陶:《语文教学二十韵》,见朱永新编:《叶圣陶教育名篇选》,北京:人民教育出版社,2014年,第274页。

② 范文澜注:《文心雕龙注》(下),北京:人民文学出版社,1962年,第650页。

思活动的中心环节,其他方面的思维活动都必须服从表现主题的需要。

刘勰《文心雕龙·附会》说:"附辞会义,务总纲领,驱万途于同归,贞百虑于一致。"①他强调的是我们遣词造句必须服务于主题的表达,就像千万条道路通往一处,千思万虑都要围绕主题展开。主题是文章的灵魂,它是衡量文章质量高低、价值大小的主要尺度。主题又是文章的统帅,古代文艺理论家经常把写文章比作排兵布阵。王夫之说:"无论诗歌与长行文字,俱以意为主。意犹帅也,无帅之兵,谓之乌合。"②"三军不可夺帅",无论是材料取舍、结构安排,还是遣词造句,都要依表现主题的需要而定,服从主题表现的要求,听从主题的指挥,否则就无所依从。

为了紧扣主题,就要对材料有所取舍。符合主题的材料要"取",而不符合的材料要"舍"。对于曾花费过一番心血收集得来的材料,切不可留恋,要懂得"割爱"。否则,它们会使文章枝蔓丛生,淹没主题,进而影响表达效果。对于好的材料,我们也要经过一番"修剪打理",使之能够更集中、更准确、更有效地表达文章的主题。总而言之,我们在构思的环节必须使主题和材料相得益彰。

2. 思路贯通

构思要求思路的贯通。写作者的思维活动必须具有条理性、逻辑性和完整性。中国古典文论讲究"文脉""气脉"。所谓"脉",就是脉络,它是传统中医对人体血脉、经络的总称。古代学者以人体血脉来喻指文章内部的组织联系或行文条理,不仅形象生动,而且把握了文章的本质。"文脉"和"气脉"是贯通文章的经络,是作者思维留下的轨迹。我们无论写什么文章,都要使它脉络连贯,首尾一体。

那么,写文章怎样才能思路贯通?检验的标准主要有三:顺序性、系统性和严谨性。

(1)思路的顺序性。即整个思维过程应该是井井有条、次第展开的,或是从头到尾、由因到果、由正到反,或是由局部到整体、从

---

① 范文澜注:《文心雕龙注》(下),北京:人民文学出版社,1962年,第650页。
② (明)谢榛、(清)王夫之:《四溟诗话 姜斋诗话》,宛平、舒芜校点,北京:人民文学出版社,1961年,第146页。

过去到现在。

(2)思路的系统性。即能够考虑到事物的方方面面,并且按照事物的内在联系形成系统的认识。

(3)思路的严谨性。即能够通盘考虑各种问题,思路有条不紊,并且毫无疏漏。

思路贯通是一种能力,可以通过锻炼得到有效提高。一般来说,锻炼这一能力的方法有三种:多思、多读、多写。

(1)多思。即在把握客观事物的基础上,广思、深思、反思,不断拓宽思维范围,挖掘思维深度,并且在适当情况下逆向思考。

(2)多读。借鉴名篇名作,深入揣摩其层次结构,理解并掌握其思路展开的顺序、步骤,强化思维训练。

(3)多写。勤于练笔,在实践中提高自己的思路贯通能力。

3. 新颖独创

构思要求新颖独创,不宜因循守旧、沿袭他人。有的写作者惯于套用前人成法,这看似轻松愉快、毫不费力,实则放弃了自己的独创性。谢榛在《四溟诗话》中曾说:"凡构思当于难处用工,艰涩一通,新奇迭出,此所以难而易也;若求之容易中,虽十脱稿而无一警策,此所以易而难也。"[1]写作是创造性的思维活动,创新是写作构思的目标。我们在构思时应当有推陈出新、迎难而上的思想准备。落实到行动上,我们需要掌握以下方法:

(1)主题开掘宜深不宜浅。只有经过深思熟虑、开掘而得的深刻观点,方可提炼为文章的主题。鲁迅在指导青年写作时提出"开掘要深"[2],就是要求写作者要深入开掘材料蕴涵的思想意义。只有深入开掘,我们才能获得新颖的主题和深刻的思想。

(2)材料选择宜新不宜旧。新颖的材料是新鲜、活泼、生动,具有时代精神和特色的材料,是别人尚未写过或尚未写深写透的材料。有的写作者一谈发明,举例大多不离瓦特发明蒸汽机、爱迪生

---

[1] (明)谢榛、(清)王夫之:《四溟诗话 姜斋诗话》,宛平、舒芜校点,北京:人民文学出版社,1961年,第119页。这句话的意思是:凡是构思应当在难点上下功夫,若是突破了难点,就会新见迭出,这就是化难为易。如果不敢触及难点,只图省时省力,虽然写了十稿,也不一定有所创新,这样看似容易却会陷入了歧途。

[2] 鲁迅:《鲁迅全集》(第四卷),北京:人民文学出版社,2005年,第377页。

发明电灯、我国古代四大发明;一谈勤学,言必称"凿壁偷光""囊萤映雪""闻鸡起舞""悬梁刺股",这些固然正确,但了无新意。相反,只有选择那些科学研究和技术革新中的新创造、新成就,社会生活中的新事物、新风尚,或者将旧材料写出新认识、新感受,才能造就一篇生动活泼、充满朝气的好文章。

(四)构思的方法

1. 拟腹稿

拟腹稿,顾名思义,就是"在肚子里打草稿",即在下笔行文之前在心中将文章酝酿成熟,然后一挥而就。"腹稿"的典故源于唐代诗人王勃,据《新唐书·王勃传》记载:"勃属文,初不精思,先磨墨数升,则酣饮,引被覆面卧,及寤,援笔成篇,不易一字,时人谓勃为腹稿。"①这是很多作家乐于采用的构思方法。许广平在回忆鲁迅的创作时说:"那张躺椅,是他构思的好所在,那早晚饭前饭后的休息,就是他一语不发,在躺椅上先把所要写的大纲起腹稿的时候。每每文债愈多,腹稿愈忙。"②擅拟腹稿的作家,容易给人留下文思敏捷的印象,实际上,拟腹稿也需要消耗大量的时间和精力。清代李渔在谈及构思时说:"袖手于前,始能疾书于后。"③没有构思时的殚精竭虑和沉思默想,就没有写作时的一挥而就。

拟腹稿通常有繁、简两种方式:一是简单拟腹稿。这种拟腹稿往往只是构想出文章的大致内容、基本框架和行文线索,而不涉及其中的细节。细节都是留待写作时再去补充完善。一些有经验的演说者在即兴演说或即席发言之前,往往采取这种拟腹稿形式。二是详细拟腹稿。这种拟腹稿是在简单拟腹稿的基础上的进一步完善,它不仅要考虑文章的宏观架构以及行文思路,还会深入每个细节。可以说,它一直要把文章思考得瓜熟蒂落。我们在构思时究竟选用哪种拟腹稿方式,要根据写作对象、篇幅长短、时间和质

---

① (北宋)欧阳修、(北宋)宋祁:《新唐书》(第18册),北京:中华书局,1975年,第5739页。

② 许广平:《欣慰的纪念》,北京:人民文学出版社,1951年,第101页。

③ (清)李渔:《闲情偶寄》,江巨荣、卢寿荣校注,上海:上海古籍出版社,2000年,第18页。

量要求而定。

2. 列提纲

列提纲就是以纲、目的形式把构思的成果用简要的文字记录下来。这种方式不仅有助于我们构思，而且能够使我们的思维有序化。当然，提纲也不是一成不变的，我们在写作过程中可能会产生新的想法或者有新的发现，这就有必要对原有的提纲进行调整，然后再按照新的提纲进行写作。文章的篇幅越长，如学术论文的写作，事先就必须有周密的考虑，并列出科学、合理的写作提纲，否则就可能出现偏题、逻辑混乱或难以为继的情况。

提纲没有固定的格式，可简可繁，写作者可以从实际的情况出发，设计提纲的样式。其中，"一级标题—二级标题—三级标题"的目录式提纲较为常见，特别是在学术论文中使用广泛。一般来说，提纲应包含以下内容：

（1）文章标题（一级标题）。我们通常把它写在提纲顶端。标题不仅要能够准确概括文章的内容，而且要简洁明了，千万不能有错字、漏字。

（2）核心内容。一篇文章的核心内容可能包括多个方面，我们在列提纲时可以用一句话、一个短语或一个词来概括各部分的内容，即列出文章的二级标题。有时，还要对这些内容进行细化，即在二级标题之下列出三级标题。

（3）结构安排。文章的内容考虑好以后，我们就要合理安排文章的结构了，即先写什么、再写什么、最后写什么。当然，常见的情形是我们在考虑文章内容的同时，就在考虑它的结构。这两者是并行不悖的。在安排文章的结构时，我们既要理清行文思路，同时也要分清主次。有道是"文如看山不喜平"。哪些该详写，哪些该略写，事先必须考虑好。

3. 断续构思法

断续构思法，就是今天想一点，明天想一点，日积月累，最终把文章的各个要素思考透彻的方法。这种方法特别适用于长篇作品的创作，以及日常事务比较繁杂的写作者。对于一些长篇作品，我们要在极短的时间内构思成熟几乎是不可能的。如歌德为创作《浮士德》前后思考了数十年，普鲁斯特为创作《追忆似水年华》也酝酿了很久很久。对于一些事务繁杂的写作者，他们的时间往往是碎片化的，不太可能有太多的时间集中用于构思，而只能断断续续地思考。这种方法的好处是，我们可以通过长期的构思打通文章的每个环节，使各个要素都臻于尽善尽美。

4. 绘制思维导图

绘制思维导图，也是一种灵活且有效的构思方法。特别是近年来，随着电脑软件技术的发展，已出现了 MindMaster、Mindmanager、Xmind、Freemind 等系列应用软件，它们便于我们以直观的构图，采取树状结构或网状脉络，确立不同内容之间的联系，或呈现大脑思维的过程。与传统方式相比，这种构思具有高效、便捷且易于为年轻人接受的特点。如果文章篇幅较长，内容较为复杂，或者人物形象众多，利用这种方法可以起到事半功倍的效果。

二、谋篇

（一）谋篇的含义

所谓"谋篇"，就是妥善地安排文章的结构，将各个部分组织成一个有机整体，进而表现文章主题的过程。我们在下笔行文之前，必须把文章的结构考虑好，既要知道文章分几个部分，各部分该怎么写，又要知道何处过渡，何处照应，还有怎样巧设伏笔，何处"揭盖"，等等。我们只有事先把这些都考虑好，方可动笔写作。

（二）谋篇的原则和要求

（1）要能够正确反映事物的发展及其规律。譬如，任何一个事件都有它的发生、发展、经过和结局。我们在谋篇时必须考虑到它的过程，并且从有利于表现这一过程的角度出发。任何一个问题都有不同的侧面，而这些侧面之间又有着内在的逻辑联系。我们在谋篇时也必须按照这些逻辑进行布局。

（2）要服从于主题表达的需要。主题是文章的灵魂，我们布局谋篇最终还是为了呈现文章的主题。如果我们的写作不围绕主题展开，那么写出来的文字很可能就是一盘散沙。反之，只有紧紧围绕中心来结构文章，才有可能使它成为一个完美的整体。

（3）要充分体现不同体裁的特点。不同的文体特点对谋篇提出了各自的要求,如记叙性文体的特点在于通过叙述、描写来展示事件、塑造人物形象,一般应按照事件产生、发展或人物活动的时空顺序安排文章的结构;说明性文体的特点在于阐明事物的形貌、构成、性质和作用,一般应按照某种空间顺序或逻辑顺序安排文章的结构;议论性文体的特点在于剖析事理,阐明自己的观点,一般应按照揭示事理内在联系的顺序安排文章的结构。应用性的文体,其结构更是有它们自身的内在特点。

(4)要完整、和谐、严谨、灵活。完整是指文章结构要能形成一个有机的系统,不仅头、身、尾齐全,没有缺失,而且能够表达一个核心的主题。和谐是指文章各个部分要布局合理,疏密恰当,长短合体,比例协调,前后一致。严谨,指文章条贯统序,联结紧密,并且具有逻辑性。灵活是指结构不能太过于程式化,应脱俗出新,能够充分显示主体的创造性和能动性,进而使文章成为一个富有活力的整体。

(三)谋篇的方法

1. 层次和段落

层次又称"意义段"或者"部分",它通常由若干个自然段组成。而段落就是指自然段。一般来说,层次要大于段落,但有时也会出现层次和段落等同的现象,那就是有些层次内容只需一个自然段说明即可。我们安排文章的层次、段落,要分清先后主次,理清来龙去脉,使文章有步骤、有条理地展开,使文章形成一个有机的整体。当然,不同的文章在层次、段落的安排上可能各有差异,而且文体不同,其层次、段落的安排也可能互不相同。

一般来说,议论文的层次应根据论点和论据之间的逻辑关系来确定。具体形式:

(1)总起分述式。即先提出中心论点,再分别从几个方面去加以论证。总起句概括文章的主旨,统领全文,它一般出现在文章的首句或首段;分述则围绕中心主题,从总起句延伸下去,分层次进行阐述。

(2)逐层深入式。即各个层次由浅入深,由现象到本质,由原因到结果,按递进关系依次排列,逐步向中心论点靠拢,进而阐明中心论点。这种方法便于揭示事物的本质,有严密的逻辑性和较强的说服力。

(3)并列论述式。即各个层次之间的关系是平行的,是从不同侧面对论点展开的论证。其中,每个层次虽在内容上相对独立,但在逻辑上又有着十分密切的联系。

(4)正反对比式。即将两种性质截然相反或有差异的事物进行比较,或将同一事物互相矛盾的两个方面进行比较,从中得出自己的中心论点。

记叙文的层次应按照事件发生的先后、因果和时空关系来安排。具体形式:

(1)按照事件发生的进程来安排。即按照事件的发生、发展、高潮、结局这样的顺序来安排文章的层次。它的好处是,容易把事件的来龙去脉交代清楚,便于读者理解和掌握。

(2)按照事件的因果关系来安排。我们既可以先写因,再由因溯果,也可以先写果,再由果溯因。这种安排能够把事件发生、发展的内在逻辑交代清楚。

(3)按照时间的延展顺序来安排。即将先发生的事件排列于前,后发生的事件排列于后。其特点是自然成序、脉络清晰,写作者易于把握,读者易于理解。如鲁迅的《故乡》、夏衍的《包身工》等都是以时间为序安排层次的。

(4)按照空间方位的变换来安排。即按照正反、上下、左右、内外、前后等顺序安排文章的层次。如《人民英雄永垂不朽》,作者先写远望纪念碑的印象,次写近观碑身的情景,后依东西南北的顺序写碑身四面的浮雕。作者立足的"方位"每一转换,文章随之推出一个新的层次,脉络清晰,井然成序。

(5)按照时空的交错来安排。即同时以时间、空间作为划分层次的依据,时空交错,经纬交织,把同一时间、不同地点发生的事情,从"纵"的方面串联在一起,又从"横"的方面向外扩延,既保持时间的连续性,又注意空间的并列性。它适用于人物、事件、情节较为复杂的文章结构安排。

段落是构成文章全体的一个局部,是表现文章主题的一个环节,是构成文章的基础。划分段落,既能使文章眉目清楚,层次分明,易于理解,还能起到突出重点,加深印象,传达某种感情色彩的作用。我们划分文章的段落,通常要考虑以下几个基本原则:

（1）段落的单一性。一个段落能且只能集中表达一个中心意思,如果要表达其他意思,就必须重新分段。我们千万不能将多种意思杂糅在一起,否则会使文章含混不清,影响内容表达的明晰性。

（2）段落的完整性。一个段落的内容应该是完整的,在构成上没有残缺。我们要把应放在一个段落里说明的意思集中在一个段落里讲完,不要把它切分为几个段落,否则会使表述显得松散。

（3）段落间的逻辑性。各个段落之间要有紧密的内在联系,且均能成为全篇的有机组成部分,不能游离于文章主题之外。

（4）段落整体的匀称性。一般来说,段落的长短要适度,既不宜过长,也不宜过短。段落的长短,通常要由每个段落所表现的内容来决定。一般情况下,儿童读物、通俗读物,段不宜长;短小精悍的文章,段也不宜长;文章气势促急的地方,可多用短段;气势舒缓,可多用长段。我们在分段时,要尽量做到长短合度,和谐匀称,格调统一。

（5）段落的灵活性。我们既要使段与段紧密连接,又要富于变化,不能过于呆板。特别是叙事性和抒情性作品,我们更是要注意段落划分的灵活性。

2. 过渡和照应

过渡是文章中各个层次和段落之间相互衔接的桥梁,它具有承上启下、穿针引线的作用,能够把各个层次和段落有机地缝合在一起,并且使文章意脉贯通、转承自然。常见的过渡方法:

（1）过渡段。即用一个自然段来完成上下文之间的过渡。这样的段落一般不宜太长,如鲁迅的《孔乙己》在叙述"我"和咸亨酒店的情形后,为了转入写孔乙己这个人物就用了一个段落来衔接:"我从此便整天的站在柜台里,专管我的职务。虽然没有什么失职,但总觉有些单调,有些无聊。掌柜是一副凶脸孔,主顾也没有好声气,教人快活不得;只有孔乙己到店,才可以笑几声,所以至今还记得。"[①]这个过渡段很自然地把读者的注意力转到即将出场的人物——孔乙己身上。这样的过渡段能够使文章前后的内容衔接自然。

---

① 鲁迅:《鲁迅全集》(第一卷),北京:人民文学出版社,2005年,第457—458页。

(2)过渡句。即用一句话来完成段落之间的衔接转换。这句话可以是陈述句、判断句或疑问句。它既可附在上段之末,也可置于下段之首,还可以独立成段,位于上下段落之间,既起过渡衔接作用,又起统领作用。如鲁迅的《藤野先生》一文在描写了东京的"乌烟瘴气"后,即将交代鲁迅决心转学去仙台时,就使用了过渡句:"到别的地方去看看,如何呢?"①

(3)过渡词。当文章的层次、段落之间意思转换并不复杂时,可以用一个词或短语来过渡,这就是过渡词。过渡词通常有以下几种:

连词:因为、所以、因而、于是、因此等。

副词:不过、当然、的确等。

方位名词:以上、下面等。

序数词:第一、第二、第三等。

照应是指文章中某些内容和意思在不同部位互相衔接和呼应,如题目与内容、开头与结尾、前后内容等。李渔在《闲情偶寄》中指出,写文章必须瞻前顾后,埋伏照应。"每编一折,必须前顾数折、后顾数折。顾前者,欲其照映,顾后者便于埋伏。照映埋伏,不止照映一人,埋伏一事,凡是此剧中有名之人,关涉之事,与前此后此所说之话,节节俱要想到。"②好的照应能够使文章结构紧凑、浑然一体。常见的照应方法:

(1)文题照应。即文章内容和标题之间的照应,文章内容能够紧扣标题展开。文题照应可以对文章主题起到强调、渲染、升华等作用,画龙点睛,揭示题旨,使文章曲折回旋,意味隽永。如《谁是最可爱的人》,正文与标题4次照应。每讲完一个故事,就安排一段文字与标题照应,题旨鲜明,感情强烈,具有较强的说服力和感染力。

(2)首尾照应。这是一种最常用的照应方式。文章的开头和结尾遥相呼应,在内容上形成联系。记叙文中,开头含而不露、引而不发,结尾则揭开悬念,点明意蕴。如朱自清的《背影》,开篇提

---

① 鲁迅:《鲁迅全集》(第二卷),北京:人民文学出版社,2005年,第313页

② (清)李渔:《闲情偶寄》,江巨荣、卢寿荣校注,上海:上海古籍出版社,2000年,第26页。

到忘不了父亲的背影,结尾又提到那"青布棉袍、黑色马褂的背影"[1]。这样,开头和结尾形成照应,起到再次点题、深化文意的作用。

(3)前后照应。它是文章前后内容之间的相互照应,也叫"文中照应"。如果细分的话,前后照应又包括:①伏笔照应。即作者在前文中埋下伏笔,在后文中进行呼应、说明。采用这种方法应该注意:有伏必有应,伏要伏得自然而周严,应要应得奇巧而合理。如莫泊桑的小说《项链》,文中有两处为文末说项链是假的埋下了伏笔。前部分写佛来思节夫人毫不犹豫地把项链借给了玛蒂尔德,暗示它并不贵重;项链丢了以后,当玛蒂尔德和她的丈夫向珠宝商打听时,对方称只售出了匣子,而未售出项链。正因为有了这些伏笔,所以小说的结尾既出人意料,又在情理之中。②反复照应。即在文章中反复呈现某个核心对象或者概念,从而起到突出主题、加深文意的作用。如谢璞的散文《珍珠赋》,全文十二个自然段就有十一个自然段紧扣"珍珠"展开。③细节照应。即对文中某些重要细节形成的照应。如茹志鹃的小说《百合花》先后四次描写了通讯员衣肩上的"破洞",后文多次照应,彰显了这一细节的意义。

3. 开头和结尾

开头和结尾是文章的重要组成部分。谢榛在《四溟诗话》中说:"凡起句当如爆竹,骤响易彻;结句当如撞钟,清音有余。"[2]这显然是在强调文章开头和结尾的重要性。

俗话说:"好的开头,是文章成功的一半。"一篇文章有了好的开头,不仅能够迅速开启全篇,打开写作思路,而且能够吸引读者,引人入胜。由于文章的内容、体裁、读者对象和作者审美情趣不同,开头的方法也各有差异。常见的开头方法:

(1)点题式开头。开门见山,以简洁的笔墨直截了当地揭示文章主题,使读者能够迅速把握作者的写作意图。这种开头多用在阐述论题、提出论点的论说文之中,如苏洵的《六国论》开头:"六国

---

[1] 朱自清:《朱自清散文》,北京:人民文学出版社,2005年,第96页。
[2] (明)谢榛、(清)王夫之:《四溟诗话 姜斋诗话》,宛平、舒芜校点,北京:人民文学出版社,1961年,第30页。

破灭,非兵不利,战不善,弊在赂秦,赂秦而力亏,破灭之道也。"①直指"六国破灭,弊在赂秦"的主题,令人一望而知全文宗旨所在。也有记叙文采用这种方法,开头不加渲染,直接进入事件叙述。如朱自清的《背影》开头:"我与父亲不相见已二年余了,我最不能忘记的是他的背影。"②落笔入题,朴素洗练,父子深情跃然纸上。还有鲁迅的《故乡》的开头:"我冒了严寒,回到相隔二千余里,别了二十余年的故乡去。"③不加烘托,寥寥几笔就交代清楚自己的行程。

(2)描写式开头。即文章开头对人物、景物、环境进行具体生动的描绘,以此引出下文。如巴金的散文《秋夜》开头:"窗外荷荷地下着雨,天空黑得像一盘墨汁,风从窗缝里吹进来,写字台上的台灯像闪眼睛一样忽明忽暗地闪了几下。"④这种开头方式通常是曲折入微的,从景物到事件,徐徐入题,有较强的审美效果。

(3)叙述式开头。即通过对人物、事件、场景的介绍引出下文、展开文意。这种开头方法在文章写作中使用频率较高。如方纪的散文《挥手之间》开头:"一九四五年八月二十八日清早,从清凉山上望下去,见有不少的人,顺山下大路朝东门外飞机场走去。我们《解放日报》的同志,早得了消息,见博古、定一同志相约下山,便也纷纷跟了下来,加入向东的人群,一同走向飞机场去。"⑤这样的开头生动具体,能够迅速调动读者的阅读兴趣。

(4)议论式开头。即作者在文章开头阐发道理,表明自己的主张,然后再展开分析。这种开头既可以引用格言警句、谚语、俗语,又可以通过讲故事、打比方、作比较等来引发议论。不管是哪种,都必须做到议论精辟、严谨、合乎逻辑。如列夫·托尔斯泰在《安娜·卡列尼娜》的开头说"幸福的家庭是相似的,不幸的家庭各有各的不幸"⑥,罗贯中在《三国演义》的开头说"所谓天下大势,分久必合,合久必分",这些都是典型的例子。

---

① (北宋)苏洵、(北宋)苏轼、(北宋)苏辙:《三苏集》,沈阳:万卷出版公司,2008年,第12页。
② 朱自清:《朱自清散文》,北京:人民文学出版社,2005年,第94页。
③ 鲁迅:《鲁迅全集》(第一卷),北京:人民文学出版社,2005年,第501页。
④ 巴金:《巴金散文选》,杭州:浙江人民出版社,1982年,第476页。
⑤ 方纪:《挥手之间》,北京:作家出版社,1963年,第110页。
⑥ [俄]列夫·托尔斯泰:《安娜·卡列尼娜》,侯红宇等译,北京:大众文艺出版社,2008年,第1页。

(5)设问式开头。即开篇提出问题,引起思考,后文再作详细分析。如彭端淑的《为学》开头:"天下事有难易乎?为之,则难者亦易矣;不为,则易者亦难矣。"①刘心武的《班主任》开头:"你愿意结识一个小流氓,并且每天同他相处吗?"②开篇设问,既能够凝聚文章的主题,又能够激发读者的阅读兴趣,堪称"一箭双雕"。

(6)突起式开头。有些情况下,作者会采用落笔突兀、一语惊人的开头方法。如杜牧的《阿房宫赋》开头:"六王毕,四海一,蜀山兀,阿房出。"③一起笔便有峥嵘高远之势,突兀有力。又如卡夫卡的《变形记》开头:"一天早晨,格里高尔·萨姆沙从不安的睡梦中醒来,发现自己躺在床上变成了一只巨大的甲虫。"④这一荒诞惊人的开头,能够吸引读者去了解接下来将会发生什么。

文章结尾担负着总结全文、点明题旨、深化文意的重要任务。我们不管采用怎样的结尾方式,都必须做到首尾连贯、水到渠成、笔墨洗练。常见的结尾方法:

(1)深化式结尾。即在概括全文内容的基础上,进一步提炼文意、深化主题。如萧乾的散文《枣核》,文章以枣核为线索,写了一个美籍华人要几颗故乡的枣核试种,以寄托思乡之情的故事。文章结尾写道:"改了国籍,不等于就改了民族感情;而且没有一个民族像我们这么依恋故土的。"⑤寥寥数语,读来发人深省,耐人寻味。

(2)引语式结尾。即通过引用诗词、名人名言、格言警句等来总结全文。如刘禹锡的《陋室铭》就援引孔子的话作为文章的结尾;罗贯中的《三国演义》以一篇古风收束全书,总结风云变幻、金戈铁马的三国时代。这样的结尾往往能够起到画龙点睛、卒章显志的作用。

(3)抒情式结尾。即作者在文章结尾处直接抒发自己的思想感情,并以此方式收束全文。如朱自清在《背影》的结尾写道:"我读到此处,在晶莹的泪光中,又看见那肥胖的、青布棉袍黑布马褂

---

① 孙广才、孙燕编著:《中国历代古文选读》,南京:东南大学出版社,2017年,第344页。

② 刘心武:《刘心武短篇小说选》,北京:北京出版社,1980年,第1页。

③ (唐)杜牧:《樊川文集》,上海:上海古籍出版社,2009年,第1—2页。

④ [奥地利]弗兰兹·卡夫卡:《变形记》,南京:江苏凤凰文艺出版社,2019年,第3页。

⑤ 萧乾:《海外行踪》,北京:东方出版社,2006年,第330页。

的背影。唉！我不知何时再能与他相见！"①简洁明了的两句话充分表达了作者对父亲的深切怀念,具有强烈的感染力。

(4)议论式结尾。这类结尾往往侧重深刻的思想传达和强烈的感情表现,作者借助议论使文意得以升华。如王小波的小说《万寿寺》结尾:"一切都在无可挽回的走向庸俗。"②作者以此结束全文,点明了作品的主题。

(6)叙述式结尾。即结尾处针对前文的论述作出必要交代,或根据前文埋下的伏笔化解悬念,深入揭示作品的主题。如韩愈的散文《师说》结尾:"李氏子蟠,年十七,好古文,六艺经传皆通习之,不拘于时,学于余。余嘉其能行古道,作《师说》以贻之。"这一结尾扼要交代了人物的姓名、年龄、学业水平、和作者的关系、作者对他的态度及作文的原因,使读者能够进一步了解文章的写作背景,进而能够更好地理解文章的深刻含义。

(7)比喻式结尾。在结尾处运用比喻,以激发思考,引起联想。如朱自清的散文《春》,结尾连用三个比喻:"春天像刚落地的娃娃,从头到脚都是新的,它生长着。春天像小姑娘,花枝招展的,笑着,走着。春天像健壮的青年,有铁一般的胳膊和腰脚,他领着我们上前去。"③

(8)问句式结尾。既可以设问,自问自答;也可以反问,有问不答,而答案又蕴涵其中;还可以疑问,提问求答,把思路延伸到文外,引发读者思考作答。如彭端淑的《为学》结尾:"人之立志,顾不如蜀鄙之僧!"④范仲淹的《岳阳楼记》结尾:"噫！微斯人,吾谁与归?"⑤他们都运用了这种结尾的方法。

(四)谋篇的错综变化

"文如看山不喜平。"好的文章在结构上总是呈现出跌宕起伏

---

① 朱自清:《朱自清散文》,北京:人民文学出版社,2005年,第94页。
② 王小波:《万寿寺》,杭州:浙江文艺出版社,2016年,第332页。
③ 朱自清:《朱自清散文》,北京:人民文学出版社,2005年,第165页。
④ 孙广才、孙燕编著:《中国历代古文选读》,南京:东南大学出版社,2017年,第344页。
⑤ (北宋)范仲淹:《岳阳楼记》,见钱仲联主编《古文经典》,上海:上海书店出版社,1999年,第488页。

的变化,这样既能体现作者的匠心独运,又能展现文章的错综之美。当然,我们要做到这点并不容易,需要足够的写作积累。只有积累了丰富的写作经验,我们才能使文章的主次、详略、正反、抑扬、藏露、断续、张弛、疏密、浓淡等恰到好处,而这些也是文章谋篇的重要方法。

1. 主次

我们在写作时对于主要内容要调动各种表现手段加以重点表述,而对次要的内容则要给予适度的控制,以免喧宾夺主。如《红楼梦》人物众多,涉及荣、宁两府上上下下几代人。如果对每个人物都一一交代,势必让人眼花缭乱。曹雪芹在处理材料时,紧扣贾府的盛衰演变这条主线,以及宝黛爱情这个核心,时而精雕细刻,不惜笔墨,时而一笔带过,惜墨如金。①

2. 详略

我们在确定材料主次的基础上,要对材料进行剪裁处理,对那些最能说明问题、最能表现主题的材料要详写,对那些只能间接地说明问题、表现主题的材料要略写。如鲁迅的散文《从百草园到三味书屋》略写对百草园的总体印象,详写"短短的泥墙根一带"的"无限趣味",这样处理能够集中反映作者儿时对自然事物感到美好且有趣的心理。

3. 正反

即以作者所要表现的事物的观点、态度、感情为标准,褒赞者为正面,贬抑者为反面。或者一个具体情况的两面,或问题的正反两面。在思维上表现为反正对比的归纳论证。谢冕《读书人是幸福人》开头写道:"我常想读书人是世间幸福人,因为他除了拥有现实的世界之外,还拥有另一个更为浩瀚也更为丰富的世界。现实的世界是人人都有的,而后一个世界却为读书人所独有。由此我想,那些失去或不能阅读的人是多么的不幸,他们的丧失是不可补偿的。世间有诸多的不平等,财富的不平等,权力的不平等,而阅

---

① 参见邓加荣:《四大名著绝妙的布局谋篇》,载《博览群书》2012年第6期,第121—124页。

读能力的拥有或丧失却体现为精神的不平等。"①这段文字采用正反对照法,所赞所褒一目了然。

4. 抑扬

写作中,抑扬对立,相互生发,能使形象更加突出,主旨更加鲜明。抑与扬在文中结合的形式有二:

(1)欲扬先抑,以退为进。如南宋诗人叶绍翁的《游园不值》:"应怜屐齿印苍苔,小扣柴扉久不开。春色满园关不住,一枝红杏出墙来。"②诗的前两句写诗人乘兴游园,被拒之门外;后两句写诗人另有所得,看到了满园春色,先遗憾后欢喜。这里就采用了欲扬先抑法。

(2)欲抑先扬,抬高跌重。表面看,行文全在"抬"上下功夫、做文章,实则力量全用在"跌"上,"抬"是为了造成更大的陡势和高度差,使后面跌得沉重、有力,从而获得强烈的艺术效果。如李商隐的《贾生》:"宣室求贤访逐臣,贾生才调更无伦。可怜夜半虚前席,不问苍生问鬼神。"③诗的前两句从正面着笔,仿佛热烈颂扬汉文帝求贤若渴,虚怀若谷,这是扬;可是读了后面两句,才恍然大悟,原来郑重求贤,虚心垂询,乃至"夜半虚席",不是为了寻求治国安民之道,却是为了"问鬼神",这是抑。诗人运用欲抑先扬的手法,辛辣讽刺了汉文帝政治上的昏庸与懦弱。

5. 藏露

为了增强文章的表达效果,我们在布局时先有意把"底"藏起来,待到适当时候再使其显露,把文章推向高潮。如杨朔的散文《香山红叶》,前文反复渲染红叶,却又故意把红叶精心地藏起来,结尾陡然抖搂,说已欣赏到"曾在人生中经过风吹雨打的红叶"④,既突出了老向导这个人物形象,又升华了文章的主题。

6. 断续

写作者叙述事件或展开情节时,有意插入其他内容,中断原来

---

① 郑丽萍、章静主编:《百篇经典诗文诵读》,南昌:江西高校出版社,2014年,第132页。

② 程千帆、沈祖棻注评:《古诗今选》,南京:凤凰出版社,2010年,第554页。

③ (唐)李商隐:《李商隐诗集》,朱鹤龄笺注,田松青点校,上海:上海古籍出版社,2015年,第205页。

④ 杨朔:《杨朔散文》,北京:人民文学出版社,2013年,第103页。

的叙述,就是行文的"断";重新回到原来的叙述,就是"续"。这是处理复杂场面、情节或材料的结构方法。它通过穿插行文,似断实续,使行文错落有致、形成顿挫,能够给人以节奏鲜明的美感。如茹志鹃的《百合花》:战役前夕,"我"被安排到前线包扎所抢救伤兵,由一位十九岁的小战士带路,路上得知他和"我"是同乡,当兵前是帮人拖毛竹的。叙述至此,作者突然笔锋一转,中断当前叙述,插入了一段故乡拖毛竹的场景描写。战斗打响后,乡干部来前线慰劳,作者又一次中断叙述,插入对故乡中秋节的回忆,并想起了拖毛竹的小同乡。这两处断续,造成了行文的波澜,增强了文章的艺术表现力。①

7. 张弛

即写作者用节奏快速的笔调来叙写紧张、尖锐的矛盾冲突、激烈的场面,用节奏舒缓的文字来叙写其他内容,这样,张弛结合,疾徐交互,形成文章内部的生动节奏。如《水浒传》中"风雪山神庙"一节,写林冲得知陆虞候到来,急于寻仇,"去街上买把解腕尖刀,带在身上。前街后巷,一地里去寻。李小二夫妻两个捏着两把汗"是张,"过了一夜。街上寻了三五日,不见消耗,林冲也自心下慢了"是弛;接下来看守草料场、雪中买酒、大雪压塌草厅、破庙安身等情节是弛,火烧草料场、手刃仇敌等情节是张。整个故事张弛有度,张中寓弛,弛中蕴张。

8. 疏密

"疏",是指语言简洁、结构疏朗、行文舒缓;"密",是指语言细密,结构严谨,笔法细腻。疏密虽含有详略之意,但不等同于详略。它可使文章错落有致,富于变化。如朱自清的散文《绿》,作者简笔略写瀑布,繁笔详写潭水,注重疏密分别。写潭水,先是正面展现,又侧面烘托,开放的格局中又有疏密相间之美。全文结构变动不居,把抽象的"绿"色写得夺人心魄,令读者心驰神往。

9. 浓淡

写文章不可一味艳丽、厚重,也不可一味素朴、清淡,光浓不淡,色彩会稠密得化不开;光淡不浓,又过于寡淡,没有味道。因

---

① 参见韩大伟:《横山断云云弄巧——章法"断续"探析》,载《阅读与写作》2002年第6期,第11—12页。

此,调和浓淡便成了文章结构的重要工序。如朱自清的散文《荷塘月色》描绘了一幅幅月下之景:开头写家中妻儿欲眠、路上苍茫月色,落笔清淡;及至荷塘,"弥望的是田田的叶子""叶子与花也有一丝的颤动,像闪电般,霎时传过荷塘的那边去了""凝碧的波痕""薄薄的青雾"①,文笔艳丽,写得浓墨重彩。

10. 留白

这是从美术中借用的术语,原指书画创作中为使整个画面更具生气、蕴涵而有意留下的空白。后移用于文学创作,指有意不形诸文字,激发读者想象、参与的方法。写作中的留白常表现为省略背景、省略情节、省略结尾等。恰当运用留白技巧,可以使文章虚实相映,唤起读者想象,产生独特的审美效果。如日本古典小说《源氏物语》第四十一帖《云隐》有目无文,按理主人公光源氏应在这章出家或隐居,最后去世,作者不忍心描写这段内容,所以只写出题目而不写内容,用留白的手法来处理,反而取得了强烈的艺术效果。

总之,文章谋篇布局的方法多种多样,我们在学习的过程中要认真掌握,并且能够运用于写作实践。当然,大家也可以结合一些具体的作品,特别是一些经典的作品,深化对谋篇布局方法的理解,进而不断提高自己的构思水平。

第三节 行文与表达

作家王蒙在《漫话小说创作》中说:"构思得差不多了,靠写。写,不仅仅是把想好的东西记录下来,固定下来,写,是创造的最重要的阶段。"②这里所谓的"写",就是行文与表达,也简称"表达",它是作者把精心构思的成果转化为可见的语言符号,进而形成文章的过程。这个过程非常复杂,它不仅是语言生成转换的重要阶段,也是决定写作成败的关键环节,所以必须予以重视。我们既要了解表达的特点,也要明确表达的过程,更要学习各种不同的表达方

---

① 朱自清:《朱自清散文》,北京:人民文学出版社,2005年,第118—119页。
② 王蒙:《漫话小说创作》,上海:上海文艺出版社,1983年,第128页。

式及其要求。只有掌握了这些基本知识,我们在写作时才能得心应手。

一、表达的特点

1. 表达既是言语行为,又是心理孕育的过程

在大多数人的心目中,表达就是遣词造句。其实,这是对表达的误解。它虽和遣词造句有密切的关系,但不能完全等同于遣词造句,因为表达从一开始就和人的心理活动联系在一起。我们知道,写作主要源于人们在日常生活中的所见所闻以及在这些见闻中所获得的心灵感受。但是起初,这些感受都是零散的、模糊的,只有经过心灵的孕育它们才能升华为文章的主题。这一过程看似简单,其实非常复杂,因为其中包含了写作主体的人生观、价值观、世界观、文化素养、艺术素养和个性气质,这些东西都会悄无声息地渗透到主题酝酿的过程之中。一篇文章的品格高低,很大程度上就是由这些不可见的事物所决定。更何况,除了主题,还有文章的题材、结构、形式和风格,这些在表达之前都需要深思熟虑。只有当这些准备工作都做好以后,我们才能下笔行文。而在整个写作的过程中也须臾离不开思维的参与,我们应该如何遣词造句、如何过渡和照应、如何深化主题,等等,这些都需要认真谋划。因此,表达既是可见的言语行为,又是不可见的心理孕育过程。

2. 表达既是考辞外化,又是精神创造的行为

所谓"考辞",就是精选词语。"外化",就是作者把心中的内语言转化为外语言。如果仅止步于此,我们就很容易把写作理解为照相式的反映,即用恰当的语言来表达作者内心的意念。如果说这不是对写作的误解,那也是很肤浅的理解,因为写作在本质上还是一种创造性的精神活动。"诚然,有些文艺作品是写真人真事的,或者是以真人真事为基础创作的,但就整个文学创作而言,不能说都必须写真人真事或必须实有其人真有其事。文艺来源于生活,但它比实际生活更美、更生动;这个更美、更生动,就是靠作者在生活的基础上,加以想象、虚构、夸张和提炼;只有借用这些艺术手段,才能使我们的作品具有比较完美的艺术形式,感人肺腑的艺术效果,并能揭示出事物内含的深刻意义,使各种各样的人物与事件,得以融会贯通,从而使我们创造出的艺术形象臻于完善。"①普通文章的写作也是如此,我们如何遣词造句、如何凸显表达效果,都需要匠心独运。

3. 表达既是语境性,又是目的性的展开

所谓"语境性",即指写作的主客观环境。其中,主观环境指的是作者的感受能力、审美能力、知识素养、理论素养,等等。客观环境指的是作者在写作时所处的外部空间以及更为广阔的社会环境。这些语境性的因素都会程度不同地影响作者的写作。如《礼记·乐记》就曾指出:"是故治世之音安以乐,其政和;乱世之音怨以怒,其政乖;亡国之音哀以思,其民困。声音之道,与政通矣。"②它虽然讲的是宏观的社会环境对音乐的影响,但其实写作也是这样。在一个民生凋敝、满目疮痍的时代,作家们必然会去写离乱、写痛苦,如杜甫的"三吏""三别"。

相反,在一个民主开放、经济富足的时代,作家们必然会去写底层人物的"小确幸"。另外,作者所处的地域环境对他的写作也会产生影响。如一个在农村长大和一个在城市长大的作家的作品必然产生较大的差异,如刘亮程的散文就完全不同于余秋雨的散文。主观环境对作者的表达影响同样深远。作者的感受能力、审美能力、知识素养、理论素养等不同,写出来的作品也各有千秋。即便是同一个作者,由于他对不同事物的感受和审美能力不同,了解和认识的程度不同,写出来的作品也有高低之分。还有我们知道,几乎所有的写作都是有目的的,都是想通过语言文字去表达某种特定的意图。即便是那些精致的唯美主义者和超现实主义者,他们口口声声要反对写作的意图论,转而追求"纯诗""绝对的诗""纯文学"或者"自动写作",其实他们这种反意图论的写作本身也是一种意图,只不过他们所表达的意图不是指向作品之外,而是指向作品之内,特别是表达过程本身。不带目的的写作几乎是不存

---

① 玛拉沁夫:《谈创作的准备——在一次创作座谈会上的发言》,见十省十七院校《作家谈创作》编辑组编《中国当代作家谈写作》,1980年,第101页。

② 郭绍虞:《中国历代文论选》(第一册),上海:上海古籍出版社,1980年,第61页。这段话的大意是:正因为如此,太平盛世的音乐充满安适与欢乐,其政治必定平和。乱世的音乐充满了怨恨与愤怒,其政治必定是荒唐透顶的。国家灭亡时的音乐充满悲哀和愁思,百姓困苦无望。音乐的道理是与政治相通的。

在的。相反,写作的目的越是明确,表达的过程越是顺畅。所以,表达通常受语境性和目的性因素的双重制约。

二、表达的过程

1. 表达的准备阶段

即文章构思成熟之后、动笔行文之前的特定阶段。这一阶段有三个重要任务:

第一,要明确表达目的。也就是你究竟想写什么,是想刻画某个人物,抒发某种感情,还是阐明某个道理,必须提前想清楚。因为只有想清楚,我们才能写清楚。有些人的文章读后让人不明所以,就是下笔行文之前没有弄清楚自己究竟想要表达什么。稀里糊涂地写,结果得到的只能是半成品,甚至是废品。对于一个作者来说,当他还没有真正弄清楚自己的表达目的时,千万不要急于动笔,而应该再回过头去想,即需要重新构思。

第二,要确定好文体。文体不同,其内在的行文规范也就各不相同。曹丕在《典论·论文》中说:"盖奏议宜雅,书论宜理,铭诔尚实,诗赋欲丽。"[1]陆机在《文赋》中说:"诗缘情而绮靡,赋体物而浏亮。碑披文以相质,诔缠绵而凄怆。铭博约而温润,箴顿挫而清壮。颂优游以彬蔚,论精微而朗畅。奏平彻以闲雅,说炜晔而谲诳。"[2]这些都是对不同文体及其特点的概括。我们在下笔行文之前必须确定好文体,因为只有这样,我们才能按照它的特点以及内在要求展开写作。

第三,要选择合适的表达方式。一般来说,文章的表达目的和

---

[1] (三国)曹丕:《典论·论文》,见霍松林主编《古代文论名篇详注》,上海:上海古籍出版社,2018年,第88页。这句话的意思是:所以奏章和驳议适合文雅,书信和论文适合说理,铭文和诔文崇尚写实,诗歌和赋应该华美。

[2] (西晋)陆机:《文赋》,见霍松林主编《古代文论名篇详注》,上海:上海古籍出版社,2002年,第100—101页。这段话的意思是:诗因情而生,要求文词美丽;赋是铺写其事,所以要清楚明确。碑是记功之文,要求文与质相符;诔是悼念死者之文,要求感情缠绵,文词凄切。铭,记述功德,意欲博,文欲约;箴,讥刺得失,应抑扬顿挫,清新健壮。用来歌颂功德的颂,内容上应丰富,文辞应华茂;评论是否的论,内容上应精神入微,文辞上应明朗通畅。向君主陈述事情的奏文,内容要平正透彻,文辞要从容得体;说是用来辩论说理的,内容要清楚明白,文辞要变化多端。

文体不同,其表达方式也就各异。如果是诗歌,则以抒情为主,兼以叙述和议论;如果是小说,则以叙述为主,兼以描写和抒情;如果是公文,则以说明为主,兼以议论。这些都是经过漫长时间的积累形成的写作成规。我们在下笔行文之前必须进行合理的选择,否则写出来的东西就可能诗不像诗、小说不像小说、公文不像公文。

当以上这些工作都准备好以后,我们就可以顺利转入下一个阶段。

2. 表达的进行阶段

即我们通常所讲的写作阶段。对于一篇文章来说,这无疑是最为重要的阶段,我们之前所有的工作都是为这一过程服务的。这一阶段也有几项重要的任务:

第一,要确定开笔角度。俗话说,万事开头难。写文章也是这样。一篇文章如果没有一个好的开头,后面即使写得再好也缺乏吸引力。相反,好的开头是文章成功的一半。古往今来,凡是好的作品都有精彩的开头,如加缪的小说《局外人》:"今天,妈妈死了。也许是在昨天,我搞不清。"[1]这么简简单单的两句话一下子就把人带入荒诞的情景之中,因为它不符合生活的逻辑。大家所熟知的朱自清的散文《背影》开篇也不同凡响:"我与父亲不相见已二年余了,我最不能忘记的是他的背影。"[2]当我们读完这句话后肯定会问为什么呢?后文作者再交代原因。看似简简单单的一句话,却能激发读者的阅读兴趣。我国古代有"龙头、猪肚、豹尾"之说,谢榛在《四溟诗话》中也强调:"起句当如爆竹,骤响易彻。"[3]这些显然都是对文章开篇所提出的要求,所以我们在下笔行文之时一定要深思。

第二,要按照逻辑行文。即文章开篇之后,在不断向前推进的过程中一定要注意表达的逻辑。如果逻辑混乱,别人可能就读不懂你的文章。因此,有条理且清晰地表达是这一阶段的重要任务。常见的行文逻辑:①时间顺序,即按照事理发展过程的先后行文。如大家在中学所学的《景泰蓝的制作》,就是按照景泰蓝的制作过

---

[1] [法]阿尔贝·加缪:《局外人》,上海:上海译文出版社,2013年,第1页。
[2] 朱自清:《朱自清散文》,北京:人民文学出版社,2005年,第94页。
[3] (明)谢榛、(清)王夫之:《四溟诗话 姜斋诗话》,宛平、舒芜校点,北京:人民文学出版社,1961年,第30页。

程"做胎—掐丝—烧制—点蓝—烧蓝—打磨—镀金"依次行文；②空间顺序，即按照事物的空间布局，或从上到下，或从左到右，或从外到内，或从整体到局部的顺序行文。如大家在中学所学的《核舟记》，就是按照"船体—船首—船尾—船背"的空间顺序行文；③逻辑顺序，即按照事物、事理的内在逻辑关系，或由特殊到一般，或由具体到抽象，或由现象到本质，或由因溯果等顺序行文。如大家在中学所学的《死海不死》，就是采用由果溯因的顺序。不管采用哪种方式，我们在行文时都要力求把内容表达清楚，这是关键。

第三，要精心组织语言。刘勰在《文心雕龙》中说："夫人之立言，因字而生句，积句而成章，积章而成篇。篇之彪炳，章无疵也；章之明靡，句无玷也；句之清英，字不妄也；振本而末从，知一而万毕矣。"①他说这番话意在强调语言在表达中的重要性。高尔基也曾说："文学创作的技巧首先在于研究语言。"②古往今来，无数的作家和诗人都知道在这方面下功夫。如杜甫在《江上值水如海势聊短述》中说："为人性僻耽佳句，语不惊人死不休。"释归仁形容自己："日日为诗苦，谁论春与秋。一联如得意，万事总忘忧。"(《自遣》)胡应麟在《诗薮》中也强调："凡用情用语，虽千熔百炼，若黄金在冶，至铸形成体之后，妙夺化工，无复丝毫痕迹，乃为至佳。"③我们在表达时要学会琢字炼句，不仅要使语义明确，而且要使语言生动形象。如鲁迅的小说《祝福》对祥林嫂形象的描写："我这回在鲁镇所见的人们中，改变之大，可以说无过于她的了：五年前的花白的头发，即今已经全白，全不像四十上下的人；脸上瘦削不堪，黄中带黑，而且消尽了先前悲哀的神色，仿佛是木刻似的；只有那眼珠

---

① 范文澜注：《文心雕龙注》(上)，北京：人民文学出版社，1962年，第196页。这段文字的大意是：一个人写诗作文，总是用字造成句，积合许多句而成为章(或段)，积合许多章(或段)而成为篇。一篇诗文所以文采焕发，在于每章(每段)都没有毛病；一章诗(一段文)所以鲜明艳丽，在于各句都没有瑕疵；一句诗文之所以清新卓出，在于字字都经过锤炼；抓住了根本，枝节问题就跟着解决了；明白了要害，所有的事就不在话下了。

② [苏联]高尔基：《文学论文选》，孟昌、曹葆华译，北京：人民文学出版社，1959年，第294页。

③ (明)胡应麟：《诗薮》，上海：上海古籍出版社，1958年，第216页。这句话的意思是：对于材料和语言都要千锤百炼，就像冶炼黄金一样，等到铸形成体之后，自然巧夺天工。如果看不出丝毫加工的痕迹，那就是最好的了。

间或一轮,还可以表示她是一个活物。她一手提着竹篮,内中一个破碗,空的;一手拄着一支比她更长的竹竿,下端开了裂:她分明已经纯乎是一个乞丐了。"①这段描写入木三分,生动地刻画了祥林嫂的落魄形象,令人久久不能忘怀。总之,"缀字属篇,必须拣择"②。

第四,要灵活选用技巧。茅盾曾打了个比方:"甲乙二人演同一个戏。观众认为甲的表演'够味',而乙演的'不是那么一回事'。乙在演出中,并没有唱错一句,也没走错一步;也就是说,乙的唱白和做工,都合规格。但尽管都合规格,可惜整个表演却缺乏神韵。合乎规格的唱白和做工,是技术;没有这技术,根本就不能上台;然而还需演得神韵盎然(也就是说,能把戏中人物的随时在变化的思想情绪,恰到好处地表现出来),这才算是有技巧。这一点技巧,是演员的丰富的生活经验,以及长期的艺术实践所积累的深湛的艺术素养等的高度集中的表现。"③就像表演一样,我们在表达的过程中不仅要有技术,还要有技巧。光有技术,能把文章写明白这只是过了写作的头道关。能灵活地选用技巧并把文章写出神采,这才是写作的要义。如契诃夫在小说《装在套子里的人》中就运用夸张的手法塑造了别里科夫这一人物形象。通过这一形象,他不仅揭示了旧制度的罪恶,而且批判了当时俄国人民的麻木,可以说是一箭双雕。在小说《变色龙》中,契诃夫又运用讽刺的手法塑造了奥丘梅洛夫这一见风使舵、趋炎附势的警察形象,彻底暴露了这类人的丑恶嘴脸。总之,好的技法能够点石成金。

三、表达的方式

表达的方式共有五种:叙述、描写、抒情、议论和说明。因第五章要系统介绍科普说明文的写作,其中要讨论说明的方法,故在此略而不谈。这里,我们主要介绍前面四种方法及相关要求。

(一)叙述

叙述就是把人物的经历和事物的发展变化过程呈现出来的方

---

① 鲁迅:《鲁迅全集》(第二卷),北京:人民文学出版社,2005年,第6页。
② 范文澜注:《文心雕龙注》(下),北京:人民文学出版社,1962年,第613页。
③ 茅盾:《茅盾论创作》,上海:上海文艺出版社,1980年,第573—574页。

式。在我们的写作中,它的应用最为广泛,几乎各种文体都会用到它,叙事性的作品更是如此。一般来说,人物、事件、时间、地点、原因和结果是叙述应该具备的"六要素"。有时根据表达的需要,我们也可以省略事件发生的原因和结果,但是其他几个要素万万不能省略,否则就很难把事件交代清楚。

1. 叙述的方法

(1)顺叙。所谓顺叙,就是按照事件发生、发展的先后顺叙展开叙述。如《水浒传》中《鲁提辖拳打镇关西》一节采取的就是顺叙的方法。它首先交代事件缘起,即鲁达在酒楼吃酒了解到金氏父女被恶霸郑屠欺负,便约定为他们伸张正义;接着介绍次日鲁达亲自到店保护金氏父女脱离虎口;再详细叙述鲁达故意挑衅并且惩罚郑屠的整个过程;最后写鲁达匆匆出逃。整个故事环环相扣,有序地向前推进。这种叙述方法有利于把事件的来龙去脉交代清楚,便于读者的阅读和理解,但是如果处理不好,特别是采用平铺直叙,有可能使文章淡然寡味。要想克服这样的弊病,就必须巧妙地设计情节,并且结合其他技法,使故事跌宕起伏。

(2)倒叙。所谓倒叙,不是把整个事件都颠倒过来进行叙述,而是把事件的结局或发展中的某个特殊片段放在文章的开头,然后再从头到尾展开的叙述。运用这种叙述方法,就是为了制造悬念,以引起读者的阅读兴趣。如鲁迅的小说《祝福》采用的就是这种方法。它不是按照事情发展的先后顺序,而是从祥林嫂已经沦为乞丐写起,然后再去交代祥林嫂的悲惨命运。这样写的好处就是能够一下子抓住读者的心理,使他们自觉地去追问祥林嫂何以招致如此的命运,而后文就逐步揭开谜底。这种方法如果运用得好,会使整个故事波澜起伏,富有情趣。但是如果运用不当,特别是提到文章开头的部分缺乏吸引力,那么就会前功尽弃。所以,我们在运用时必须精心地设计文章的开头。

(3)插叙。所谓插叙,就是在叙述的过程中,由于表达的需要,暂时中断正在进行的叙述而插入另一段与情节有关的叙述。其内容可以是回眸往事、交代事件发生的背景、再现某个人物或者场景等。这样,可以使原有的事件内容显得更加丰满。插叙完以后,再重新回到原有的叙述。不过我们在转换时必须衔接自然,不能露出任何破绽,否则会适得其反。如鲁迅在《故乡》中,在写到自己和母亲聊天时突然插入了一段回忆,那就是他年少时和闰土的交往。那时他们一起在月光下的海滩捉猹,一起在雪地里捕鸟,亲密无间。可时隔三十年后,当鲁迅再次见到闰土时,却发现他已经变得俗不可耐。先前他们是无话不说,现如今是无话可说。插入的这些情节对于展现闰土的形象变化起到了非常重要的作用。在写作时,插叙如果运用得好可以使文章增光添彩,但是不能频繁地插叙,否则会使整个事件支离破碎。

(4)补叙。所谓补叙,就是在叙述的过程中或者事件结束后对前文中某些未及说明或说清的情况作必要的补充交代。它和插叙的区别主要在于:补叙补充的是与事件密切相关的有机环节,如果去掉它,事件就会模糊不清。而插叙插入的通常是事件之外的有关情况,去掉它并不影响事件的完整性。另外,补叙既可以在篇中,也可以在篇末,而插叙只能在篇中,不能在篇末。如冰心在她的散文《小橘灯》的结尾就运用补叙的方法交代了小姑娘的父亲王春林被抓的情况,揭示了小姑娘性格形成的家庭基础。作家管桦在《小英雄雨来》的结尾运用补叙的方法交代了雨来被鬼子追踪投河却未死的原因。好的补叙往往是前面"设埋伏",后面"抖包袱"。它在"藏"和"亮"之间,呈现叙述的魅力。

(5)分叙。分叙,也叫平叙。它是对同一时间不同地点发生的两件或两件以上的事件分头展开的叙述。它一般有两种方式:一是采取分别叙述,即先说一件事,再说另一件事;二是采取交叉叙述,即在同时发生的几件事之间反复切换。前者如大家在小学阶段所学的课文《课间十分钟》,作者就运用分叙的方法刻画了同学们下课在校园不同区域("校园的东墙边""台球右边的大槐树下""操场的西墙边")活动的欢乐场景。后者如报告通讯《为了六十一个阶级弟兄》,镜头在山西平陆县、河南三门峡市、北京王府井之间不断切换,多线索、多侧面地呈现了社会主义大家庭的团结友爱以及对生命的坚决捍卫。分叙用得好,可以把纷繁复杂的事情写得有条不紊,不过在进行空间转换时必须把起讫时间交代清楚。

最后需要提及的是,我们在叙述的过程中很少单一地使用某种叙述方法,而是根据表达的需要,将多种方法有效地结合起来。这样不仅可以使事件跌宕多姿,而且能够增强文章的表现力。总而言之,叙述作为表达的基本方式大有可为。

2. 叙述的要求

(1)头绪清楚,有条不紊。把人物的经历或事件的发展变化过程交代清楚,是我们对叙述的基本要求。而要做到这一点,就必须理清头绪,抓住核心线索,有效地组织语言。必要时,要懂得取舍,删除枝枝叶叶。正如刘熙载在《艺概》中所说:"叙事要有尺寸,有斤两,有剪裁,有位置,有精神。"①如果叙述的事件复杂,头绪纷繁,就需要安排多条线索,有条不紊地展开叙述。如果交代不清或线索不明,势必会影响文章的表达效果。

(2)主次分明,详略得当。在叙述的过程中,要分清主次。对于重要的环节,要展开详细的叙述,而对于次要环节,简笔勾勒即可。千万不能平均用力,更不能喧宾夺主。只有详略处理得当,才能突出文章的重点,进而更好地表现主题。

(3)生动有趣,富有魅力。黄宗羲在《南雷文定》中说:"叙事须有风韵,不可担板。"黄宗羲的这句话意思非常明确,即叙述要生动有趣,千万不能呆板。"担板",在这里是"呆板"的意思。文章的妙处就在于波澜起伏、变化多端。另外,在叙述的过程中要讲求蕴涵。宋代陈骙在《文则》中说:"文之作也,以载事为难;事之载也,以蓄意并工。"②刘熙载在《艺概》中也强调:"叙事有寓理,有寓情,有寓气,有寓识。无寓,则如偶人矣。"③只有既叙且寓,文章才富有魅力。

(二)描写

描写,是对人物或景物所作的具体而又细致的描摹、刻画。它和叙述一样,也是常见的表达方式,并且经常和叙述结合在一起使用。它们的区别在于:叙述侧重于对人物的经历或事件的发展变化过程的介绍和交代,使我们了解其来龙去脉,而描写侧重于对人

---

① (清)刘熙载:《艺概》,杭州:浙江人民美术出版社,2017年,第45页。
② (南宋)陈骙:《文则》,北京:人民文学出版社,1998年,第7页。这句话的意思是:写文章就难在叙事,而叙事又以含蓄为佳。
③ (清)刘熙载:《艺概》,杭州:浙江人民美术出版社,2017年,第44页。这句话的意思是:叙事有时是为了寄寓某种道理,有时是为了寄寓某种情感,有时是为了寄寓某种品格,有时是为了寄寓某种认识。(叙事)如果无所寄寓,就像个木偶一样(了无生气)。

物、事物或环境进行深入细致的刻画,使之生动形象,如在眼前。

1. 描写的方法

描写的方法多种多样。如从对象上分,描写可以分为人物描写和景物描写;从技巧上分,描写又可分为正面描写和侧面描写、细描和白描。下面,我们简要介绍这些方法。

(1)人物描写。人物描写通常又包括四种方法:肖像描写、行动描写、语言描写和心理描写。它们都是塑造人物形象的重要方法。当然,在具体的人物刻画的过程中,这些方法又总是有效融合,很少单独使用。

①肖像描写。即对人物的外部形态(容貌、神情、衣饰等)展开的描绘。如《红楼梦》第三回透过贾宝玉的眼睛对林黛玉的刻画:

> 宝玉早已看见多了一个姊妹,便料定是林姑妈之女,忙来作揖。相见毕归坐,细看形容,与众各别:
> 两弯似蹙非蹙罥烟眉,一双似喜非喜含情目。态生两靥之愁,娇袭一身之病。泪光点点,娇喘微微。①

这段文字不仅展现了林黛玉的外貌,而且写出了她的神态,这种手法在肖像描写中是很常见的。再如鲁迅对孔乙己的外貌描写:"他身材很高大;青白脸色,皱纹间时常夹些伤痕;一部乱蓬蓬的花白的胡子。穿的虽然是长衫,可是又脏又破,似乎十多年没有补,也没有洗。"②寥寥几笔,就勾勒出了孔乙己寒酸、落魄的形象。一般来说,描写人物的外貌不是目的,目的在于通过外貌描写来刻画人物的神情气质。简言之,就是要"以形写神"。刘义庆在《世说新语》中记载:"顾长康画裴叔则,颊上益三毛,人问其故,顾曰:'裴楷俊朗有识具,正此是其识具。'看画者寻之,定觉益三毛如有神明,殊胜未安时。"③肖像描写要努力展现人物的神态。

②行动描写。即对人物的举止、动作、行为的描写,其同样是为了表现人物形象服务。茅盾说:"人物的性格必须通过行动来表

---

① (清)曹雪芹、(清)高鹗:《红楼梦》(上),北京:中华书局,2014年,第59页。
② 鲁迅:《鲁迅全集》(第一卷),北京:人民文学出版社,2005年,第458页。
③ (南朝)刘义庆:《世说新语》,刘孝标注,徐传武校点,上海:上海古籍出版社,2013年,第298页。

现。"当然,我们并不是一股脑儿地将人物的所有行动都描写下来,而要选取最典型、最有表现力的行动展开描写。如鲁迅在《从百草园到三味书屋》中对老师寿镜吾"读书入神"时的描写:"我疑心这是极好的文章,因为读到这里,他总是微笑起来,而且将头仰起,摇着,向后面拗过去,拗过去。"①几个简单的动词,活脱脱地展现出一个可爱可敬的宿儒形象。再如茹志鹃在小说《百合花》开头对小通讯员的描写:

他背后好像长了眼睛似的,倒自动在路边站下了,但脸还是朝着前面,没看我一眼。等我紧走慢赶地快要走近他时,他又噔噔的自个向前走了,一下又把我摔下几丈远。我实在没力气赶了,索性一个人在后面慢慢晃。不过这一次还好,他没让我落得太远,但也不让我走近,总和我保持着丈把远的距离。我走快,他在前面大踏步向前;我走慢,他在前面就摇摇摆摆。②

由于小通讯员平时很少与陌生的异性相处,这里对他的系列行动的描写充分展现了他内心的羞赧,进而使一个稚气未脱的男孩形象跃然纸上。好的行动描写,能够把人物塑造得栩栩如生。

③语言描写。即对人物的语言和对话的描写。俗话说,言为心声。语言是人物内在心理的直接反映。什么样的人说什么样的话,我们通过人物的语言可以大致了解他的身份、地位、职业、个性气质等因素。老舍说:"一个老实人,在划火柴点烟而没有点燃的时节,便会说:'咳,真没用,连根烟也点不着!'一个性情暴躁的人呢,就不是这样,而也许高叫:'他妈的!'"③这就是通过人物语言所展现出来的性格差异。语言描写包括人物的独白和对话,前者是自言自语,后者是彼此之间的交流。无论是采用前者还是后者,都需要精心选择和设计,千万不能"众口一词",让形形色色的人都说同一个腔调。作者也不能用自己的语言去代替人物的语言。清代章学诚在《文史通义》中说:"记言之文,则非作者之言也,为文为

---

① 鲁迅:《鲁迅全集》(第二卷),北京:人民文学出版社,2005年,第291页。
② 茹志鹃:《百合花》,北京:人民文学出版社,2000年,第61—62页。
③ 老舍:《出口成章》,上海:复旦大学出版社,2004年,第98页。

质,期于适如其人之言,非作者所能自主也。"①我们只有让不同的人物用他自己各自的语言去说话,才能使他富有鲜明的个性色彩。

④心理描写。即对人物内心活动的描写。其最常见的手法就是从第三人称的角度对人物的心理活动进行描摹。如《水浒传》中鲁达打死郑屠之后暗自寻思:"俺只指望痛打这厮一顿,不想三拳真个打死了他。洒家须吃官司,又没人送饭,不如及早撒开。"②这一心理描写反映出鲁达并非莽汉,而是粗中有细、智勇双全。内心独白也是心理描写的重要方法。上文我们刚提到的作为语言描写的独白是有声的,而这里的内心独白是无声的,它通常表现为人物的内心沉思。如大家在中学时学习的冰心散文《荷叶·母亲》,当作者看到红莲上面被大雨打得欹斜的荷叶时想起了为自己遮风挡雨的母亲:"母亲呵!你是荷叶,我是红莲。心中的雨点来了,除了你,谁是我在无遮拦天空下的荫蔽?"③通过这样的内心独白,作者深化了文章的主题。另外,梦幻是现实生活在人们心理镜面上的反映。弗洛伊德认为人们在现实生活中被压抑的欲望会进入潜意识之中,后在显意识的理智之门不起作用时会偷偷地溜出来。所以,梦幻是人在现实中被压抑的欲望的反映。"不论它的状况怎样复杂、新奇乃至怪诞,它和人物的性格及其处境常常是有密切关系的;它是和人在一定时期的感觉、认识、情感、意志有密切关系的。"④如安徒生在他的童话《卖火柴的小女孩》中就描写了除夕之夜小女孩饥寒交迫时眼前出现的幻景:

她在墙上又划一根火柴。它冒出了火焰,它的光投在墙上的地方变得和薄纱一样透明,她能够看到房间里面。桌上铺着雪白的台布,上面摆着丰盛的晚餐,有一只热气腾腾的塞着苹果和梅干的烤鹅。更叫人惊讶的是,这鹅从盘子上跳下来,胸口插着餐刀和餐叉,一摇一晃地在地板上向小女孩走过来。就在这时候火柴又熄

---

① (清)章学诚:《文史通义》,上海:上海古籍出版社,2015年,第175页。
② (明)施耐庵、(明)罗贯中:《水浒传》,北京:中华书局,2009年,第29页。
③ 冰心:《冰心全集》(第一卷),福建:海峡文艺出版社,1994年,第460页。
④ 王朝闻:《论艺术的技巧》,见简平编《王朝闻集》(第二册),石家庄:河北教育出版社,1998年,第331页。

灭了,她面前只有那潮湿寒冷的厚墙。①

这段幻觉描写可谓是作家的神来之笔,它既折射出了儿童的心理,也体现了她对美好生活的向往。当她走出幻觉却发现"面前只有那潮湿寒冷的厚墙",这就是现实之残酷。安徒生通过这一童话充分揭示了资本主义制度的罪恶。心理描写的方法多种多样,我们在写作的过程中要结合故事情节灵活地选用恰当的技法。

(2)景物描写。景物描写主要包括自然风景描写、社会环境描写和场面描写。

①自然风景描写。即对自然山川、花草树木、阴晴雨晦等景观展开的描写。如朱自清的《春》、老舍的《济南的冬天》、郁达夫的《故都的秋》。我们在风景描写的过程中既要注意行文的线索,又要抓住景物的特点。有时,我们还要写出景物的寓意,特别是景物与人的关系。王国维说"一切景语皆情语",就是在强调"自然的人化"。

②社会环境描写。即对人物所处的时代、社会和生活环境展开的描写。这类描写可以为人物活动提供社会舞台和历史背景,如路遥在他的名作《平凡的世界》开头所写:

> 1975年二三月间,一个平平常常的日子,细蒙蒙的雨丝夹着一星半点的雪花,正纷纷淋淋地向大地飘洒着。时令已快到惊蛰,雪当然再不会存留,往往还没等落地,就已经消失得无踪无影了。黄土高原严寒而漫长的冬天看来就要过去,但那真正温暖的春天还远远地没有到来。②

这段文字既交代了故事发生的时间,又交代了地点,为主要人物的登台做好了铺垫。好的环境描写具有多重功能,它不仅能够丰富作品的内涵,而且能够为塑造人物形象服务。1888年,恩格斯在致哈克奈斯的信中曾提出"典型环境中的典型人物"这一重要的文艺理论命题。这一命题要求我们不仅要深入地刻画社会环境,而且要把社会环境和人物塑造紧密地结合起来。

③场面描写。即描写某一空间中不同人物活动的总面貌,如

---

① [丹麦]安徒生:《安徒生童话》,上海:上海译文出版社,2006年,第177页。
② 路遥:《平凡的世界》,北京:北京十月文艺出版社,2017年,第3页。

劳动场面、战斗场面、娱乐场面等。如《红楼梦》第四十回写刘姥姥到大观园赴宴，王熙凤捉弄她，让她在饭前先念一通"咒语"，逗得大家捧腹大笑：

> 众人先还发怔，后来一听，上上下下都哈哈大笑起来。湘云掌不住，一口茶都喷了出来。林黛玉笑岔了气，伏着桌子只叫"嗳哟！"宝玉滚到贾母怀里，贾母笑的搂着叫"心肝"。王夫人笑的用手指着凤姐儿，却说不出话来。薛姨妈也掌不住，口里的茶喷了探春一裙子。探春手里的茶碗都合在迎春身上。惜春离了坐位，拉着他的奶母，叫"揉一揉肠子"。①

这个场面生动有趣，既写出了每个人的情态，也写出了场景的全貌。可以说，是有点有面，真正做到了点面结合。我们在进行场面描写时就要学习这种方法，既表现个体，又突出群像。对于一些复杂的场面，我们更是要注意视点的转移，要力求做到有条不紊、层次分明。

(3) 正面描写和侧面描写。

①正面描写。又称直接描写，就是直接从正面去描写人物、景物和事件。我们上述讨论的这些描写几乎都属于正面描写。在实际的写作中，它所占的比例更大。正面描写的好处是不需要兜圈子，直截了当地描写对象。这样可以省去很多笔墨，使行文更加简练。

②侧面描写。又称间接描写，就是通过其他的事物或者他人的言语、动作来间接地描述对象。刘熙载在《艺概》中说："山之精神写不出，以烟霞写之。春之精神写不出，以草树写之。"②即通过这些"旁逸之闲笔"，衬托出主要对象。

(4) 细描和白描。

①细描。又叫工笔描绘，就是对人物或事物作细致入微的刻画。如朱自清在他的散文《荷塘月色》中对月光下的荷塘的描写：

> 曲曲折折的荷塘上面，弥望的是田田的叶子。叶子出水很高，

---

① （清）曹雪芹、（清）高鹗：《红楼梦》(上)，北京：中华书局，2014年，第539页。
② （清）刘熙载：《艺概》，叶子卿点校，杭州：浙江人民美术出版社，2017年，第85页。

像亭亭的舞女的裙。层层的叶子中间,零星地点缀着些白花,有袅娜地开着的,有羞涩地打着朵儿的;正如一粒粒的明珠,又如碧天里的星星,又如刚出浴的美人。微风过处,送来缕缕清香,仿佛远处高楼上渺茫的歌声似的。这时候叶子与花也有一丝的颤动,像闪电般,霎时传过荷塘的那边去了。叶子本是肩并肩密密地挨着,这便宛然有了一道凝碧的波痕。叶子底下是脉脉的流水,遮住了,不能见一些颜色;而叶子却更见风致了。①

这段文字很细腻,既写出了荷塘的美,又写出了它的韵味。清代施补华在《岘佣说诗》中说:"写景须曲肖此景。"这段文字堪称精美的案例。当然,细描建立在深入细致的观察的基础之上,二者密不可分。

②白描。就是用质朴、简练的文字勾画对象。如鲁迅在《故乡》中对杨二嫂的形象描写:"我吃了一吓,赶忙抬起头,却见一个凸颧骨,薄嘴唇,五十岁上下的女人站在我面前,两手搭在髀间,没有系裙,张着两脚,正像一个画图仪器里细脚伶仃的圆规。"②作者寥寥几笔,就把一个年老色衰的女人形象呈现在读者眼前。抓住特征,简笔勾勒,这是白描的特点。

2. 描写的要求

(1)目标要明确。唐弢在《创作漫谈》中举例说:"有些同志似乎对自然风景有很大的兴趣,即使是一篇短短的速写,也喜欢花呀,月呀,山呀,水呀的写上一大堆;又譬如说人物行动,也往往来去无常,随兴所之,看不出一点必要的约束。"③这种写作行文拖沓,让人读后不明所以。因此,我们在下笔之前一定要明确目标,紧紧围绕目标展开描写。

(2)语言要精到。在描写的过程中,我们要抓住对象的特点,精心地组织语言。王世贞在《艺苑卮言》卷一引皇甫汸的话说:"语

---

① 朱自清:《荷塘月色》,南京:江苏文艺出版社,2006年,第17—18页。
② 鲁迅:《鲁迅全集》(第一卷),北京:人民文学出版社,2005年,第505页。
③ 转引自朱伯石主编:《写作概论》,武汉:湖北教育出版社,1983年,第84—85页。

欲妥贴,故字必推敲。"①我们只有认真地锤炼好语言,才能使对象跃然纸上。否则即便是满纸文字,也难以达到传神的效果。

(3)形象要逼真。如果是写景,就要使这些景象如在目前;如果是写人,就要使这些人物栩栩如生;如果是写场面,就要给人以身临其境之感。而要做到这点,就必须抓住对象的特点,精心刻画。

(三)抒情

抒情,就是抒发感情。我们经常说"人是情感的动物",正因为如此,我们在与他人打交道或者与外在世界接触的过程中,总是不可避免地会触发感情。陆机在《文赋》中说:"遵四时以叹逝,瞻万物而思纷,悲落叶于劲秋,喜柔条于芳春,心懔懔以怀霜,志眇眇而临云。"②他描述的就是人的情感状态。白居易在《白氏长庆集》中说得更直接:"感人心者莫先乎情。"③书写情感由此成为我们写作的重要任务。

1. 抒情的方法

抒情的方法主要有两种:一是直接抒情,一是间接抒情。

(1)直接抒情。直接抒情就是人们常说的"直抒胸臆",即作者在表达的过程中不凭借任何外物,直接抒发自己的内心感受。如柯岩的诗句:"周总理,我们的好总理,你在哪里?/你可知道,我们想念你,你的人民想念你!"(《周总理,你在哪里?》)作者以呼告的方式表达了人民对周总理的怀念。再如舒婷的诗句:"祖国啊!/我是你的十亿分之一/是你九百六十万平方的总和/你以伤痕累累的乳房/喂养了/迷惘的我,深思的我,沸腾的我/那就从我的血肉之躯上去取得/你的富饶,你的荣光,你的自由/祖国啊,/我亲爱的

---

① (明)王世贞:《艺苑卮言》,陆洁栋、周明初批注,南京:凤凰出版社,2009年,第8页。

② (西晋)陆机:《文赋》,见霍松林主编《古代文论名篇详注》,上海:上海古籍出版社,2002年,第94页。这句话的意思是:顺着四季的推移,感叹时间的消逝;观察变化的万物,引起纷繁的思绪。为深秋的落叶而感到悲伤,为春天的柔条而感到欣喜。心思纯洁好像抱着霜雪,志趣高远有如达到云端。

③ (唐)白居易:《与元九书》,见朱金城笺校《白氏长庆集笺校》(第五册),上海:上海古籍出版社,1988年,第2789页。

祖国。"(《祖国啊,我亲爱的祖国》)直接抒情不仅能够节省笔墨,而且富有力度,但若是处理不好的话,又容易流于空泛。如何写出内心的真情实感,这是采用直接抒情来表达的关键。

(2)间接抒情。间接抒情就是借助于其他事物(事、景、理)来抒发情感。它容易使抽象的情感具体化、形象化,所以在表达中运用得最为普遍。

①寄情于事。就是通过叙事来表达情感。如朱自清的散文《背影》,作者叙述父亲到车站为儿子送行,不辞辛苦地到对面站台买橘子,然后又把他送上车。这一事件虽小,却展现了"父爱如山"。这种抒情方式的要点在于我们必须提取日常生活中富有价值和意义的事件,并且能够对这些事件进行深入开掘。

②融情于景。就是通过描写景物来抒情。它通常有两种表达方式:一是触景生情。如归有光的《项脊轩志》,作者时隔多年重新回到自己的老宅,不免睹物思人:"庭有枇杷树,吾妻死之年所手植也,今已亭亭如盖矣。"[①]二是移情入景,即作者把自己的内心情感投射到外物上,使之着上心灵的颜色。如茅盾在散文《白杨礼赞》中对白杨的描写:

> 它的干呢,通常是丈把高,像是加以人工似的,一丈以内,绝无旁枝;它所有的桠枝呢,一律向上,而且紧紧靠拢,也像是加以人工似的,成为一束,绝不横斜逸出;它的宽大的叶子也是片片向上,几乎没有斜生的,更不用说倒垂了;它的皮,光滑而有银色的晕圈,微微泛出淡青色。这是虽在北方的风雪的压迫下却保持着倔强挺立的一种树!哪怕只有碗来粗细吧,它却努力向上发展,高到丈许,二丈,参天耸立,不折不挠,对抗着西北风。[②]

茅盾在此显然不仅仅是写白杨,更是在写像白杨一样的人。在他笔下,白杨完全主观化了,成为他情感寄寓的对象。无论是触景生情,还是移情入景,我们在"景"和"情"的处理上都一定要自然。

---

① (明)归有光:《项脊轩志》,见《归有光全集》,上海:上海人民出版社,2015年,第484页。

② 茅盾:《白杨礼赞》,见《茅盾散文集》,北京:高等教育出版社,2016年,第163页。

③寓情于理。就是通过议论、说理来抒情。其特点是"情"和"理"有机结合,如杨朔在《荔枝蜜》中写道:"多可爱的小生灵啊,对人无所求,给人的却是极好的东西。蜜蜂是在酿蜜,又是在酿造生活;不是为自己,而是在为人类酿造最甜的生活。蜜蜂是渺小的;蜜蜂却又多么高尚啊!"[①]这段文字将抒情和议论相结合,不仅写出了蜜蜂的可爱,而且写出了它的奉献精神,发人深省。我们采用这种方法时要注意,议论的目的是既要传达作者对事物的认识,更要体现作者的情感倾向。而所说之理,既要精辟,又要有浓厚的感情。

2. 抒情的要求

(1)要健康向上。我们所表达的情感要契合时代精神,能够激发人们对美好生活的向往,焕发他们的斗志,使之更好地投身于生产、生活。那些颓废的、消极的、猥琐的情感均不宜写入作品之中。

(2)要真挚自然。文章贵乎真,抒情更是如此。只有发自肺腑的真情,才能感人至深。清代理论家方薰说:"欢娱疾苦之词,皆情之所以不可假者,非若嘲风弄月,可以妆点而成也。"[②]沈德潜在《说诗晬语》中亦指出:"以无情之语而欲动人之情,难矣。"[③]另外,我们在抒发情感时不能矫揉造作,要顺乎自然。

(3)要生动具体。情感虽源于人的内心,但它往往是抽象的,我们在写作时要善于调用各种语言,使抽象的情感具体化、形象化。这样,所抒之情就不是概念的、空泛的。

(四)议论

议论就是对客观事物进行分析评论,以表明自己的观点和意见的一种表达方式。它主要用于论说性文体,在记叙性和抒情性文体中也间或使用。

---

① 杨朔:《荔枝蜜》,北京:人民文学出版社,2005年,第161页。
② (清)方薰、(清)吴骞:《山静居诗话 拜经楼诗话》,北京:商务印书馆,1935年,第17页。这句话的意思是:描写欢乐疾苦的文辞都必须发自肺腑,千万不能捏造,这和嘲风弄月不一样,后者可以随便妆点(但前者万万不可)。
③ (清)叶燮、(清)沈德潜:《原诗·说诗晬语》,孙之梅、周芳批注,南京:凤凰出版社,2010年,第81页。

1. 议论的要素

议论通常包括三个要素：论点、论据和论证。在议论文中，这三个要素是缺一不可的。

(1)论点。又称"论断"，它是作者在文章中所表达的核心观点。一篇文章的高下优劣主要取决于它，所以我们在确立文章的论点时必须满足下列要求：首先，论点要正确。如果一篇文章的论点有问题，经不起推敲，那么再怎么论证都是无效的。其次，论点要深刻。即能够洞幽烛微，科学地揭示事物的本质。再次，论点要鲜明。在行文过程中，我们要明确表明自己的观点，赞成什么，反对什么，不能含糊其辞。最后，论点要新颖。即能够发别人所未发，见别人所未见。

(2)论据。就是用来证明论点的材料。它通常包括两种类型：一是事实论据，即能够用来证明论点的相关事实；二是理论论据，即能够通过逻辑分析或者推理判断证明观点成立的相关材料。在议论文中，我们很少孤立地使用某种论据，而是将各种论据有效地结合起来。对于论据，我们通常有以下要求：第一，论据要真实。它建立在调查了解的基础之上，不能任意歪曲，更不能胡编乱造。第二，论据要典型。不能"捡到篮里都是菜"，而要把"好钢用在刀刃上"，精心选择那些有说服力的论据。第三，论据要充分。即选取的材料能够全面深入地证明我们的观点。

(3)论证。就是用论据来证明论点的过程和方法。一篇文章的观点能否成立，主要取决于论证的过程。林纾在谈及论说文的写作时说，析理精，则可以立言。而刘熙载从相反的角度指出："说理论事，近于迁就，便是本领不济。"[①]因此，如何有效地论证文章的观点是议论文写作的关键。

2. 论证的方法

(1)例证法。即利用一些典型的事例来进行论证。它是议论文写作中最为常见的方法。如梁启超在《敬业与乐业》一文中指出，我们每个人不能"饱食终日，无所用心"，而要主动干事。为了论证这个观点，他援引了百丈禅师的例子：

[①] （清）刘熙载：《艺概》，叶子卿点校，杭州：浙江人民美术出版社，2017年，第23页。这句话的意思是：说理论事若是陷入曲意求合的地步，便是缺乏本领。

唐朝有一位名僧百丈禅师,他常常用两句格言教训弟子,说道:"一日不做事,一日不吃饭。"他每日除上堂说法之外,还要自己扫地、擦桌子、洗衣服,直到八十岁,日日如此。有一回,他的门生想替他服务,把他本日应做的工作悄悄地都做了。这位言行相顾的老禅师,老实不客气,那一天便绝对地不肯吃饭。①

这个例子能够有效地证明文章的观点。我们采用这种方法进行论证应注意以下几点:第一,选取的事例和观点必须吻合,要避免出现貌合神离的现象。第二,选取的事例必须典型,最好是大家熟悉的例子。第三,对事例的分析要得当,防止偏离文章的论点。

(2)引证法。即引用一些俗语、谚语、格言、警句或者名家的论述进行论证。在议论文中,这种方法也比较常见。如毛泽东在《为人民服务》一文中认为"人各有死,但意义不同",他援引了司马迁的话来证明自己的观点。司马迁说:"人固有一死,或重于泰山,或轻于鸿毛。"②周先慎在《简笔与繁笔》中认为作文无论繁简,首先要顺乎自然。为此,他引述了顾炎武的话:"且文章岂有繁简邪?昔人之论,谓'如风行水上,自然成文',若不出于自然,而有意于繁简,则失之矣。"③引证法的要点在于,引文和观点必须吻合。另外,在一篇文章中,引证的内容不能过多,不然会给人造成"掉书袋"的错觉。

(3)归纳法。就是通过对一些个别事物的分析和研究,从中推导出一般结论的方法。按照辩证法的基本原理,个别中总是含有一般,而一般又要靠个别来表现。所以,归纳法是一种科学的方法。运用这种方法的前提是必须认真调查研究,占有详实的资料,并且采用科学的方法展开分析,进而得出一般性的结论。如下面这段文字:

在封建社会,金榜题名,衣锦还乡,往往是那些地主阶级或向

---

① 梁启超:《敬业与乐业》,见《饮冰室合集》(第5册),北京:中华书局,1989年,第25—26页。

② (西汉)司马迁:《报任少卿书》,见萧统《文选》(第5册),李善注,上海:上海古籍出版社,1986年,第1860页。

③ (清)顾炎武:《顾炎武全集》(第19册),上海:上海古籍出版社,2011年,第752页。

往地主阶级生活的人的理想；在资本主义社会，资产阶级的理想是钱越赚越多，利润越积越高，而且希望这种人剥削人、人压迫人的社会"永恒"存在；在社会主义社会，为人民服务，实现共产主义就成了广大人民的共同理想。所以，我们说，理想是受一定的社会、阶级制约的。①

它通过对三种不同社会形态下的理想的分析，得出"理想是受一定的社会、阶级制约的"结论。归纳法的好处就是能够让我们透过纷繁复杂的现象看到事物的本质。它所得出的结论往往发人深省。

（4）演绎法。这种方法和归纳法的理论基础是相同的，反映的都是个别和一般之间的关系，只是二者的论证方式有所不同。归纳法是从个别推导出一般，而演绎法是用一般去论证个别。在具体的操作层面，演绎法就是从一个总的原则出发，再引申到对某些具体事物的论述。我们仍以毛泽东《为人民服务》一文为例，作者写道：

人总是要死的，但死的意义有所不同。中国古时候有个文学家叫做司马迁的说过："人固有一死，或重于泰山，或轻于鸿毛。"为人民利益而死，就比泰山还重；替法西斯卖力，替剥削人民和压迫人民的人去死，就比鸿毛还轻。张思德同志是为人民利益而死的，他的死是比泰山还要重的。②

在这段文字中，作者说张思德同志的死比泰山还重是依据前面的一般原则"为人民利益而死，就比泰山还重"作出的。使用演绎法进行论证，必须确保它的一般原则是正确的。如果原则不正确，那么得出的结论就难以令人信服。

（5）归谬法。又叫引申法，即暂且承认某个错误的观点是对的，然后按照它的逻辑进行推理并且得出荒谬的结论，进而驳倒对方观点的论证方法。如舒芜在《人不直立，天生此膝何用？》中写道：

民国初年，改革礼制，要废除跪拜，康有为出来反对，有名言：

---

① 裴显生主编：《写作学新稿》，南京：江苏教育出版社，1987年，第181页。
② 毛泽东：《毛泽东著作选读》（下册），北京：人民出版社，1986年，第587页。

"人不跪拜,天生此膝何用?"

真是绝妙的逻辑!人不砍脑袋,天生此细脖子何用?人不打屁股,天生此厚屁股何用?人不……①

显然,第二自然段就是按照康有为的观点引申出来的荒谬结论。正因为它荒谬,所以康有为的说法是站不住脚的。归谬法的要点在于我们必须弄清对方的错误逻辑,并且能够按照这种错误的逻辑进行引申。

除了以上几种论证方法,还有对比法、类比法、反证法、分析法等。因为篇幅的关系,这里不再一一赘述,请大家课后认真学习。另外,我们在写作的过程中很少孤立地使用某种方法,而是将多种方法有效结合。特别是根据内容表达的需要,灵活地运用各种方法。

第四节 修改与润色

俗话说:"文章不厌百回改。"一篇好文章得以成型,少不了精心的修改与润色。单独来说,"修改"偏重于修正错误或不合理的结构和语词,属于"扫清硬伤";而"润色"则偏重于使行文的逻辑或修辞更加完善,类似于"锦上添花"。但在实际的操作中,"修改"与"润色"往往是难以截然分清的,比如发现了一个病句,在将其修正的过程中,同时又调整了修辞,令其不但表述合理,还更具文采,这个过程就兼有了二者的功效。因此,本节中的"修改与润色"是取其兼有之义合并阐述,即有的教材中所称的"润改"。②

一、修改与润色的意义

许多成功的作家在总结自己的写作经验时,都不约而同地提到:绝大多数好文章,都不是一气呵成的,而是经过反复修改、精心润色后才与读者见面的。曹雪芹写《红楼梦》,"批阅十载,增删五

---

① 舒芜:《舒芜小品》,北京:中国人民大学出版社,1993年,第228页。
② 芮瑞、黄建成主编:《写作学教程》,合肥:安徽大学出版社,2017年,第90页。

次",才有了这部中国小说史上的旷世杰作。文学巨匠尚且如此重视修改与润色,何况正在学习写作的我们呢?

(一)修改与润色是提高文章质量的重要途径

人对事物的认知,往往需要经历一个反复研究、逐步深化的过程,写文章也是这样。在写作的过程中,包括成文后,作者对于写作内容的认知也在不断加深。修改与润色的过程,就是作者不断发现文章中的问题并解决问题的实践过程。通过这一过程,不但草稿中的错字、病句等"硬伤"会得到改正,其结构、材料甚至主旨也有可能得到优化,从而提升了整篇文章的质量。

我们以清代戏曲家洪昇创作《长生殿》的过程为例。《长生殿》被誉为"中国古典四大名剧"之一,历来以其深邃的思想和优美的文辞被人所称道。殊不知,洪昇创作此剧,却经历了"三易其稿"的艰辛过程。据《〈长生殿〉例言》所述:第一稿写于杭州,剧名为《沉香亭》,中心是写李白的遭遇,约完成于1673年;第二稿写于移家北京之后,因友人批评情节老套,便删去了有关李白的情节,改为李泌辅佐唐肃宗中兴,更名为《舞霓裳》,完成于1679年;此后,洪昇又继续修订,最后再删去有关李泌的情节,以李隆基、杨玉环的爱情为主线,"专为钗合情缘,以《长生殿》题名",定稿于1688年。[1] 可见,一部杰出作品的问世,是多么不容易!

虽然偶尔也有王勃写《滕王阁序》那种一气呵成的例子,但毕竟少之又少;对一般写作者来说,草稿完成后的修改与润色与先前的行文表达同样重要。我们在看一些著作时,经常会在末尾看到"一稿写于……""再改于……""三改于……"之类的字样;大家手中的很多教材,也是每隔几年就出一次"修订版"。这些例子,都说明修改与润色是写作过程中不可或缺的环节,而文章的质量也在反复的润改过程中得以不断提高。

(二)修改与润色是对自己、也是对读者负责的表现

古人常说"文如其人"。一篇文章写出来,其内涵和风格,常常能够反映作者的观念和品质;具体到一些基本的因素,比如逻辑是

---

[1] 洪昇:《长生殿》,北京:人民文学出版社,2005年,第1页。

否清晰,材料是否充分,文字是否平顺……也无不代表着作者的素养和态度。我们常有这样的体会:当看到一篇思路清晰、文从字顺的文章时(不管它是文学创作还是应用文),即便不认识作者,也必然会对其产生良好的印象。相反,如果你看到的是一篇草率成文、语病频出的文章,不但面临着一定程度的阅读障碍,而且对于作者是否态度端正、有责任心,恐怕也要打一个大大的问号。

著名作家老舍以驾驭语言能力高超而著称,在《我怎样学习语言》中,他坦承:"写完了一篇必须删改。不要溺爱自己的文字!说的多而冗一定不如说的少而精。一个写家的本领就在于能把思想感情和语言结合起来,而后很精炼地说出来。我们须狠心地删,不厌烦地改!改了再改,毫不留情!对自己宽大便是对读者不负责。字要改,句要改,连标点都要改。"[①]有人曾经见到老舍的手稿,上面密密麻麻地写满了润改的符号和语句。通过这些手稿,读者不仅看到了这位大作家精益求精的艺术追求,更看到了他对自己、对读者认真负责的态度。

对于将要踏上工作岗位的你们来说,能够认识到写作过程中修改与润色的意义,并将其应用于实际中,不仅能更加充分地发挥文章的功用,而且对于自己的综合素质展示,无疑也是一个巨大的"加分项"。

二、修改与润色的内容和方法

在此前的几节中,我们已经了解了有关选材谋篇、行文表达等方面的技巧,对于修改与润色来说,也同样需要一定的方法。由于它所涉范围很广,小到错字病句,大到结构主旨,都包含在内。所以,接下来我们逐一介绍修改与润色的内容和方法。

(一)锤炼主旨,调整结构

修改与润色环节的第一步,就是重新审视整篇文章的主旨,并对结构进行调整,以更好地适应表达主旨的需要。我们在本章第一节已经强调了"立意与选材"的重要性,但正如上文所言,写作过程中,作者对文章的认识也会逐步加深,那么对于先前所确定的主

---

① 老舍:《老舍谈写作》,南昌:百花洲文艺出版社,2019年,第103页。

旨，说不定在完稿之后，又发现有可以深化或调整的必要。这种情况是很正常的，之前所说的洪昇创作《长生殿》就是个典型的例子。

大家不妨联想一下自己高中写作文的经历，往往存在这样的情况：面对所给的材料，第一件事就是审题立意，确定一个主旨后，便开始下笔。可是写作之前明明觉得自己文思泉涌，但写着写着就感觉思路开始凝滞，到了最后甚至有点儿丧气的感觉，只得草草收尾，这篇文章自然也难以称得上令人满意了。关于这个问题，其实古人早有一个说法，叫"意不称物"，也就是没能准确、深刻地将对材料的认知表达出来。人们对于外界事物的把握本来就是很困难的，短时间内理解得不够准确、不够深刻都很正常。那么，情况允许时，我们就要重新思考全篇主旨，反复调整行文结构。

我们举个例子。比如有位同学要写一篇以"杜甫诗歌的现实主义情怀"为题的文章，这篇文章的主旨是什么？自然是杜甫如何通过诗歌来表达自己的现实主义情怀，或者说杜甫诗歌里的现实主义情怀是怎样的，这是主线，整篇文章就要围绕着这个主旨来写。可是这位同学的初稿，首先详细地介绍了杜甫的生平，然后又介绍了他总体的诗歌成就，最后三分之一的篇幅才谈到了杜甫的现实主义诗歌。很明显，这篇初稿存在着主旨不明确的严重问题。

那么，怎么来修改呢？首先，此文宜采用"开门见山"的方法，直接引入所要论述的主题。大家都熟悉欧阳修的名篇《醉翁亭记》，当年他写这篇文章时，最初开头先用了大量的笔墨描述滁州周边的山势，但这样一来，就有枝蔓之嫌，最后经过反复修改，最终只保留了一句"环滁皆山也"，单刀直入，干净利落。其次，杜甫的现实主义诗歌数量很多，很明显不能一首一首来解读。因此，就要从丰富的材料中进行提炼，说明杜甫诗歌现实主义情怀的特点，以及他所运用的艺术手法。最后，本着"知人论世"的原则，可以适当结合杜甫的生平和心态，对其现实主义情怀产生的原因加以分析。这样一来，整篇文章的主旨就明确了，结构也更加清晰、严密。

有时候，主旨存在不准确、不深刻的问题，还在于对论述对象的认识存在偏差。再举一个例子。有位同学喜爱当代作家莫言的小说，想写一篇关于莫言作品中"魔幻现实主义"手法的读后感。文章写出来后，却存在着这样的问题：一是用了大量的笔墨来写自己如何喜爱莫言，以及长期以来读莫言小说的经历，其篇幅几乎占了全文的一半;二是仅就莫言的《蛙》《檀香刑》这两部小说作为论述对象,且引用原文多,具体分析少。这两个问题,第一个就是我们上文所谈的主旨不明确、结构不清晰。修改时,可以用简省的笔墨来略加概括,然后便引入对主题的论述。第二个问题,则涉及审题的片面性。既然是讲莫言小说的"魔幻现实主义"手法的,那么就不应该仅仅以两部作品为论述对象,而是要尽量兼顾其他小说。此外,关于这一创作手法,莫言在许多访谈、随笔中也有谈及,若能结合这些文章,那么论述必将更加全面,而不会显得"无话可说"。如果要求再高一点儿的话,还可以找一些对此主题的相关研究来读,看看别人是如何评论的,对自己也会有一定的启发。

(二)选择材料,繁简得宜

我们常说"材料跟着主题走",在锤炼主旨、调整结构时,不可避免地要涉及材料的调整、取舍问题。对此,我们要明确两个基本原则:一是与主旨相关,二是繁简得宜。

第一个原则,与主旨相关。一切材料的运用,目的只有一个:更好地表达主旨。因此,在修改与润色的过程中,要根据具体情况,相应地对材料进行增删。

如果主旨没有作较大改动,那么可以通篇审视一下所用的材料,对与主旨相关度不大的加以删除,以使行文脉络更加清晰;或者经过进一步思考,认为有更好的材料可以使用,可以适当增加或进行替换。学者钱钟书在撰写《宋诗选注》时,对宋初诗人郑文宝《柳枝词》中的名句"载将离恨过江南"进行赏析,初版时引用了苏轼等六个相似的例句,但此后的修订中,他认为这六个例子沿袭多、创新少,不是最理想的材料,便全部删掉不用。他所替换的材料是另外四个例句:周邦彦《尉迟杯》"无情画舸……载得离恨归去"是把郑诗改写为词,说明其影响广泛;石孝友《玉楼春》"春愁离恨重于山,不信马儿驼得动"是把船变为马;王实甫《西厢记》"遍人间烦恼填胸臆,量这些大小车儿如何载得起"是把船变成车;陆娟《送人还新安》"万点落花舟一叶,载将春色到江南"则又把愁和恨变成"春色"。① 很明显,替换后的四个例句更加清晰地体现出诗歌

---

① 钱钟书:《宋诗选注》,北京:生活·读书·新知三联书店,2019年,第5页。

意象的演变,也更好地凸显了主旨。

如果主旨在修改与润色过程中作了较大变动,那么相应地支撑主旨的材料自然也要加以改易。我们仍以钱钟书修订《宋诗选注》作为例子。在初版里,文同《织妇怨》里"不敢辄下机,连宵停火烛"的"停"字,被解释为"停止,熄灭",这一句的意思也就是"夜里还不停止纺织,连灯也不舍得点",并引用了费昶《行路难》"贫穷夜纺无灯烛"作为例子。在修订过程中,钱先生认为这样解释与全诗的主旨不是特别契合,因此经过深思,将"停"重新解释为"停留,维持",句意也修正为"夜里还不停止纺织,连夜灯烛不灭"。就诗意而言,这相当于变动了主旨,因此支撑的材料也相应进行了改易,换成了刘勰《新论》"夫停烛于釭"、朱庆馀《近试上张水部》"洞房昨夜停红烛"作为新例子。①

第二个原则,繁简得宜。初学写作者,往往苦于没有材料可用,但实际上,有时材料数量过多、篇幅过繁也是不好的,需要加以剪裁,以使繁简得宜。

比如要写一篇人物传记,虽然在做准备工作的时候,我们要尽可能详尽地了解他所有的事迹,但落笔成文时,要遵循"典型环境中的典型性格"这一原则,只选取最具代表性的事例进行描述。或者要写一篇议论文,为了论述一个观点,要选取最具说服力的材料来支持,而不是把所有与之相关的材料全部罗列出来。这就提示我们,对文章进行修改与润色时,过于繁冗的材料要适当删去;对于有必要保留的材料,有的可以"用墨如泼",写得详细些,有的则要"惜墨如金",进行概括或提炼。

长篇章回小说《三国演义》可以说是使用材料繁简得宜的好例子。关于汉魏之际这段波澜壮阔的历史,历来的史书、小说、戏曲和民间传说积累了大量素材,如何使用这些材料,就很考验作者的剪裁能力。比如描写战争,全书涉及的大大小小战役有几十次,如果按照顺序一一详述,那就枯燥无味了。作者选取了"官渡之战""赤壁之战"等几场最有代表性的大书特书,而对其余或一笔带过,或省笔简写,收到了很好的效果。再如书中描写主要人物,也注重繁与简的有机结合。对于关羽,只选取了"温酒斩华雄""杀颜良、

---

① 钱钟书:《宋诗选注》,北京:生活·读书·新知三联书店,2010年,第60页。

诛文丑""单刀会"等几个典型场景加以详写,就传神地塑造出他的英雄形象。这对今天的作者来说,无疑是很好的启示。

最后需要强调的是,对材料的取舍一定要"舍得",必要时要忍痛割爱。很多材料虽然得来不易,但因为修改与润色中的"另起炉灶",原有的材料很可能变得不再适用,这时就要毅然舍弃掉。这固然会花费更多的时间和精力,但要相信,所有的割舍都会得到更好的回报。

(三)推敲语言,表达精确

文章的内容要靠语言来表达,对一篇文章来说,语言的最低标准是表达精确,合乎规范,杜绝错字、病句。在此基础上,才能谈及修辞、文采等更高级的表达效果。因此,修改与润色的最后一个环节,是对语言进行反复推敲,力求表达精确。

"推敲"一词,本来就是古人对语言精益求精的一个例子。唐代诗人贾岛,有一天在驴背上吟诗,得一句"鸟宿池边树,僧敲月下门",一开始他想用"推"字,又觉得"敲"字更好,一时拿捏不定,以手反复做"推""敲"的动作,无意中冲撞了京兆尹韩愈的车驾。韩愈听了贾岛的解释后,思索良久,说:"还是'敲'字更好。"于是这句诗就确定了下来,这件事也被传为佳话。无独有偶,北宋诗人王安石的名句"春风又绿江南岸",历来以"绿"字用得传神而为后人称道。据记载,王安石在修订过程中,曾先后用"到""过"等字,最后想到了这个"绿"字,句意一下子就生动了起来。像这样的推敲语言的例子还有很多,作为一名作者,一定要有"吟安一个字,捻断数茎须"的精神。

具体来说,对语言的推敲可以分为如下几个方面:

首先,要学会规范使用字词。这似乎是老生常谈,我们从小就学习汉语,难道还存在使用不规范之说吗?其实,中国的语言文字博大精深,很多大家平时不太注意的字词,或者因为同音、近意而容易混淆,或者因先入为主而误解了词义,常在应用中出现偏差。比如"辩"与"辨"、"必须"与"必需"、"检查"与"检察"、"符合"与"附和"、"定金"与"订金"等,相信不少人就难以分清楚,写文章时万一用到,便容易出差错。另外,如"的""地""得"的不同用法,也是行文时极易出错的。

还有对某些常见成语的误解,比如"七月流火",很多人写文章时用它来形容盛夏的炎热,其实是错误的:"七月流火"出自《诗经·豳风》,它描述的不是酷暑,而是暑气渐消、秋风乍起的情形,"火"指心宿二,盛夏之时,它位于正南方,待到进入秋季,便逐渐偏转向西了。再如"文不加点",一般认为是形容文章写得"快",一气呵成,其实它强调的是文章写得"好":古人用毛笔在黄纸或黄绢上写字,若写错了,便用一种叫作"雌黄"的染料涂抹,待干后继续书写,类似于今天的涂改液。因此,文不加点的"点",就是涂改、修改的意思,引申为成语,是说写文章非常成熟,不需要修改。像这样的例子还有很多,限于篇幅,不一一列举。总之,大家写文章时一定要规范地使用字词,对所用的每个字词的含义、用法都要了然于胸,只有本着"咬文嚼字"的态度,才能保证表达的精确。

其次,要学会正确使用语法。简单地说,语法就是用词造句的规则系统。语法规则的准确理解与运用,是正确、恰当地遣词造句,提高语言表达能力的必要前提。因此,若要提高中文写作能力,熟练掌握汉语语法规则尤为重要。如果语法掌握得不好,就容易出现语言的混乱,也就是我们平常所说的"病句"。常见的语法错误主要有以下几个方面:

一是句法成分搭配不当。最常见的是主语和谓语搭配不当,比如这几个例子:

①急躁的人,事情一旦办不成,往往容易转化为灰心丧气。
②这篇通讯的作者有很好的理论修养,所以立意很深。
③汽车质量的好坏,是保证行车安全的一个很重要的条件。

判断是否有语病的方法是划分句子成分。第一个病句划分句子成分是"人……转化为灰心丧气";第二个病句的后半句主语不明确,"立意很深"的应当是"这篇通讯",但句中的表述则成了"作者……立意很深";第三个病句则是主语和谓语搭配不当,只有汽车质量的"好",才是保证行车安全的重要条件。

除此之外,句法成分搭配不当还往往体现为定语、状语、补语和中心语的搭配不当,比如:

①劳动人民靠着聪明能干的双手,建造起美好的家园。
②我们严肃地研究了职工们的建议。
③同学们把教室打扫得干干净净、整整齐齐。

第一个句子,"聪明"作为定语和"双手"搭配不当;第二个句子,"严肃"作为状语和"研究"搭配不当;第三个句子,"整整齐齐"作为补语和"打扫"搭配不当。

二是句子成分残缺或赘余。句子成分残缺是指句子里缺少了必要的语法成分,而句子成分赘余则是存在不必要的多余成分,二者都是写作中常见的语法错误。我们也举几个例子来说明:

①在老师和同学们的热心帮助下,使他的学习成绩迅速提高。
②风儿掠过麦田时,恰似黄河的滚滚波涛上下起伏。
③我们要尽一切力量使我国农业走上机械化。
④这件衬衫的做工可以堪称一流。
⑤目前财政紧张,山区修路的问题短期内不可能很快解决。

前三个病句,分别属于滥用使动句式造成主语缺失、不恰当的主语省略造成缺失以及及物动词中宾语的缺失。后两个病句,则分别属于谓语多余和状语多余。

句子成分搭配不当和句子成分残缺或赘余,是写作中最常出现的语法错误。在进行修改与润色时,一定要逐字逐句地进行检查,可以通过划分句子成分、语感审读、逻辑分析等方法来排除病句,有条件的话,还可以请别人来审阅,提出修改意见。

再次,要遵守技术性的规范。尤其是在写作某些比较专业的文章时,这一个原则同样涉及表达是否准确。在大学阶段的写作中,可能会面对的有以下几种情况:

①写作学术性、知识性文章时,如果引用别人的著述,一定要规范地注明出处,即来自何种出版物、出版的具体时间、所引文字的页码等。即便是引用网络上的资料,也要注明网址。

②文章涉及统计图表和数据罗列时,要保证采用的数据符合事实,并注明数据的具体来源、统计机构、统计时间及其依据,不能笼统地以"据统计""据有关部门统计"等说法来表述。

③任何有特定要求的文章,都要规范地处理字号、排版、序号等相关版式问题。

对于以上所说的技术性规范,在修改与润色时,一方面要尽可能周全地核查资料,以避免出现知识性错误;另一方面则要反复检查文面,以避免出现技术性问题。总而言之,一篇文章只有经过了最后的修改与润色,圆满实现了自己的预期,才算是真正完成。

思考与练习

一、思考题

1. 何谓立意？文章立意有哪些基本原则或要求？
2. 文章的主题有何特点？如何提炼文章的主题？
3. 文章选材有哪些基本标准和原则？
4. 什么是构思？文章构思有哪些基本要求？
5. 文章谋篇有哪些基本方法？
6. 行文表达有何特点？
7. 表达的过程是怎样的？
8. 文章有哪些常见的表达方式？

二、训练题

1. 请大家认真回顾自己平时写作的过程，结合本章所学知识查找问题，并制定出可行性的改进方案。

2. 请认真分析下面两组材料，从相同的角度归纳出一个主题，并运用这些材料写一篇500字左右的议论文。

(1) 近朱者赤，近墨者黑。(《太子少傅箴》)

(2) 橘生淮南则为橘，生于淮北则为枳，叶徒相似，其实味不同。所以然者何？水土异也。(《晏子春秋》)

下编
文体写作

第四章

常见公文的写作

公文,是公务文书的简称。它是国家党政机关、人民团体和企事业单位在公务活动中制作和使用的文字材料。这些材料对于贯彻党和国家的有关方针、政策,颁布政令,指导、布置和商洽工作,沟通信息,具有重要作用。虽然我们现在接触它们的机会不多,但是步入社会之后不可避免地要与它们打交道。特别是有些同学将来可能走上领导或者秘书岗位,更是离不开公文。

一般来说,公文有广义和狭义之分。广义的公文,是指上述机关按照一定的规范和程序处理的各种文字材料。狭义的公文,是指由中共中央办公厅和国务院办公厅联合下发的《党政机关公文处理工作条例》(中办发〔2012〕14号,见附录一)所规定的15种公文。它们分别是决议、决定、命令(令)、公报、公告、通告、意见、通知、通报、报告、请示、批复、议案、函、纪要。在这些公文中,请示、报告和通知的使用频率应该是最高的,所以我们称它们为常见公文。本章将逐一介绍这些常见公文的写作,不过在此之前,我们首先需要了解和掌握公文的一般格式,这也是公文不同于普通文章的地方。

第一节 常见公文的格式

公文的格式,是公文所呈现出来的外在形式。《党政机关公文处理工作条例》第三章第九条规定:"公文一般由份号、密级和保密期限、紧急程度、发文机关标志、发文字号、签发人、标题、主送机关、正文、附件说明、发文机关署名、成文日期、印章、附注、附件、抄送机关、印发机关和印发日期、页码等组成。"我们所说的公文格式,就是以上这些要素在公文文面上的所处位置和排列顺序。为了保证公文质量,提高办事效率,便于归档和管理,国家质量监督检验检疫总局和国家标准化委员会联合制定了《党政机关公文格式》国家标准(GB/T 9704—2012,见附录二)。这一标准已于2012年7月1日颁布实施。它要求各级党政机关必须严格按照这一标准制发公文,其他单位参照执行。对于我们来说,掌握这一标准便是学习公文写作的首要环节。

标准规定,公文用纸应采用GB/T148中规定的A4型纸,其成品幅面尺寸为210mm×297mm。在制作公文的过程中,四周应适当留白,其中天头(上白边)为37mm±1mm,左边订口为28mm±1mm,版心尺寸为156mm×225mm。见附录二图1。

就结构而言,公文通常由版头、主体和版记三部分组成。其中,首页红色分割线以上的部分称为版头,首页红色分割线(不含)以下、末页首条分割线(不含)以上的部分称为主体,末页首条分割线以下、末条分割线以上的部分称为版记。页码位于版心之外。接下来,我们就依次介绍这三个部分的构成。

一、版头

公文的版头部分由份号、秘密等级和保密期限、紧急程度、发文机关标志、发文字号、签发人等要素构成。不过我们需要注意的是,并不是每份公文都要素齐全,它们的机密程度、紧急程度、行文关系不同,其构成也就不一样。因此,公文版头的制作应视具体情况而定。

(一)份号

所谓份号,就是公文印制的顺序号。一些重要公文,特别是涉密公文,都需要标注份号。公文份号一般用6位3号阿拉伯数字,顶格编排在版心左上角第一行。

(二)秘密等级和保密期限

有些公文涉及国家机密,在制作时必须标明秘密等级和保密期限。按照《中华人民共和国保守国家秘密法》第二章第十条的规定,秘密等级通常分为绝密、机密和秘密三个等级。其中,绝密属于最高的国家机密,一旦泄露,会使国家安全和利益遭受特别严重的损害;机密涉及重要的国家机密,一旦泄露,会使国家安全和利益遭受严重的损害;秘密是一般的国家机密,一旦泄露,会使国家安全和利益遭受损害。我们确定公文的秘密等级必须遵照党和国家的有关规定和要求,不能按自己的主观意志随意确定。确定公文的秘密等级务必做到准确、恰当。当然,并不是所有的公文都需要标明秘密等级。公文如需标注秘密等级,要用3号黑体字,顶格编排在版心左上角第二行,两字之间空一字。保密期限中的数字用阿拉伯数字标注。公文如需同时标注秘密等级和保密期限,均用3号黑体字,顶格标注在版心左上角第二行,秘密等级和保密期限之间用黑色的"★"隔开。

(三)紧急程度

紧急程度是对公文传递和办理所提出的时限要求。有些公文因为事关重大,又需要及时处理,所以必须标注紧急程度。公文的紧急程度通常分为"特急"和"加急"两种。特急公文,是指事关重大又十分紧急,要求以最快的速度传递和办理的公文。加急公文,是指涉及重要工作,也需要快速传递和办理的公文。公文如需标注紧急程度,要用3号黑体字,顶格编排在版心左上角,两字之间空一字。公文如需同时标注份号、秘密等级和保密期限、紧急程度,三者按顺序自上而下分行排列。有的公文如果在标题中已经注明了紧急程度,如《国务院关于坚决制止乱砍滥伐森林的紧急通知》,就不需要在版头中再标注紧急程度。

(四)发文机关标志

发文机关标志是交代公文的制发机关。它通常由发文机关全称或者规范化简称加"文件"二字组成,如"中共上海市委办公厅文件""中共安庆市委员会文件"。如果是政府机关,也可以使用发文机关全称或者规范化简称,如"上海市人民政府办公厅""安庆市人民政府"。发文机关标志居中排布,上边缘至版心上边缘为35mm,推荐使用小标宋体字,颜色为红色,以醒目、美观、庄重为原则,以体现公文的权威性和严肃性。

多个机关联合行文时,可以只标主办机关的名称。如果需要同时标注联署发文机关名称,应遵循党、政、军、团的排列顺序。如果是同一系统内的平行机关联合行文,应将主办机关名称排列在前,其他机关排列在后。如有"文件"二字,应当置于发文机关名称右侧,以联署发文机关名称为准上下居中排布。联合发文的机关如果数量较多,必须保证公文首页能够显示正文。见附录二图3。

少数民族自治地区,发文机关名称可以同时使用本民族的文字和汉字,但需要将其民族文字置于汉字顶端。

(五)发文字号

发文字号是发文机关按照发文顺序编排的流水号。编制发文字号,主要是为了方便公文的登记、分类、查询和管理。它包括三个要素:发文机关代字、年份和序号。编写发文机关代字,必须遵循下面的基本原则:第一,必须简明扼要;第二,必须相对稳定,即发文机关代字一经确定,就要延续下去,不能随意更改;第三,要防止产生歧义,如"上海机床厂"就不宜简化为"上床";第四,要坚持党政分开,即党委文件和政府文件应采用不同的发文机关代字,如中共天津市委文件就采用"津党发",天津市人民政府文件就采用"津政发"。年份、序号都要用阿拉伯数字标识。其中,年份应标全称,并且用六角括号"〔 〕"括入,如"〔2019〕"。公文的序号通常以年为界,即每年都从1号编起。序号不编虚位,如"1号"不编为"01号"或"001号"。在年份和序号之间不加"第"字,如"渝委发〔2018〕13号""宜政〔2021〕13号"。

一份公文只能标注一个发文字号。如果是联合行文,应采用主办机关的发文字号。它处于发文机关标志下空两行的位置,用3号仿宋体标识。如果是下行文,它位于发文机关标志的正下方,居中排布。如果是上行文,发文机关标志应与最后一位签发人的姓名处在同一行、居左空一字的位置。

发文字号下4mm处有一条与版心等宽的红色分割线。如果是政府公文,它就是一条直线,贯穿整个版心。如果是党委文件,在这条分割线的中央还要插入一个红色的"★"。它将这条分割线一分为二,并且保持适当的距离。这是区分党委文件和政府文件的重要标志。

(六)签发人

签发人即对文件审核把关并同意签发的领导人的姓名。所有上行文都要标注签发人姓名,这样做一是对文件的内容负责,二是便于上下级机关沟通联系。如果是单一单位行文,签发人及其姓名位于分割线上居右空一字,与发文字号平行。如果是多家单位联合行文,签发人姓名按照发文机关的排列顺序从左到右、从上到下均匀排布,一般每行排两个姓名,且姓名与姓名之间不使用任何标点符号,仅空一字,回行时与上一行第一个签发人姓名对齐。此时应适当下移红色分割线,使最后一个签发人姓名与发文字号处在同一行。"签发人"三字用3号仿宋体字,签发人姓名用3号楷体字。见附录二图4。

二、主体

公文的主体部分通常由标题、主送机关、正文、附件、发文机关署名、成文日期、印章、附注等要素组成。当然,这些要素也不是缺一不可,部分文件可能没有附件和附注。所以,主体部分的结构也应该视具体情况而定。

(一)标题

标题是对文件内容的集中概括。无论是哪种公文,都应该写明标题。它通常位于红色分割线下空两行位置,分一行或多行居中排布;回行时,要做到词意完整,排列对称,长短适宜,间距恰当,标题排列应当使用梯形或菱形。一般使用2号小标宋体字。

公文标题有多种结构方式。

第一,完整式标题,即标题由"发文机关名称""事由"和"文种"构成。在"发文机关名称"和"事由"之间通常用"关于"连接,在"事由"和"文种"之间用"的"连接。如《安庆市人民政府关于加强城区文明养犬管理的通告》《铜陵市人民政府关于提高城乡低保等社会救助标准的通知》。

第二,省略发文机关,由"事由"和"文种"构成。如《关于召开全市卫生防疫电视电话会议的通知》《关于修建南湖大坝的请示》。采用这种标题,主要是承前省略,因为版头中已经有明确的发文机关。如果是联合行文,并且采用的主办机关的文面格式(即在发文机关标志中仅标注主办机关名称),在标题拟制时就不能省略发文机关。

第三,省略发文机关和事由,仅由文种构成。这主要用于"通告""公告""通知"等知照性公文,而且其篇幅比较简短。如果公文的篇幅较长,就不宜使用这种标题。

公文的标题应能集中反映正文内容,对事由的概括要全面,措辞要精炼。文种的选用要准确,不能混淆。

(二)主送机关

主送机关是指公文的主要受理机关,也就是我们平常所讲的公文的收文机关。一份公文的主送机关是一个、两个还是多个,应根据公文的内容以及隶属关系来确定。切忌不能盲目扩大公文的主送范围,更不能乱送。如果是广而告之的公文,如"通告""公告",可以省略主送机关。

公文的主送机关位于标题下空一行、居左顶格的位置,用3号仿宋体字标识。如果只有一个主送机关,就在它的后面标注全角冒号;如果有多个主送机关,我们要学会概括,使用规范化的简称或者同类型机关的统称,并且按级别高低,党、政、军、团的顺序排列。同类型单位之间用"、"隔开,不同类型单位之间用","隔开,后加全角冒号。如果一行排不下,回行时仍需顶格。主送机关过多且首页不能显示正文时,应将其中的部分机关移至版记部分。

(三)正文

正文是公文的核心内容。它一般由三个部分组成:一是引述部分,这部分主要交代发文缘由、目的、依据、意义等。在写作时,要求言简意赅,不拖泥带水。二是主体部分,这部分主要交代具体工作、措施以及相应的要求等。三是结尾部分,如果是通知,可以使用"特此通知""专此通知""以上通知,请认真贯彻执行"等作为结束语;如果是请示,可以使用"特此请示""以上请示如无不妥,请批准"等作为结束语;如果是报告,可以使用"特此报告""专此报告"等作为结束语。当然,也有的公文没有结束语,主体部分写完之后就自动结尾。

在撰写正文时,应注意以下几点:

(1)内容符合国家法律法规和党的路线、方针、政策,能够完整体现发文机关意图,并同现行公文相衔接;

(2)一切从实际出发,分析问题实事求是,所提政策措施和办法切实可行;

(3)内容简洁,主题突出,观点鲜明,结构严谨,表述准确,文字精练;

(4)文中涉及其他地区或部门职权范围内的事项,必须征求他们的意见,力求达成一致;

(5)文中涉及多个层次时,第一层用"一、",第二层用"(一)",第三层用"1.",第四层用"(1)"。当这些层次与其具体内容断裂开来,并且独立为一行或一段时,一般第一层用黑体字,第二层用楷体字,第三层和第四层用仿宋体字。

公文首页必须显示正文。除需要特别标记之处,正文一般用3号仿宋体字,位于发文机关下一行。每行28个字,除首页外,每页22行。每个自然段开头空两格,回行时顶格。

(四)附件

有的附件是对正文内容的补充说明,有的附件是公文的核心构成。不过,并不是每份公文都有附件。公文如有附件,应在正文下空一行左空二字编排"附件"二字,后标全角冒号和附件名称,附件名称不需要用书名号"《》"括起来。如有多个附件,用阿拉伯数字标注附件顺序号(如"附件:1.××××××"),回行时另一个附件的顺序号应与上一个附件的顺序号对齐。附件名称后均不加任何标点符号。附件名称较长需回行时,应当与上一个附件名称的首字对齐。附件一般用3号仿宋体字标识。

(五)发文机关署名

发文机关署名位于正文右下方,如有附件,则位于附件右下方空两行的位置。如果是单一机关行文,发文机关署名可以省略。如果是两个及以上单位联合行文,则必须署名。当署两个机关的名称时,通常主办单位在上,协办单位在下,居右分两行排列。如果是多个机关联合行文,则均匀排布,每行最多排三个机关名称,最后一行如余一个或两个机关,则居中排布。发文机关署名应使用机关全称或规范化简称。

(六)成文日期

成文日期是公文生效的时间。确定成文日期的原则:①会议讨论通过的文件,以会议通过的时间为准;②领导签发的文件,以领导签发的时间为准;③联合行文的文件,以最后一个领导签发的日期为准;④法规性文件,以文件批准日期为准。

成文日期通常位于发文机关署名的正下方,与发文机关署名上下对称,注意排列美观。如果是多个机关联合行文,成文日期应与最后一个发文机关名称对齐。成文日期要将年、月、日标全,千万不能简化,也不能编虚位。如"2020 年 9 月 1 日",不能标注为"20 年 09 月 01 日"。

(七)印章

印章不仅是公文生效的标志,而且是公文权威性的生动体现。除纪要和电报之外,其他的公文都应该加盖印章。如果是单一机关行文,印章的下半部分压发文机关署名和成文日期,上距正文,如果有附件,则距附件一行之内。如果是两个机关联合行文,主办机关印章在前,协办机关印章在后,均下压发文机关署名和成文日期,两枚印章既不相交也不相切,相距不超过 3mm。如果是三个及以上的机关联合行文,则印章下半部分各压相应的机关署名,最后一枚印章同时下压发文机关署名和成文日期。

印泥通常用红色。加盖印章时必须端端正正。当公文排版后容不下印章时,必须调整行距,直到能加盖印章为止。如果恰逢有的页面无正文,则需要适当增加行距,不能通过标注"此页无正文"的方法解决,必须保证盖章的页面有正文。

（八）附注

附注是公文末尾对公文的发放范围、是否允许公开等情况所作的补充说明。如"此件发至省军级""此件发至县团级""此件可登报""可公开发布"等。公文如有附注，用 3 号仿宋体字，居左空二字加圆括号编排在成文日期下一行。

三、版记

公文的版记部分由抄送机关、印发机关和日期构成。它位于公文末页底端、页码之上 7mm 处。公文标注版记有两个目的：第一，便于交代公文的抄送机关；第二，便于机关之间的业务联系，因为在版记中标明了公文的具体承办部门，这样就不必事事找领导，能够提高机关之间的办事效率。

（一）抄送机关

抄送机关是指除主送机关之外需要执行或知晓公文内容的其他机关。通常使用全称，或者规范化的简称。抄送机关的确定应遵循以下原则：

(1) 要根据公文内容合理确定抄送机关，既不能乱送，也不能漏送；

(2) 向上级机关的报告和请示，不可同时抄送下级机关；

(3) 向下级机关发送的重要公文，如有必要，可以同时抄送给上级机关；

(4) 受双重领导的部门，向其中一个上级机关行文，可以同时抄送给另一个上级机关。

公文如有抄送机关，一般用 4 号仿宋体字，在印发机关和印发日期之上一行、左右各空一字编排。在抄送机关之上画一条与版心等宽的黑线。"抄送"二字后加全角冒号和抄送机关名称。如果抄送机关较多，机关名称之间用"，"隔开，回行时与冒号后的首字对齐，最后一个抄送机关名称之后标句号。抄送机关之下再画一条与版心等宽的黑线。

如需把主送机关移至版记，除将"抄送"二字改为"主送"之外，编排方法同抄送机关。既有主送机关又有抄送机关，应当将主送机关置于抄送机关之上一行,之间不加分割线。

(二)印发机关

印发机关即负责公文起草、印制的机关。它通常为各个机关的办公室或综合办公室。印发机关应标注全称,用4号仿宋体字,编排在抄送机关之下的黑色分割线之下,居左顶格空一字。

(三)印发日期

印发日期即公文的实际制作日期。它通常晚于或同于公文的成文日期,绝不会早于成文日期。印发日期和印发机关处在同一行,居右顶格空一格,用阿拉伯数字标识,年份应标全称,月、日不编虚位,后加"印发"二字。在印发机关和印发日期下面应再画一条与版心等宽的黑线。详见附录一图5。

在这些部分之外,公文还有一个重要的构成要素,那就是页码。它位于公文的版心之外、版记之下7mm处。一般用4号半角宋体阿拉伯数字,并且在数字左右各放一条一字线,如"－1－"。公文如果单面印制,页码通常居右顶格空一字;如果双面印制,单页页码居右空一字,双页页码居左空一字。公文如果仅有一页,页码可以省略。公文的附件(非公文)与正文一起装订时,页码应当连续编排。

以上就是公文格式的相关内容。这些内容比较繁琐,需要大家结合附录中的《党政机关公文格式》认真领会。对于我们来说,只有熟练掌握这些内容,才能制作出合乎规范的公文,否则就有可能出错。明代学者林希元曾说:"自古圣贤之言学也,咸以躬行实践为先,识见言论次之。"大家要真正掌握公文的格式,还需要多加练习,在实践中提高是最有效的办法。接下来,我们就介绍具体的文种写作。

第二节　　通知的写作

在所有的法定公文中,通知是使用最为广泛的文种。有人称它为公文里的"轻骑兵"。它既可以发送给隶属于自己的下级机关,也可以发送给不相隶属的平行机关。在同一个机关内部各个部门之间相互行文,也可以使用通知。将来我们步入社会以后,接触到的公文也大多是通知。正因为它的使用如此广泛,所以我们有必要学习和掌握它的写作方法。

一、通知的种类

《党政机关公文处理条例》规定:通知适用于发布、传达要求下级机关执行和有关单位周知或者执行的事项。除此之外,它还可以用来任免工作人员。因此,我们可以把通知划分为以下几种类型。

(一)发布性通知

除重要的法律法规用命令(令)颁布之外,一些条例、办法、细则、实施方案等,都适合用通知颁发。这类通知具有很强的政策性,是国家党政机关依法行政的重要手段,如《国家林业局关于印发〈国家湿地公园管理办法〉的通知》《孝感市教育局关于印发〈孝感教育云平台深度应用 2019 年实施方案〉的通知》。

(二)指示性通知

指示性通知主要用于传达指示、布置工作。其政策性也比较强,下级机关在接到此类通知以后,不仅需要认真领会文件精神,而且还要完成相应的工作任务。如《教育部办公厅关于举办第五届全国学生"学宪法,讲宪法"活动的通知》《安庆市大观区人民政府关于认真做好第七次全国人口普查工作的通知》。

(三)晓谕性通知

晓谕性通知主要是将某些情况或者信息告知有关单位或人员,使其知晓。如会议通知、机构调整的通知、机关职能变更的通知、领导职责分工的通知、假期安排的通知等,都属于晓谕性通知。下级机关在收到此类通知后,只要周知即可。如《安徽省人民政府关于调整安徽省征地补偿标准的通知》《安庆市人民政府关于市政府负责同志工作分工的通知》。

(四)转文性通知

转文性通知主要是向隶属于自己的下级机关转发其他机关的重要来文。其中既可能有上级机关的文件,也可能有下级机关的文件。前者是转发性通知,后者是批转性通知。我们通常把它们合称为转文性通知。如《国务院办公厅转发国家发展改革委等单位关于推动都市圈市域(郊)铁路加快发展意见的通知》《国务院批转国家发展改革委关于2017年深化经济体制改革重点工作意见的通知》。

(五)任免性通知

任免性通知主要用于任免工作人员。在法定公文中,除通知之外,可以用来任免工作人员的还有命令(令)。它们之间的区别在于,命令(令)用于任免政府高级官员,如2012年3月28日发布的《中华人民共和国主席令》,任命梁振英为中华人民共和国香港特别行政区第四任行政长官。2012年6月21日山西省人民政府发布的《关于刘四龙免职的命令》,免去其山西省环境保护厅副厅长职务。通知用来任免级别较低的工作人员,如《安庆市人民政府关于××等同志工作职务的通知》《宣城市人民政府关于××同志工作职务的通知》。

二、通知的写作

(一)标题

(1)完整式标题,即由"发文机关名称"+"事由"+"文种"组成,如《国务院关于机构设置的通知》。发文机关名称如果较长,也可以使用它的规范化简称,如"中华人民共和国国家民族事务委员会"可以简化为"国家民族事务委员会","广西壮族自治区柳州市融水苗族自治县人民政府"可以简化为"融水苗族自治县人民政府"。对事由的概括一定要简练。

(2)省略发文机关名称,由"事由"+"文种"构成,如山东省商务厅发布的《关于建设特色海洋经济园的通知》。之所以能够采用这种标题,主要是承前省略,因为版头中已经有明确的发文机关名称。如果是两个及以上的机关联合行文,又采用的是主办机关的文头,就需要采用完整式标题,而不宜采用这种标题拟制方式。

(3)略发文机关名称和事由,仅由"文种"构成,即只写"通知"二字。如果采用这种标题,其内容必须简短,最好不超过一页。如果篇幅较长,就不宜使用这种标题。

如果是转发上级机关的文件,在标题中就必须出现"转发"字样,如《湖南省商务厅转发商务部关于加强外商投资土地利用统计工作的通知》《郑州市人民政府办公厅关于转发国务院办公厅关于规范发展区域性股权市场的通知的通知》。如果是批转下级机关的文件,在标题中就必须出现"批转"字样,如《上海市杨浦区人民政府关于批转区科委制订的〈杨浦区知识产权(专利)资助办法〉的通知》《天津市人民政府关于批转市发展改革委拟定的天津渤海商品交易所交易市场监督管理暂行办法的通知》;如果是印发相关材料,在标题中就必须出现"印发"字样,如《国家林业局关于印发〈国家湿地公园管理办法〉的通知》《安徽省人民政府金融工作办公室关于印发〈安徽省融资性担保机构分支机构管理细则〉的通知》。如果事项紧急,我们在文种前面还需要加上"紧急"二字,如《深圳市住房和建设局关于加强物业管理区域设施设备作业安全管理的紧急通知》。

(二)主送机关

通知要写明主送机关。如果主送机关较少,可以使用全称或者规范化的简称;如果机关较多,就需要使用统称,并且注意名称的排列和标点符号的使用。如我们上文提到的《国家林业局关于印发〈国家湿地公园管理办法〉的通知》的主送机关为"各省、自治区、直辖市林业厅(局),内蒙古、吉林、黑龙江、大兴安岭森工(林业)集团公司,新疆生产建设兵团林业局,国家林业局各司局、各直属单位"。要根据工作需要以及通知的具体内容,合理确定主送机关,既不能遗漏,也不能盲目扩大主送范围。

(三)正文

不同类型的通知,其正文的写作方法各不相同。下面,我们逐一介绍。

1. 发布性通知

这类通知的正文往往比较简单,有些仅有一句话,如"现将《××××》印发给你们,请认真贯彻执行"。稍长一点的,简要介绍发文的背景、缘由和依据,写明发布事项,并提出相关要求等。如财政部、国家机关事务管理局、中共中央直属机关事务管理局三部门联合下发的《关于印发〈中央和国家机关会议费管理办法〉的通知》:

党中央各部门,国务院各部委、各直属机构,全国人大常委会办公厅,全国政协办公厅,高法院,高检院,各民主党派中央,全国工商联,有关人民团体:

为贯彻落实《党政机关厉行节约反对浪费条例》关于加强相关开支标准之间的衔接,建立开支标准调整机制的规定,进一步加强会议费管理,我们制定了《中央和国家机关会议费管理办法》。现印发给你们,从 2016 年 7 月 1 日起施行,请认真遵照执行。执行中有何问题,请及时向我们反映。

附件:中央和国家机关会议费管理办法

财政部　国家机关事务管理局
中共中央直属机关事务管理局
2016 年 6 月 29 日

这类通知和它发布的对象形成了组合文件,其中通知是主件,核心内容是附件。因为附件一般都很详细,所以通知作为主件不需要长篇大论,只需简要交代即可。

2. 指示性通知

这类通知的正文比较复杂。开头一般先介绍发文的背景、缘由、目的、依据、意义等,然后用"现将有关事项通知如下"引出下文;接着,详细介绍具体的指示内容或者工作的方法、措施、步骤等。当内容较多时,应该分条列项;结尾提出相关要求,或以"特此通知""特此通知,请遵照执行""以上通知,望认真贯彻执行"等惯用语结束,也可略而不写。如××省安全生产委员会办公室和××省减灾救灾委员会办公室联合下发的《关于做好强降温雨雪冰冻天气应对工作的紧急通知》:

各市安全生产委员会、减灾救灾委员会，省安委会各成员单位、省减灾救灾委员会各成员单位：

据省气象部门预报，今天夜里到明天我省有强降温、雨雪冰冻天气。全省平均气温将下降12℃～14℃，30～31日早晨最低气温：大别山区和皖南山区－10℃～－12℃，淮北地区－7℃～－9℃，其他地区－6℃～－8℃。此外，29日全省偏北风力增大到4～5级，阵风8级左右。2020年12月29日至2021年1月2日全省平均气温持续在0℃以下，将出现大范围道路结冰。

省委、省政府对做好强降温、雨雪冰冻天气应对工作高度重视，李锦斌书记作出批示，要求密切关注此轮强降温、雨雪冰冻天气，超前做好防范应对工作，全力保障交通安全，严防大面积长时间交通不畅和重特大交通事故；针对性加强隐患排查、保暖保供、市场供应、救灾救助等工作，让全省人民安全温暖过冬过节。李国英省长、邓向阳常务副省长分别作出批示，要求提前做好部署，全面排查隐患，强化应对措施，尤其是电力、燃气要确保供应，有效防范风险，确保人民群众生命财产安全。为切实做好防范应对工作，现将有关事项紧急通知如下：

一、及时预报预警。各地要组织气象、应急管理、交通运输、公安、住房城乡建设、自然资源、文化旅游、林业、农业农村和民政等部门，加强区域强降温、雨雪冰冻天气的预测分析、会商和研判，及时采取针对性防范措施。要充分利用广播、电视、短信、微博、微信等各种媒体，及时发布灾害预警信息和防灾避险常识。各地要发动乡镇人民政府及街道办事处、居民委员会、村民委员会等基层组织和单位，在收到灾害性天气预测预警信息后，及时通知到户到人，组织群众及早做好防灾避险准备。

二、确保安全生产。各级各有关部门要立即进入战时状态，针对雨雪冰冻天气强化安全防范。交通运输要加大对事故易发路段的巡逻管控力度，科学组织车辆分流、除雪除冰防滑等交通管制和安全应急措施，尽量减少雨雪冰冻天气对道路交通和安全行车的影响。要进一步加强对重点桥梁及急弯、陡坡等危险路段的巡查，引导车辆安全通行。要严格落实运输企业安全生产主体责任，督促企业做好车辆检修、保养和防滑防冻等各项安全措施。要加强对机场、码头、渡口、船舶防冻防寒安全措施的检查和落实，全力确保恶劣天气条件下交通有序、安全、畅通。建筑施工要加强对强降温、冰冻期间工地的高支模、脚手架、起重机械安全性能的监控，户外作业要采取防滑防冻和保暖措施，遇到大风、雨、雪等恶劣天气要立即停止室外作业。矿山要切实加强以防冻、防火灾的安全隐患排查，强化用电安全管理，及时消除安全隐患。露天矿山因雨雪、冰冻等极端恶劣天气影响安全的，要坚决实行停工停产。危险化学品要督促化工企业做好生产设备、设施和管线的防冻保温工作，防止发生设备、设施和管线冻裂及物料泄漏引发重大事故，对一些不适宜在雨雪天气下生产作业的生产经营单位、作业现场，要督促企业采取暂时停工停业措施。消防要加强火灾防控，针对强降温、雨雪天气，城乡居民用电急增，各种诱发火灾事故的因素增多，加强对商场、超市、宾馆、饭店、车站、码头、网吧、老旧住宅、"城中村""多合一"等人员密集场所的消防安全检查，切实消除安全隐患。电力部门要加强电力供应管理，加强输电线路和变电设施的巡查检修，确保重要用户和居民生活用电。通信部门要密切关注天气变化，做好停电、断线等特殊情况下的通信保障工作。自来水、天然气、石油等重要行业企业要加强各类基础设施的维护检修，保证供水、供气、供油正常。粮食、商务部门要加强粮油、副食品、蔬菜等物资的市场供应和储备调运，保障城乡居民必要品的正常供应。市场监管部门要加强监管执法，确保基本生活用品市场有序、稳定。

　　三、加强救灾救助。各地各有关部门要密切关注强降温、雨雪冰冻对困难群众生活造成的影响，配齐配足各类装备物资，切实加强受灾群众应急救助、过渡期生活救助，保障受灾群众基本生活。要坚持人民至上、生命至上，迅速组织对各类事故灾害风险隐患进行排查，重点是学校、医院、福利机构、道路桥梁等公共设施以及临时构筑物、温室大棚等区域，对排查出来的风险隐患列出清单，加大力度采取措施解决末端存在的安全隐患，做到及时排除险情，确保万无一失。要密切关注居住在危旧房屋的群众，对五保户、低保户、建档立卡贫困户、优抚对象等进行跟踪服务，对存在安全隐患暂时无法消除的，要及时转移人员并妥善安置，防止意外发生。一旦发生突发自然灾害特别是重特大灾害，要第一时间赶赴灾区查灾核灾，指导救灾工作，视情启动救灾响应，结合当前正在开展的冬春救助工作，统筹做好救灾资金和物资调拨发放等工作，确保受灾群众基本生活得到妥善安排。

四、强化应急值守。各地各有关部门要切实做好应急值班值守，严格执行24小时值班制度和领导带班制度，密切关注天气形势，加强对预警性、苗头性、倾向性信息的收集和分析研判，强化信息报送，确保通信联络畅通。要梳理完善各类应急预案和部门应急联动机制，确保预案有用管用，符合实战要求。要针对灾情发生的情况，分级分类快速响应，及时启动应急预案，妥善处置。各级各类应急救援队伍要时刻处于值班待命状态，发生险情即时响应、科学施救，最大限度减少人民群众生命财产损失。

××省安全生产委员会办公室
××省减灾救灾委员会办公室
2020年12月28日

3. 晓谕性通知

因为晓谕性通知主要是告知有关单位或人员有关事项，所以它的正文和指示性通知相比较为简单。一般先扼要介绍发文缘由，然后写明需要告知的具体事项，最后用"特此通知"结尾或自然收尾。如××市国土资源局××分局《关于部门撤销及人员调整的通知》：

分局各股室、二层机构：

根据机构改革工作要求，经局务会研究决定，于2017年6月1日起将会计核算中心撤销，其主要业务划归财务室，现将人员调整如下：

×××同志调整到分局行政秘书股档案室工作；×××同志调整到分局行政秘书股财务室工作。请接通知后在三天内做好交接工作到新股室报到。

××市国土资源局××分局
2017年6月2日

会议通知是晓谕性通知的一种，其正文部分通常包括以下内容：一是扼要交代会议召开的背景、目的、意义等；二是具体写明会议召开的时间、地点、与会人员的身份要求、会议议程、需要准备的材料、食宿安排、乘车路线、相关要求等。这是会议通知的核心内容，必须准确无误。如果是小型会议，内容可以适当简化，最后以"特此通知"结尾或自然收尾。如××××大学保卫处《关于召开安全工作会议的通知》：

各学院（部）、有关部门：
　　为及时传达全省学校安全工作视频会议精神，全面做好新冠肺炎疫情下的学校安全工作，经研究决定，召开安全工作会议，现通知如下：
　　一、会议时间
　　2020年4月15日下午3时00分
　　二、会议地点
　　实验综合楼21楼第四会议室
　　三、参会人员
　　校办公室、宣传部、学生处、教务处、就业工作处、实验室与设备管理处、保卫处、团委、信息网络中心、后勤服务集团主要负责同志，各学院党委（总支）书记。
　　四、会议议程
　　1.传达学习上级会议及相关文件精神；
　　2.保卫处做安全工作报告；
　　3.校领导讲话。
　　五、会议要求
　　请参会人员按时到场，会议期间将手机设置为震动或静音状态。
　　特此通知

××××大学保卫处
2020年4月13日

4. 转文性通知

　　和晓谕性通知一样，这类通知的正文一般也比较简单，通常简要介绍发文的背景、缘由和目的，再写明具体事项及相关要求。有时仅一句话，如"现将《××××》转发（批转）给你们，请遵照执行"。如安庆市人民政府办公室《关于转发市工商质监局等五部门加快推进"五证合一、一照一码"登记制度改革实施意见的通知》：

各县(市)、区人民政府，市政府各部门、各直属机构：

经市政府同意，现将市工商质监局、市发展改革委、市人力资源社会保障局、市统计局、市法制办制订的《加快推进"五证合一、一照一码"登记制度改革实施意见》转发给你们，请认真贯彻执行。

安庆市人民政府办公室
2016年11月11日

5. 任免性通知

任免性通知的正文主要包括两个部分：一是任免缘由或依据；二是任免事项。一般先任后免。在语言表达上，既要简明扼要，又要准确无误。如中共××市××区委员会《关于××等同志职务任免的通知》：

区人力资源和社会保障局党组：

经2019年2月9日十届区委常委会第149次会议研究，决定：××同志任党组成员；

免去××同志党组成员职务。

中共××区委员会
2019年2月9日

(四)发文机关署名、成文日期和印章

按照公文的格式规范，在正文(或附件说明)右下方写明发文机关名称和成文日期，并加盖印章。如果是单一机关行文，发文机关署名也可以省略，仅写成文日期，并加盖印章。

三、通知的写作要求

(1)内容具体，措施可行。在写作中不能高谈阔论，应结合具体的工作制定切实有效的措施，并确保这些措施能够落到实处。否则下级单位在收到通知以后，会不知所措。

(2)条理清晰，逻辑严密。通知的内容如果较长，就需要分条列项，这些条款之间要有严密的逻辑关系，不能有漏洞，否则会贻误工作,或给工作带来不必要的麻烦。

(3)语言简练,表意明确。由于通知的应用范围十分广泛,接受对象比较复杂,故不宜用玄奥的句子。语言要明白晓畅,通俗易懂。特别是指示性通知,因为涉及工作部署,更要简明扼要。

第三节　请示的写作

请示也是常见的法定文种之一。今后我们在日常工作中也会经常遇到它,因此学习并且掌握它的写法也十分必要。

一、请示的种类

《党政机关公文处理工作条例》规定:请示适用于向上级机关请求指示、批准。可见,请示属于上行文,即下级机关呈送给上级机关的文件。在形式上,应使用上行文的文面格式。根据内容的不同,我们可以把请示分为以下几种类型。

(一)报批性请示

即按照法定权限,下级机关必须报请上级机关批准的有关事项。它通常有两种情况:一是国家的法律法规或组织原则有明确要求的,下级机关必须履行的法定程序或组织程序,如基层预备党员转正的请示就是典型的例子。按照党章的规定,基层党支部无权最终决定,必须报经上级党委审议并批准。二是上级机关明令要求审批的事项,如各种特殊药品和危险品的采购。

(二)待决性请示

这类请示一般涉及比较重大的问题,而本级机关又无权决定,就需要报请上级机关裁定。它通常也有两种情况:一是解决问题的措施有利有弊,机关内部未能达成统一的意见,需要上级机关裁决;二是某些问题与其他机关存在分歧,未能达成一致性的意见,需要上级机关裁决。

(三)咨询性请示

这类请示往往是下级机关对国家的有关方针政策或上级机关的文件存在不明白之处,为了防止出现工作失误,需要向上级机关咨询。还有一种情况,即下级机关在实际的工作中遇到突发情况,又难以解决的,需要向上级机关咨询。

(四)事务性请示

即就某些具体的事务向上级机关请示,希望上级机关予以帮助解决。如有关经费、物资、人员安排等问题。这些问题本来应该由本级机关自身解决,但由于受到各种因素和条件限制,需要上级机关予以协助。

(五)转文性请示

下级机关就某一涉及面广的事项提出处理意见和办法,需要各有关方面协调办理,但自身又不能指令平级机关或不相隶属的机关执行,需要上级机关审批后批转执行。这类请示就属于转文性请示。

二、请示的写作

(一)标题

(1)完整式标题,即由"发文机关名称"+"事由"+"文种"组成,如《岳阳市林业局、岳阳市财政局关于申报2018年度现代林业特色产业园省级示范园的请示》。

(2)省略发文机关名称,由"事由"+"文种"组成。采用这种标题主要是承前省略,因为版头中已经有明确的发文机关名称。如果是联合行文,同时使用的又是主办机关的文头,在标题中就需要同时写明联合行文的机关名称。

(二)主送机关

请示的主送机关通常只有一个。《党政机关公文处理工作条例》明确规定,请示原则上只能主送给一个机关,不能多头主送,以免贻误工作。必要时抄送给其他机关。

(三)正文

请示的正文,一般由三部分组成:

第一部分是请示的缘由,即提出请示的原因或根据。它不是可有可无的,而是非常重要的,因为请示的缘由是否充分、合理,直接影响到它能否得到顺利批复;

第二部分是请示的事项。它是请示的核心内容,一般要写明具体的问题、困难、意见和建议等。在语言表述上必须明确,不能含糊其辞;

第三部分是请示的要求,即请示的结语,如"妥否,请批示""当否,请指示""以上如无不妥,请批准""以上如无不妥,请批转各地执行"等。

【例文1】
××县××镇人民政府关于申请购置公车的请示

××县人民政府:

我镇地处××县北部,距县城26公里,东邻××乡,西接××乡,南临××湖,北与××县××镇交界,辖区总面积180平方公里,辖29个行政村,68个自然村,拥有4.5万人。

根据县委、县政府《关于印发〈××县全面推进公务用车制度改革实施方案〉的通知》(×委办发〔2018〕21号)文件精神,我镇参加公车改革后目前仅有1辆公务车辆。全镇干部职工105人,镇域范围大,重点项目建设、招商引资、道路建设等工作开展,用车频繁。为进一步提高工作效率,减少不必要的财政支出,拟申购1辆排量小于1.8T、金额18万元(含18万)以下的公务用车(编制数2辆,实有1辆,余编1辆),恳请县政府予以批准购置为盼。

妥否,请批复。

××县××镇人民政府
2018年12月7日

【例文 2】
　　×××市××办事处关于申请解决抗旱资金的请示

市农牧和科技局：

　　自 2018 年秋季至今，没有连续有效降雨，严重的干旱造成地上水补充不够，地下水位严重下降，部分溪河断流，大部分水井干枯。在严重的干旱面前，××街道办事处在市委市政府的大力支持和关怀下带领全街道居民、村民进行抗旱备春耕工作。投入抗旱设备 30 余台套，出动送水车 200 余车次，共投入抗旱资金 3 万元。据气象部门预计，目前的干旱气候还可能持续较长一段时间，这预示我们将投入更多的人力、物力、财力到抗旱工作中。由于办事处、村两级负债严重，经济基础薄弱。为此，特请求市农科局解决 3 万元抗旱资金，以解燃眉之急。

　　以上请示妥否，请批示。

×××市××办事处
2019 年 4 月 14 日

三、请示的写作要求

　　(1) 要一文一事。即在一份请示中只能写一件事。如果要写多件事，那么这些事必须要有内在的联系，否则就应该单独行文。切忌把两件及以上的互不关联的事搅在一起。

　　(2) 只能主送给一个机关，不能多头请示。如果要同时送给其他机关，应以抄送的形式来解决。

　　(3) 请示的事项必须明确。请示什么，要求什么，建议什么，都必须写得明明白白，不能模棱两可。否则，上级机关收文后不明就里。

　　(4) 请示的语气要委婉。在组织语言时，针对具体事项不能用"要"怎么样、"想"怎么样或者"决定"怎么样，而要用"拟"怎么样。不能用命令或者强硬的口气说话，而要多用"请""请求""请给予"等表示谦恭的词汇。

第四节 报告的写作

报告也是常见的法定公文之一。在实际的工作中,它的应用范围也比较广泛。我们步入社会以后,接触它的概率也比较高。因此,我们在校期间认真学习并且掌握报告的写作就显得尤为重要。

一、报告的种类

《党政机关公文处理工作条例》规定:报告适用于向上级机关汇报工作、反映情况,答复上级机关的询问。可见,报告和请示一样也属于上行文,因此在拟制的过程中应采用上行文的文面格式。就其内容而言,通常分为以下几种类型。

(一)工作报告

这类报告主要是针对某方面的工作或者某段时期的全面工作向上级机关报告。如果是就某方面的工作向上级机关汇报,就是专题性的报告,如××市公管局《关于报送市政府行政规范性文件的清理结果的报告》;如果是就某段时期的全面工作向上级机关汇报,就是综合性报告,如××市公管局《关于近五年和2020年脱贫攻坚工作总结情况的报告》。这两种报告在日常工作中都比较常见。

(二)情况报告

这类报告主要是针对工作中的某些新情况或特殊情况及其处置方式向上级机关报告,如宁夏回族自治区××市住房与城乡建设局《关于××市"4·30"安全事故有关情况的报告》,就是在老旧小区改造工程九标段(××小区项目)发生两名非施工人员从吊篮高空坠亡后向××市人民政府呈送的报告。

(三)建议性报告

即下级机关就工作中的某些问题向上级机关提出有关意见和

建议的报告。这类报告的目的是推动工作。如××市大观区龙山路街道办事处《关于老旧小区存在有墙体水泥块松动脱落存较大安全隐患报告》,针对墙体脱落的安全隐患,建议由区住建交通局牵头,进行协调处理。

(四)答复性报告

即用于答复上级机关的询问或者按要求落实有关工作的报告。这类报告往往是上级机关指示、要求在先,下级机关予以答复。如××县人民政府《关于××村村民×××反映问题的答复报告》。

二、报告的写作

(一)标题

(1)完整式标题,即由"发文机关名称"+"事由"+"文种"组成,如《××省人民政府办公厅关于国务院文件办理情况的报告》。

(2)省略发文机关名称,由"事由"+"文种"组成,如上文刚刚提到的××市公管局《关于报送市政府行政规范性文件的清理结果的报告》。因为版头中已经有明确的发文机关名称,所以标题中可以省略。如果是联合行文,并且使用的是主办机关的文头,那么报告的标题中就不能省略发文机关名称。

(二)主送机关

报告的主送机关可以有多个。如果有多个主送机关,则要按由级别高到级别低的顺序排列,同时注意标点符号的使用。当然,报告的主送机关不是越多越好,我们要根据它的内容合理确定主送范围。

(三)正文

不同类型的报告,其正文的写作方法也各不相同。下面,我们就逐一介绍。

1. 工作报告

这类报告的正文通常包括三个部分:一是对工作的进展或完

成情况进行扼要介绍;二是总结工作经验和教训;三是写明今后的打算、希望和建议等。在介绍工作的进展或完成情况时,要学会用具体的数字说话,力求客观。在总结经验和教训时,要敢于正视问题,不回避矛盾。如××县新农合管理中心《关于财政专项资金监督检查工作的自查报告》:

县财政局:

根据《××省财政厅关于开展财政专项资金监督检查工作的通知》(×财监〔2011〕97号)文件要求,我中心立即安排部署,落实专人负责,对新农合基金管理使用情况进行认真自查自纠,现将自查情况报告如下:

一、基本情况

(一)参合情况

2010年,我县新农合覆盖率达100%,参合农业人口总数达201323人,参合率97.17%。

(二)本年度基金到位情况

今年基金筹集总额为2818.63万元,其中,农民自筹402.65万元,各级财政补助资金为2415.98万元。2009年结余基金567.06万元(含风险基金148.17万元)。截至2010年10月底,县财政新农合补助基金到位376.48万元,中央财政下拨新农合基金1208万元,省、市新农合补助基金到位831.5万元,基金到位率100%。

二、基金使用

(一)家庭账户资金使用

2010年,我县门诊家庭账户资金累计总额为713.56万元,截至12月26日,全县参合农民门诊补偿共57149人次,门诊补偿182.1万元,占年度门诊家庭账户基金的25.5%。

(二)统筹基金补偿情况

2010年,我县统筹资金总额为2540.59万元,截至12月31日,全县参合农民住院补偿共计19531人次,2208.04万元;其中,县外医疗机构住院4564人次,占住院总补偿人次的23.37%,补偿金额961.92万元,占补偿总金额的42.50%;县级医疗机构补偿3776人次,占总人次的19.33%,补偿574.52万元,占总金额的25.9%;政策范围内补偿比为60.28%。

本年度共有389人报销新农合慢性病门诊,统筹基金支出24.06万元;住院正常分娩407人,补偿17.36万元。

三、加强基金管理,保障基金安全

(一)从管理制度上健全新农合基金的管理制度

一是设立新农基金财务管理科,严格坚持新农合"收支两条线",全部基金支出均采取转账支付,做到管账的不管钱,管钱的不管账;二是设立稽查科,定期核查各级定点医疗机构基金支出情况、医疗服务行为,保障新农合基金安全运行;三是建立并不断完善新农合基金管理制度,制定并报请县财政局出台《××县新农合基金管理办法》《××县新农合基金管理制度》等一系列规范性文件,进一步严格了基金的使用和划拨流程,确保基金安全、公平、合理运用。

(二)从补偿方案测算上确保基金有效使用

2010年,国家对农民群众医疗补助进一步提高,我中心根据上级卫生行政部门的要求,结合本地实际,科学测算,因地制宜,制定并报请县政府出台《××县新农合第六套补偿方案》,提高报销比例及封顶金额,减低起付线,有效提高农民受益度:乡镇卫生院起付线80元,补偿比例为75%;县级医疗机构起付线为300元,补偿比例为65%;市级定点医疗机构起付线为600元,补偿比例为45%;省级定点医疗机构起付线为700元,补偿比例为35%;区外其他医疗机构起付线为800元,补偿比例为25%。并将重大慢性病非住院性疾病门诊费用纳入统筹基金补偿。从全年补偿情况看,农民受益与2009年相比进一步提高,基金使用率超过90%。

(三)从有效加强定点医疗机构的监管中确保基金安全

一是成立稽查与审核科,配备医疗卫生专业人员,能够一针见血地指出医疗机构的违规行为;二是与各级定点医疗机构签订医疗服务协议,并出台《××县新农合医疗服务质量保证金管理办法》,严格奖惩,保障基金安全;三是根据××市医疗服务收费规定,结合本地经济状况及医疗服务开展情况,出台《××县新农合住院费用控制指标》《××县新农合单病种限价收费管理办法》《××县新农合次均费用控制指标》等一系列规范性文件,让新农合监管工作做到有章可循;四是多措并举,监管定点医疗机构,主要通过系统监管与核查两种方式,审核核查人员可通过系统对各级定点医疗收费情况进行监管,也可以采取定期与不定期下乡核查的方式对定点医疗机构进行监管。2010年,我中心组织专业人员,下乡核查共计50余次,核减各级定点医疗机构不规范报销费用2万多元,惩扣定点医疗机构服务质量保证金3000元;五是民主监督,各级定点医疗机构必须严格按要求设立新农合意见箱,公布监督电话,公示新农合费用报销情况,让新农合基金运转公开透明,广泛接受广大农民群众监督。

四、存在的问题

(一)部分医疗机构客观存在放宽住院标准、大处方、滥用抗生素等不规范服务行为,对新农合基金安全造成负面影响。我中心工作人员少,编制不够,新农合基金监管工作心有余而力不足。

(二)近年来因自然灾害频繁,部分新农合基金支出凭证因灾受损。

(三)基金管理使用模式缺乏创新,基金使用率有待进一步提高。

(四)缺乏新农合基金管理培训专项经费,新农合基层管理人员重视程度与业务能力有待进一步提高。

(五)部分乡镇新农合工作宣传不够深入,卫生院由于工作人员匮乏,加之灾后重建任务繁重,导致管理较差,住院病人管理不规范,存在登记不及时、病历建立滞后等现象,医疗费用报销工作滞后,导致新农合门诊与统筹基金沉淀过多。

五、下一步工作打算

(一)建议上级主管部门进一步夯实基层医疗机构的医疗技术力量。

(二)加大新农合基金管理培训力度,进一步提高基层经办人员对新农合基金管理的重视程度与业务能力。

(三)进一步加大对县内各级定点医疗机构医疗服务行为的监管与惩处力度,控制次均住院费用,提高实际补偿比,保障新农合基金安全。

(四)加强与乡镇合管办联系,强化宣传工作,多措并举,进一步规范对乡镇医疗新农合工作的管理与指导。

(五)全面推开门诊统筹工作,减少新农合基金结余率,进一步提高群众受益率。

（六）结合医改政策的逐步落实，进一步提高住院实际补偿比，提高群众受益率。

特此报告。

×× 县新农合管理中心
2011 年 8 月 24 日

2. 情况报告

这类报告主要以陈述事实、反映情况为主。一般先扼要交代相关情况。如已处理，要写明处理的方法、措施及成效等；如未处理，要写明下一步的计划安排。在交代相关情况时，一定要准确、客观、实事求是，不得伪造数据，更不能歪曲事实真相。如 ×× 市 ××× 镇《关于"3·28"较大交通事故有关情况的报告》：

市人民政府：

2015 年 3 月 28 日 0 时 27 分，我镇 ×× 路上合路口路段发生一起因操控不当导致摩托车自行倒地的较大交通事故，造成 2 人当场死亡，1 人送院抢救无效死亡，1 人轻伤。事故发生后，镇主要领导高度重视，迅速行动，立即启动应急预案，××× 书记、××× 镇长赶赴现场指导事故处置，深入医院慰问死者家属和探望伤者，及时召开事故分析协调会，成立专案领导小组，制定处置方案，确保做好各项应急处置工作。现将有关情况报告如下：

一、事故经过基本情况

2015 年 3 月 28 日 0 时 20 分左右，×××（男，哈尼族，27 岁，云南省红河哈尼族彝族自治州 ×× 县 ×× 村人）驾驶无号牌"××牌"红色普通男装二轮摩托车从我镇"×××"KTV 出发，沿 ×× 路往 ×× 路方向行驶，0 时 27 分途经 ×× 路上合路口路段时，在左转弯过程中因操控不当导致车辆前轮与右侧路沿石发生碰撞，造成车上人员倒地的较大道路交通事故。其中，驾驶人 ×××、乘客 ××××（男，彝族，四川省 ×× 县 ×× 乡 ×× 村人）当场死亡，乘客 ×××（男，哈尼族，21 岁，云南省红河哈尼族彝族自治州 ×× 县 ×× 村人）送医院抢救无效死亡，乘客 ××××（男，彝族，四川省 ×× 县 ×× 乡 ×× 村人）受轻伤（正在 ×××× 医院救治，病情稳定）。目前，事故具体原因正在进一步调查当中。

二、事故应急处置措施

（一）全力救治伤者。事故发生后，立即将两名伤者送往医院进行救治。其中，伤者×××因伤势较重，经抢救无效后死亡；伤者××××经及时救治，目前伤情稳定。

（二）主要领导赶赴现场指挥处置。×××书记、×××镇长赶赴事故现场，对交警大队、公安分局、医院、应急办等部门的应急处置工作进行指导，同时前往医院慰问死者家属和探望伤者，稳定死者家属情绪。

（三）召开事故分析协调会。镇主要领导召集相关班子成员以及交警、应急、综治、宣教、安全监管、交通、司法、公用中心、社会事务等部门主要负责人召开事故分析协调会，研究制定事故应急处置方案，明确相关工作要求。

（四）成立事故处置专案领导小组。镇委、镇政府迅速成立专案领导小组（以下简称"领导小组"），由×××镇长担任组长，×××副书记担任常务副组长，×××、×××、×××、×××、×××等同志担任副组长，成员单位包括交警、应急、综治、宣教、安全监管、交通、司法、公用中心、社会事务等部门。领导小组下设一个调查组和三个善后组，负责做好取证、善后、维稳等工作。

（五）加大交通整治力度。认真吸取事故教训，举一反三，强化宣传，进一步加大交通整治和"治摩"工作力度，最大限度地消除道路交通安全隐患，减少交通事故发生。

（六）认真排查交通设施隐患。成立由交警、交通、公用中心、应急等部门组成的专项检查小组，在全镇范围内开展交通设施隐患大排查，进一步消除道路交通安全隐患。

特此报告。

×××镇人民政府
2015年3月28日

3. 建议性报告

这类报告通常由情况分析和建议两部分组成。一般先扼要介绍相关情况，分析问题，然后提出科学合理的意见和建议。对问题的分析要尽可能客观、公正，特别是要把握问题的核心。所提意见和建议要符合实际，切实可行。有些建议性报告如果涉及一些普遍性问题,在呈送给上级部门阅知的同时,还可以建议其批转给其他机关,令其知晓、采纳或参照执行。这类报告常用"以上报告,如无不妥,请批转××执行"或"以上报告,请批转"结尾。如果无须批转,正文结束之后就自然收尾或以"特此报告"结尾。如国家计委《关于棉花质量和市场管理监督情况的报告》:

国务院:

按照《国务院办公厅关于开展棉花质量和市场管理检查的紧急通知》(国办发明电〔2001〕6号,以下简称《通知》)要求,国家计委、国家经贸委、原工商行政管理局、原质量技术监督局、供销总社、农业发展银行组成5个检查组,于3月7日至17日,对河北、江苏、安徽、江西、山东、河南、湖北、湖南、新疆等9个棉花主产省(自治区)的棉花质量和市场管理自查自纠工作情况进行了检查。现将有关情况报告如下:

各有关省(自治区)按《通知》精神,对本地区开展棉花质量和市场管理检查工作都十分重视,立即进行了具体部署,组织省级政府各有关单位和各有关市、县开展自查自纠,一些省(自治区)政府的领导同志亲自带队赴棉花主产县(市)进行督促检查。各地工商管理、质量监督、供销社、农业发展银行等部门密切配合,保证了这次检查工作的顺利进行。9省(自治区)共派出棉花质量检查人员8000余人次,对2482个棉花加工厂、纺织厂进行了专项质量检查。针对检查中发现的成包皮棉标识不全、标识与内在质量不符、混等混级加工、收购单位无品级实物标准等问题,依照《中华人民共和国产品质量法》(以下简称《产品质量法》)和棉花国家标准等有关规定进行了处理。对非法收购、加工棉花的不法行为加大了打击力度,查封、取缔一批非法购销、加工网点。对已取得棉花收购、加工资格的企业进行复查,责令有问题的企业限期整改。对棉花收购、加工、市场管理等方面的文件进行了全面清理,对不符合国务院关于棉花流通体制改革精神的文件和标语、口号进行了纠正。通过这次棉花质量和市场管理检查,各地棉花市场秩序混乱的状况开始改观,私商棉贩非法收购、加工的势头得到有效遏制,棉花质量有所提高,取得了阶段性成果。

从抽查的情况看,尽管9省(自治区)在棉花质量和市场管理检查中做了大量工作,取得了成果,但仍存在不少问题,有些方面还比较严重。一是棉包质量标识不规范、标识与内在质量不符等问题相当突出。多数地区轧花厂、棉麻公司仓库、纺织厂里的棉花仍按棉花老标准刷唛,有的标识不全,不刷等级、生产日期,甚至存在白包情况。检查组此次共抽查277批棉花。其中,标识不规范的有150批,占54%;无标识的有11批,占4%。标识与内在质量不符的也很突出,在抽验的151批棉样中,虚高品级55批,占36%,远没有达到供销总社规定的95%的相符率。二是棉花加工质量普遍较差。除因气候条件不好的影响外,人为因素也是重要原因。检查中发现,多数收购、加工企业不认真执行国家规定的棉花质量标准,不实行"一试五定"的棉花收购检验规程,混等混级收统花、超水棉。不少棉花加工企业管理不善,对混收的统花和超水棉未进行必要的分拣和晾晒,再加上设备老化,加工质量差,棉结、索丝较多。三是对非法加工设备的处理和监管不力。9省(自治区)对查封的轧花机、打包机等非法加工设备,多数地方只是就地封存,没有按《通知》规定予以销毁,部分企业还在生产销售土打包机。

  这次检查,也暴露出一些涉及棉花管理体制方面的问题。一是有些地方对加强棉花质量和市场管理的认识不足,甚至对这次检查也是临时应付,使自查自纠工作流于形式。检查组在抽查非法加工设备封存点时,发现有的封条竟然糨糊未干。二是棉花行业管理弱化,市场、质量意识淡薄。从检查中接触到的棉花收购、加工企业看,多数对《产品质量法》和棉花国家标准缺乏学习和认识,认为卖棉还是看样定价,对证书和标识的法律承诺没有给予足够的重视。三是法规不健全,查处难度大。按照多年以来的政策,严禁生产、使用小轧花机、土打包机,对未经省级政府批准擅自从事棉花收购、加工、经营的单位和个人,要严肃查处,但到目前还没有制定相应的法律、法规。

  为进一步加强棉花质量和市场管理,不断提高棉花质量和规范棉花市场管理,现提出以下建议:

  一、提高认识,巩固成果。各级政府要深刻领会国务院有关加强棉花质量和市场管理的文件精神,进一步提高和统一思想认识。要充分认识忽视棉花质量和市场管理所造成的巨大浪费和危害,以及加强棉花质量和市场管理工作的重要性、艰巨性。对存在的问题,要采取有力措施,限期整改,巩固这次检查成果,防止反弹。棉花收购、加工企业要认真学习《产品质量法》,真正树立质量意识,切实提高棉花质量。对这次检查中的遗留问题,建议按以下原则妥善处理。一是对查封的无照加工点的设备,其中合格的,由各地工商、质检等执法部门先登记造册、妥善保管,下一步结合棉花企业的改制、改造,采取折价入股或定向拍卖的方法,将收回的资金返还投资者;对不合格的设备坚决予以销毁,不留隐患。二是农民可利用加工自用棉、留种棉的小型设备开展代理加工,但不得从事棉花购销活动,不得配置打包机;各地要制定具体管理办法,实行严格监管。三是对生产、销售达不到国家压力吨位标准小棉花打包机的企业,由当地政府责令生产企业停产整顿;对已销售用于棉花打包的小打包机,由当地政府责令生产企业折价回收后销毁或改造为其他规格、其他用途的产品。

二、管住加工,规范收购。在棉花收购、加工环节,各省级政府要继续实行严格的资格准入制度。各地对已经取得资格的收购、加工企业,要按照标准进行复审,对不符合要求的要坚决取缔,同时要搞好棉花加工企业的结构调整和合理布局。国务院有关部门要做好棉花加工企业基本技术条件国家标准(GB/T18353—2001)的组织实施工作,对棉花加工设备生产企业实行备案制,由质检部门进行定期检查和不定期抽检,达不到标准的不得生产、销售,防止不合格设备流入市场。在棉花收购环节,要按有关规定,坚持"一试五定"(试轧籽棉定衣分、对照棉花实物标准定品级、手扯尺量定长度、电测器定水分、估验对照机拣定杂质);贯彻优质优价原则,引导农民"四分"(对棉花进行分摘、分晒、分存、分售);对农民交售的混棉,轧花厂要采取办法进行分拣,切实提高棉花质量。为适应棉花收购形式变化的需要,有关部门应尽快研制棉花快速检验仪器。

三、深化改革,标本兼治。一是加快棉花企业改革,提高市场竞争力。对供销社棉花企业遗留的历史债务问题要抓紧处理,为企业改组改制创造条件;吸引社会资金,对轧花厂进行更新改造,减少重复建设;密切棉花企业与棉农和纺织企业的关系,逐步发展棉花生产、加工、销售一体化企业。二是完善法规,加强棉花质量和市场管理。建议依据国家有关法律和棉花流通体制改革方案的要求,加快制定关于加强棉花收购、加工和质量监督管理方面的条例,依法实施严格有效的棉花质量和市场管理。三是加大科技兴棉投入。建议加大科技兴棉投入力度,加强和扶持良种培育工作,为棉农提供高产、优质、价格合理的棉种,提高我国棉花品质和国际竞争力。

国家计委
2001 年 5 月 18 日

4. 答复性报告

这类报告主要包括两个方面的问题:一是答复的依据,即上级机关要求反馈或回答的问题,一般开篇简要提及;二是答复的具体内容。这部分要详细展开,认真交代具体做法、取得的成效以及存在的问题等,必要时分条列项。如××县第一建筑工程有限公司和××购物中心项目部呈送给××县建设行业安全监察站的《安全隐患整改回复报告》:

××县建设行业安全监察站:

2013 年 12 月 3 日,我项目收到贵站编号为××××字〔2013〕第 A079 号的《建设工程项目安全隐患责令暂停施工整改通知书》,对提出要求整改的事项,已按规定整改,报告情况如下,请核查。

1. 安全监督等相关许可手续正在办理中。

2. 基坑西北面临边防护栏杆因施工原因临时拆除,现已搭设完成。

3. 搅拌机、钢筋调直机、弯钩机、切断机、车丝机等施工机具,已搭设防护棚。

4. 按施工现场平面布置图,人行安全通道搭设位置在地下室顶板上,暂时无法施工,现按要求临时搭设一座人行安全通道,已完工。

5. 模板支撑已增设扫地杆与剪刀撑。

6. 内外脚手架上的钢筋、方木、模板等已清理干净。

7. 电梯井、楼梯临边已按规定设置防护栏杆,管道井、风道等预留洞口按规定进行覆盖。

8. 外脚手架首层满铺脚手板,作业层架设安全网。

为了落实完善本次《建设工程项目安全隐患责令暂停施工整改通知书》的要求,建设单位、监理单位领导高度重视,对需要整改部位逐项逐条的要求整改到位,真正做到整改过程全监控,整改完后验收。

××县第一建筑工程有限公司
××购物中心项目部
2013 年 12 月 9 日

三、报告的写作要求

(1)报告的内容要准确无误。在下笔行文之前,要认真展开调查。特别是对于一些统计数据,要认真进行核实。对事实的描述要力求客观,千万不能胡编乱造。

(2)报告的语言要简洁明了。毛泽东曾指出:"报告文字每次一千字左右为限,除特殊情况外,至多不要超过两千字。"[①]这就是对报告的语言要求。我们在写作时要善于删繁就简,取精用宏,切忌啰唆冗长。

(3)报告的写作要讲求时效。对于工作中的新情况、新问题,要及时报告。对上级机关的询问,也要及时予以答复。否则时过境迁,再报告就没有意义了。

四、报告与请示的区别

在日常工作中,"报告"和"请示"是最容易混淆的一对文种。我们经常会碰到一些人把"请示"误用为"报告",或把"报告"误用为"请示",有的甚至干脆用"请示报告"。这些现象表明,人们对这两个文种的认识还比较模糊。它们的区别在于:

首先,两者的适用范围不同。请示适用于向上级机关请求指示、批准,报告适用于向上级机关汇报工作、反映情况、答复上级机关的询问。

其次,两者的行文时间不同。请示发生于事情尚未开展之前,

---

① 毛泽东:《关于建立报告制度》,见《毛泽东选集》(第 4 卷),北京:人民出版社,1991 年,第 1264 页。

而报告产生于事情已经结束或正在进行之中。我们经常讲"事前请示,事后汇报",指的就是它们的行文时间不同。

最后,两者的行文目的不同。请示往往要求上级机关就某些事项予以批复,而报告没有这样的诉求。所以,上级机关在接到下级机关的报告之后知晓即可。

思考与练习

一、思考题

1. 公文主要由哪几个部分组成?每个部分又包括哪些基本要素?
2. 上行文和下行文在文面上有哪些区别?
3. 多个机关联合行文应注意哪些问题?
4. 撰写公文时应注意哪些事项?
5. 请示和报告有哪些区别?

二、练习题

1. 最近一段时期,××市中小学有部分学生感染了诺如病毒,严重影响了正常的学习和生活。请你代××市教育体育局起草一份通知,要求辖区内各中小学切实做好疾病的防控、管理和监督工作。写作要求:(1)格式规范;(2)内容充实且具有可操作性。

2. 某山区中学始建于20世纪80年代,目前已有部分学生宿舍成了危房,出现了墙体开裂、房梁腐烂、屋顶漏雨等现象,亟待修缮。请你代该校给县教育体育局起草一份请示,请求给予资金支持。写作要求:(1)格式规范;(2)内容具体。

3. 请根据以下提供的材料,以××商场的名义向县商业局起草一份报告。

(1)×年×月×日×时×分,××商场发生了火灾。

(2)市消防队出动3辆消防车,经过1个多小时的扑救,方扑灭大火。

(3)事故未造成人员伤亡,但有4家商户所有商品(价值150余万元)悉数被毁。

(4)经过调查,事故是某店主违规使用大功率电器所致。

(5)事故发生时,商场领导及时到达现场并指挥了人员转移和安置工作,对事故原因进行了认真调查。

第五章

科普说明文的写作

所谓科普说明文,就是以介绍、普及科学技术知识为目的的说明性文章。科普说明文可以分为两大类:一类是一般性科学说明文,它是科普说明文最常见的形式,主要用平实的语言来叙述各种科学知识,其中特别着重于自然科学的基本理论和基本事实的介绍。还有一类是科学小品,这类科普说明文常采用文艺的笔调,多用比喻、拟人等形象化手法,通过生动有趣的联想来说明事物或阐释道理,具有较强的文学色彩。

对于同学们而言,学习科普说明文的写作是十分重要的。从大的方面说,科普说明文对于普及科学知识、提高全民族的科学文化素质有着重要作用;从小的方面说,掌握科普说明文这种实用性极强的文体的写作技巧,对提升个人综合写作能力也是非常必要的。

第一节 科普说明文的特点

科普说明文既有一般说明文的共性,又有自身的特点。科技的发展日新月异,在知识接受方式日趋多元化的今天,科普说明文要担负起传播科学知识、提升全民素质的职能,应当具备以下三大特点。

一、知识性

知识性是科普说明文的第一特点。写作科普说明文的首要目的,就是普及科学知识。这里所说的知识,主要是指自然科学方面的知识,涉及物理、化学、天文学、地理学、生物学等各个领域。科普说明文要根据"普及"的原则,"不止对于过去曾经经验了的事物可以得着充分的知识,就是不曾经验,或者还在未来的事物也可以有了预知的知识"[1]。科普说明文尤其重视这些领域中的基础知识和最新知识,基础知识可以帮助人们建立完善的知识结构,最新知识则可以使人们认识到科技发展日新月异的现状。

为了体现知识性的特点,科普说明文应当重视内容的客观和合理,不论是对实体事物的说明,还是对非实体事理的介绍,都必须保证内容的真实可靠和表述的准确恰当。我们以《半坡姑娘的锥形瓶》这篇科普说明文为例:

半坡姑娘的锥形瓶[2]

凡是来到过西安半坡博物馆的中外游客,人人都会被那首先映入眼帘的半坡姑娘雕塑所吸引。她身披兽皮,手提锥形瓶。可是你别只把那塑像当作艺术品来欣赏,那塑像说明半坡人已从茹毛饮血的穴居的极其原始的生活,开始向前迈进了一大步,以崭新的面貌出现在人类历史的地平线上。

在这里,请你切莫忽视了半坡姑娘手中的那个两头尖、中间大的汲水用的锥形瓶。乍一看,这个锥形瓶没有什么特别之处,似乎放都放不稳。可是,你要知道,这个锥形瓶空时在水面会倾倒,而当瓶里汲满了水时就会自动恢复平衡状态。这种为便于汲水而发明的锥形瓶所含的力学原理是很深刻的。它说明先民们在实践中早就知道利用重心和定倾中心的相对位置跟浮体稳定性的关系。

我们知道,对称浮体在倾斜一个微小角度时,浮力同对称轴的交点叫定倾中心。当定倾中心低于浮体的重心时,力偶将使浮体倾覆;而当定倾中心高于浮体重心时,力偶就可以使浮体恢复到平衡状态。半坡姑娘手中的锥形瓶就是根据这个原理制作的。当空的锥形瓶放入水中后,锥形瓶自然倾斜,使水进入瓶中;而当锥形瓶汲满水后,锥形瓶就会自动恢复平衡状态。

---

[1] 陈望道:《陈望道学术著作五种》,上海:复旦大学出版社,2005年,第39页。
[2] 选自人民教育出版社语文一室编《黄河之水天上来》,北京:人民出版社,1994年。

也许有的朋友会说,这个道理太简单啦。是的,现代的人们是懂得这个简单的道理的。但是如果你想到半坡姑娘是距今6000年的新石器时代仰韶文化时期的原始人,那你就会明白在当时懂得这个道理并在实际生活中加以利用,是一件十分了不起的发明。

半坡姑娘手中的锥形瓶,反映了我国史前文化的光辉。如果你能在半坡姑娘手提锥形瓶汲水的塑像旁伫立凝视一刻,你定会从半坡姑娘手中的锥形瓶获得历史的启示,听到时代的召唤,并从中汲取到智慧和力量。

这篇文章介绍了古代一种汲水的器具——锥形瓶,并详细说明了其作用的力学原理,属于对力学基础知识的普及。其内容真实可靠,表述得又准确恰当,是一篇富有知识性的科普说明文。

二、思想性

科普说明文的思想性,指的是其中蕴涵着一定的科学思想。有人说:"科学思想是科学成果的理论升华,是科学的真谛。"也有人说:"科学思想是客观现实在人们意识中的正确反映,它影响着人们的思维方式以及世界观。"[①]从哥白尼的太阳中心说到布鲁诺的宇宙无限思想,从伽利略、牛顿的力学定律到法拉第、麦克斯韦尔的电磁学理论,从达尔文的物种进化论到摩尔根的基因理论……自古以来,自然科学界的重要理论发现,总是伴随着人类科学思想的革新,并进而推动了文化的进步。因此,许多优秀的科学家,同时又是杰出的思想家。

经过多年的实践和理论研究,特别是《中华人民共和国科普法》《国家中长期科技规划战略研究》以及《中国公众科学素质行动计划》的制定,科普说明文的功用从单一的传播科学知识,扩展为《中华人民共和国科普法》中所阐释的传播科学知识和科学思想。也就是说,一篇优秀的科普说明文除了要具有知识性,还应当具有一定的思想性,令读者在阅读文章时得到思想的启迪,进而崇尚科学,追求真理,"不盲从潮流,不迷信权威,不把偶然性当作必然性,

---

① 董仁威主编:《科普创作通览(上卷)》,北京:科学普及出版社,2015年,第79页。

不把局部看作全体,不轻易相信未经严密的科学方法所作的实验和推理,不轻易相信所谓的新发现。"①成为具有综合科学素养的新时代公民。

科普说明文的思想性特点,也对作者提出了较高的要求。作者要深刻理解科学家在探索真理过程中所取得的科学成就和科学思想,做到解放思想,实事求是,"解放思想就是用于创新,不断开拓,反对守旧,理性思考;实事求是就是从研究实际存在的客观情况出发,找出反映事物联系、运动和发展的规律来,从本质上认识和掌握反映客观世界必然趋势的真理"②。

在具体创作中,作者应该如何去体现思想性的特点呢？可以尝试这样的创作手法:抓住读者的思维逻辑,将他们的感情世界与经验世界中的科学问题作为切入点,步步深入;有意识地在文章的形式和结构中设置相应的环节,逐渐将读者引进科学真理的胜景,在传播科学知识的同时展示科学思想之美。《从珠穆朗玛峰看世界污染》,就较好地做到了知识性与思想性的统一。

从珠穆朗玛峰看世界污染③

珠穆朗玛峰,终年是银白色的世界,有如倚天而立的寒光宝剑。这座被人们誉为"世界屋脊"的高峰,该是我们居住的星球上最清洁的地方吧？但当1975年5月27日中国登山队又一次登上珠峰,那儿的冰雪对这个问题的回答,完全出乎意料。

我们把珠峰的冰雪水中溶解的微量元素和南极冰雪水溶解的微量元素作了下面的对比:

(单位:微克/升):

金属名称	铜	铅	镉	锰	锌
珠峰雪水	5.8	17.2	0.1	8.4	35.0
南极雪水	0.85	0.2	0.03	0.25	1.05

---

① 周光召:《科学技术的发展趋势和它对社会的作用》,载《科技文萃》1996年第14期。

② 尹怀勤:《弘扬科学精神,做好科普工作——学习江总书记在中国科协"六大"讲话的体会》,载《科协论坛》2001年第2期。

③ 马长安主编:《初中作文分类集锦·说明文》,合肥:安徽少年儿童出版社,1996年,第130—132页,有改动。

多奇怪啊！是谁把这些金属元素送上了八千多米高的珠峰的呢？原来是印度洋西南季风把大气中的污染物送上了这地球之巅。

那么，南极应该是地球上最清洁的地方了！也不是。因为在南极企鹅、海豹体内的脂肪中发现了人工合成的化学物质六六六、滴滴涕、多氯联苯。北极的命运也不比南极好，从五十年代以来，气象飞机就不断在北极发现工业性的飘尘和酸雾。

事实说明了地球上已无处可以逃过污染了。1964年在美国佛罗里达海岸发生过一次海水污染，被毒死的鱼、虾、海龟等海产，铺满了37公里长的海滩，景象十分悲惨。经测定，六六六、滴滴涕、多氯联苯这些广泛使用的农药早已遍及了南中国海、印度洋、阿拉伯海。世界最大最深的淡水湖——俄罗斯的贝加尔湖，近几十年由于污染，使得湖中原有的一千二百种生物至少灭绝一半以上。

环境一旦被污染，要想恢复环境的本来面貌，往往是事倍功半。联合国在地中海的污染防治会上提出，要花去五十亿美元的昂贵代价，到2000年才能使地中海基本从污染的现状上摆脱出来。

近二十年来公害病的发生、生态的变化、某些生物种类的灭绝都已引起了各国的重视，各国纷纷开始制定法律、采取措施，以期达到管理人类自己、保护环境的目的。我国是发展中的社会主义国家，为实现四个现代化，工农业将以更快的速度向前发展。不断地认识环境问题、消除污染、保护环境的艰巨任务，必将落在青年一代的肩上。

三、艺术性

科普说明文的第三个特点是艺术性。艺术性指的是写作技巧，它又包含通俗性和趣味性两个方面。

（一）通俗性就是人们常说的"深入浅出"

科普说明文，顾名思义，是指"科学知识的普及"，它面向的多数是非专业人员，因此要尽量使用容易为读者所接受的语言，尽量避免艰涩难懂的专业术语、符号、公式等。比如《神奇的激光》一文，在介绍激光的照相功能时，就采用了通俗易懂的语言：

卫星在 36000 公里高的太空上飞,能看见地面上的"目标"吗?能。因为卫星上有一种奇妙的激光照相机,它的本领惊人!需要照相的时候,它用强激光束把地面上的"目标"照得特别亮,然后迅速拍照下来,再自动地送到地面处理。比方,拍摄一张天安门广场的照片,不但能看到雄伟的天安门城楼、人民大会堂、毛主席纪念堂……甚至连来往的小轿车,金水桥前的石狮子也能照得清清楚楚。①

这段文字深入浅出,把冷门的科学知识讲得饶有兴味,读者读完全文,必然能从浅显平实的文字中学到丰富的科学知识。

(二)趣味性则在于"引人入胜"

科学知识从来不是枯燥无味的。赵之在《趣味的层次》一文中谈到科学的"趣味"时说:"科学对于科学家、对科技工作者来说,那是一种有生命的东西,极其生动,非常有趣,可以令人迷醉……在这些科学大师看来,真实的、合规律的就必然是美的。因此,我们在科普写作和科普编辑中除了要讲求一般的趣味手段之外,更应当着意于把科学本身的趣味,即把科学的本性挖掘出来,让读者感到科学本身就是迷人的,是美的。"②

在写作科普说明文时,作者一方面要对科学本身的趣味有"同情之了解",另一方面,也要将自己的情感融入文字,以充满趣味的文字来对其加以表现。例如写动物科普说明文,就可以通过拟人的手法来吸引读者。著名文学家、科普作家法布尔,著有十卷本的皇皇巨著《昆虫记》。他热爱大自然,潜心观察各类昆虫,并以充满趣味的笔触详细描述了昆虫们的生育、劳作、狩猎、繁衍乃至死亡,字里行间充满了对生命的尊重。他这样来描写蟋蟀的居所:

蟋蟀的洞穴一般都挖在朝阳的斜坡上的草丛中。这样做的好处是:洞穴外面的雨水可以迅速从斜坡流掉,而不致直接灌进洞穴里去。洞穴的通道约一个手指头宽,整个深度至多有九寸。它的走向有时曲折有时笔直,尽量与地势的变化相适应。蟋蟀的洞穴

---

① 张寿康、田增科编著:《说明文选读》,郑州:河南人民出版社,1991年,第44页。

② 赵之:《趣味的层次》,载《科普创作》1983年第4期。

口留有一簇草,这一是为洞穴挡雨,再者是为隐蔽洞口,以保护整个洞穴。每当四周静谧时,它们会在洞口的草丛中嬉戏。

蟋蟀的洞穴里面并不豪华,但也不粗糙。洞穴通道尽头才是卧室,相比较而言,这里最为宽敞,光滑。整个洞穴显得十分简朴、干净、卫生。蟋蟀十分珍惜它辛辛苦苦修建起来的住所。无论是春天还是冬天它都不搬家。[①]

这样生动活泼、充满趣味的文字,试问,有哪个读者会不乐意读呢?

(三)通俗性和趣味性共同构成了艺术性的内涵

由于说明对象的不同,某些文章可能偏重于通俗性,而无暇顾及趣味性。但在条件允许的情况下,还是应当尽量兼顾二者。在这方面,茅以升的《中国石拱桥》堪称典范,我们节选其中的几段文字,以供大家学习:

石拱桥的桥洞成弧形,就像虹。古代神话里说,雨后彩虹是"人间天上的桥",通过彩虹就能上天。我国的诗人爱把拱桥比作虹,说拱桥是"卧虹"、"飞虹",把水上拱桥形容为"长虹卧波"。

石拱桥在世界桥梁史上出现得比较早。这种桥不但形式优美,而且结构坚固,能几十年几百年甚至上千年雄跨在江河之上,在交通方面发挥作用。

我国的石拱桥有悠久的历史。《水经注》里提到的"旅人桥",大约建成于公元282年,可能是有记载的最早的石拱桥了。我国的石拱桥几乎到处都有。这些桥大小不一,形式多样,有许多是惊人的杰作。其中最著名的当推河北省赵县的赵州桥,还有北京附近的卢沟桥。

赵州桥横跨在洨河上,是世界上最伟大的古代石拱桥,也是造成后一直使用到现在的最古的石桥。这座桥修建于公元605年左右,到现在已经1300多年了,还保持着原来的雄姿。到解放的时候,桥身有些残损了,在人民政府的领导下,经过彻底整修,这座古桥又恢复了青春。

---

① [法]让·亨利·法布尔著,陈筱卿译:《昆虫记》,济南:山东人民出版社,2014年,第23—24页。

赵州桥非常雄伟，全长50.82米，两端宽约9.6米，中部略窄，宽约9米。桥的设计完全合乎科学原理，施工技术更是巧妙绝伦。唐朝的张嘉贞说它"制造奇特，人不知其所以为"。这座桥的特点是：（一）全桥只有一个大拱，长达37.02米，在当时可算是世界上最长的石拱。桥洞不是普通半圆形，而是像一张弓，因而大拱上面的道路没有陡坡，便于车马上下。（二）大拱的两肩上，各有两个小拱。这是创造性的设计，不但节约了石料，减轻了桥身的重量，而且在河水暴涨的时候，还可以增加桥洞的过水量，减轻洪水对桥身的冲击。同时，拱上加拱，桥身也更美观。（三）大拱由28道拱圈拼成，就像这么多同样形状的弓合拢在一起，做成了一个弧形的桥洞。每道拱圈都能独立支撑上面的重量，一道坏了，其他各道不致受到影响。（四）全桥结构匀称，和四周景色配合得十分和谐；就连桥上的石栏石板也雕刻得古朴美观。唐朝的张鷟说，远望这座桥就像"初月出云，长虹饮涧"。赵州桥高度的技术水平和不朽的艺术价值，充分显示了我国劳动人民的智慧和力量。桥的主要设计者李春就是一位杰出的工匠。在桥头的碑文里刻着他的名字。①

在这篇科普说明文里，作者在介绍赵州桥"完全合乎科学原理"的设计特点时，为了便于一般读者理解，首先将其总结为四个方面娓娓道来，条理清晰。此外，又尽量使用平白如话的语言，避免过多的建筑专业术语，很好地做到了通俗性。与此同时，作为一名具有深厚文学修养的科学家，作者也充分运用了各种修辞手法，同时适当引用优美的古诗文，行文雅致而不花哨，用语准确而不呆板，显示了极好的趣味性。

第二节　常见的说明方法

科普说明文最常见的方法就是说明。所谓"说明"，就是用简明准确的文字，把事物的形状、性质、状态、特征、构造、功能、规律

---

① 茅以升：《茅以升科普创作选集》，北京：科学普及出版社，1982年，第95—96页。

等介绍清楚的一种表达方式。说明具有广泛的实用价值,它是说明文最主要的表达方式,诸如法律条文的撰写、产品特性的介绍、科学知识的普及等,无不采用说明的方法。同时,说明也经常与其他表达方式综合使用,以获得更好的表达效果。比如记叙文可以使用说明来介绍背景、事物特征,议论文则可以使用说明来作为论据、进行诠释,等等。

一、说明的方法

常见的说明方法有下定义、作诠释、举例子、分类别、作比较、列数字、画图表、引资料等,在具体写作中,要根据说明对象的特点及写作目的来选用最合适的方法。下面,我们将择要加以介绍。

(一)下定义

下定义就是用简明的语言对事物属性作明确的界定,从而揭示事物的本质特征。其常见的格式:"什么是什么"或"什么叫什么"。一般的法律条文常采用下定义的说明方法。例如《中华人民共和国民法典》中的一条:"十八周岁以上的自然人为成年人。不满十八周岁的自然人为未成年人。"[①]此外,下定义也是科普说明文常用的说明方法。使用这种方法,可以使读者对说明的事物具有明确的概念,不会与其他事物混淆在一起。需要注意的是,下定义必须准确地揭示事物的本质。例如"人是两足直立的动物",这个定义就不够准确;"人是能够制造工具并使用工具进行劳动的两足直立的动物",这才是科学的定义,因为它揭示了人的本质。

(二)作诠释

作诠释就是对事物或事理作出具体的阐释与解说,令读者对其有全面的认识。例如《现代汉语词典》中对"银杏"一词的介绍:

落叶大乔木,高可达40米,雌雄异株,叶片扇形。种子椭圆形,外面有橙黄色带臭味的种皮,果仁可以吃,也可以入药。木材致

[①] 全国人大常委会办公厅编:《中华人民共和国民法典》,北京:法律出版社,2021年,第11页。

密,可供雕刻等用。也叫公孙树。[①]

作诠释与下定义的区别主要在于:内容上,下定义要揭示事物的本质属性,作诠释只要求揭示某种属性就可以了;语言上,下定义高度凝练,作诠释则比较自由活泼。因此,具体写作中,作诠释比下定义的应用范围更广。那么,如何区别作诠释与下定义呢?一般来说,"是"字两边的话能够互换的就是下定义,比如上文举的例子"十八周岁以上的自然人为成年人",就可以互换为"成年人为十八周岁以上的自然人"。如果"是"字两边不能互换,则是作诠释,例如"银杏树是庭院树、航道树",就不能互换为"庭院树、航道树是银杏树"。

(三)举例子

举例子就是通过典型的事例来说明事物或道理,以个别中蕴涵的共性来反映一般,使所要说明的事物具体化,以便读者理解。比如茅以升在《中国石拱桥》中,先介绍了石拱桥"桥洞成弧形""不但形式优美,而且结构坚固"等特点,接着便举了河北省赵县的赵州桥为例子来具体说明:

> 我国的石拱桥几乎到处都有。这些桥大小不一,形式多样,有许多是惊人的杰作。其中最著名的当推河北省赵县的赵州桥,还有北京附近的卢沟桥。
> ……
> 赵州桥非常雄伟,全长50.82米,两端宽9.6米,中部略窄,宽9米。桥的设计完全合乎科学原理,施工技术更是巧妙绝伦。唐朝的张嘉贞说它"制造奇特,人不知其所以为"。这座桥的特点是……[②]

运用举例子的说明方法,要注意两点:一是例子要有代表性,上文中的"赵州桥"就是中国最具代表性的石拱桥之一;二是举例子要

---

① 中国社会科学院语言研究所词典编辑室编:《现代汉语词典》(第7版),北京:商务印书馆,2016年,第1564页。
② 茅以升:《茅以升科普创作选集》,北京:科学普及出版社,1982年,第95—96页。

适度,能够达到说明的目的即可,而不是越多越好。

(四)分类别

分类别就是把说明的对象,按照一定的标准划分成不同的类别,一类一类地加以说明。分类别是将复杂的事物说清楚的重要方法,有时,某种事物的特征需要分成几点或几方面来写,也属于分类别。如《铅笔趣谈》一文中对铅笔的介绍,就运用了分类别的说明方法:

如果你仔细看看手中的铅笔,就会发现笔杆上印有英文字母,有的是 HB,有的是 2H,有的是 3B,这是什么意思呢?"H"是英文"硬"的头一个字母。它前面的数字越大,说明铅芯越硬。最硬的是 6H,笔划细而浅,是制图人不离手的好工具。"B"是英文"黑"的头一个字母的大写,表示铅芯黑和软的程度。它前面的数字越大,说明铅芯越黑也越软,最软最黑的是 6B。我们用的铅笔大多数是 HB,它不太黑也不太浅,且软硬适合。①

运用分类别的方法要注意,所列举的种类要全面,不能有遗漏;还要注意分类的标准,一次分类只能用同一个标准,以免产生重叠交叉的现象。

(五)作比较

作比较就是通过不同的事物或相似的事物进行比较,从而揭示事物的性质、特征。不同事物的比较叫对比,目的是显示差异性;相似事物的比较叫类比,目的是显示相似性。有些抽象的或者人们比较陌生的事物,就可以通过与具体的或者大家比较熟悉的事物的比较来得到较为形象的认知。比如《神奇的激光》一文,在介绍激光的亮度时,便用了人们熟悉的太阳光来作比较:

激光是一种最亮的光。它比太阳光亮 100 亿倍以上。这个数有多大呢?咱们来算一算:太阳的表面温度大约 6000 度,比它大 100 亿倍,就要在 6000 后面再加上 10 个"0",也就是 60 万亿度。

---

① 孙其经、王家桦主编:《学生说明文分类辞典》,上海:汉语大词典出版社,2001 年,第 184—185 页。

太阳与激光相比,好比是一盏小电灯,激光好比是正午的太阳。①

运用作比较的说明方法也要注意,一是要选择适合拿来比较的,二是明确比较的点——也就是要凸显的特性是什么。

以上五种是最常用的说明方法。此外还有列数字、画图表、引资料等,这里就不一一介绍了。科普说明文往往综合运用多种说明方法,至于采用什么方法,首先要服从说明内容的需要。另外,根据实际情况,作者也有充分的选择自由。

二、说明的要求

(一)客观准确,实事求是

介绍事物、解说事理,一定要有实事求是的科学态度,如实地反映客观事物,把事物本质特征介绍得准确、明白,给读者以正确无误的知识。这就要求写作者首先要对说明的内容有深入的了解,尤其对较为复杂的事物,要经过长期的调查、研究,把握其特征,认清其本质。对于科普说明文来说,有时还需要反复实验,掌握第一手材料,以便说明时能够言之有据。

(二)突出特征,抓住重点

世界上没有两片完全相同的树叶,也没有完全相同的两个人、两件事。运用说明的表达方式时,要充分认识到事物之间的共性与个性,在此基础上介绍某一事物区别于其他事物的本质特征。只有抓住事物的特征,才能把被说明的事物准确清晰地介绍给读者。有些说明文虽以"漫话某某"为名,但其实并不是漫无边际地介绍。比如《漫话圆周率》是一篇介绍圆周率知识的说明文,虽然题为"漫话",但中心非常突出,就是以"如何求出圆周率更精确的数值"为中心,向人们介绍古今中外数学家对圆周率数值所作的贡献。

---

① 张寿康、田增科编著:《说明文选读》,郑州:河南人民出版社,1991年,第41页。

(三)具体分析,选择角度

运用说明的表达方式,要充分考虑读者的接受情况,使其更具针对性。任何一篇说明文,都应有明确的读者对象。如果是向专业人员介绍相关的发明创造、科研成果,就可以说得比较深刻,并适当运用专业术语;如果是向一般读者介绍科普知识,则应注意深入浅出,避免过多的术语;如果是写给青少年的,还要注意从他们感兴趣的角度切入,可以适当采用科学小品等活泼的文体,以增强表达效果。

(四)逻辑清晰,条理分明

运用说明的表达方式,最重要的是把事理说清楚。因此,在说明的过程中,要讲究方法,注意结构的安排,让人阅读时感到层次清楚、主次分明,在最短的时间内把握作者的意图。例如叶圣陶的《景泰蓝的制作》,是一篇介绍景泰蓝瓷器制作的说明文,它按照制作工艺的程序,抓住"做胎""掐丝""涂色""烧制""打磨"等五道关键工序依次介绍,全文条理分明,表述准确,让人容易理解。

(五)语言平实,文从字顺

一般来说,说明的表达方式并不追求丰富的艺术技巧,而是重在简明、准确地将信息传达给读者。因此,其所使用的语言,也应以平实为主,比如各类辞典、法律文书,其语言就很好地体现了这一点。另外,在对较为复杂的事物特征进行说明时,应尽量少用长句或语法较为复杂的句式,同时注意甄别形似字词、易产生歧义的字词,做到文从字顺。

第三节 科普说明文的写作

前面我们介绍了科普说明文的两种类型:一般性科学说明文和科学小品。接下来,我们就共同学习这两类科普说明文的写法。

一、一般性科学说明文的写法

一般性科学说明文主要介绍各种科学知识,其中特别着重于自然科学中基本理论和基本事实的介绍,也重视在文章中弘扬科学精神,倡导科学思想。同时,为了达到更好的表达效果,还可以适当运用一些文学手段以增强作品的趣味性。

一般性科学说明文篇幅通常在两三千字以内,短小精悍,它回避了繁复的数学公式和深奥的专用名词和定理,用简明、流畅、生动的语言通俗地介绍某一个自然科学领域的知识,为大众所喜闻乐见。一般性科学说明文的题材、写法五花八门,我们在取其共性的基础上,借助一些创作实例来谈一谈这类文章的写法。

(一)提炼主题,斟酌题目

一般性科学说明文的篇幅短小,主题必须明确、突出,这需要作者面对丰富的材料,对主题进行精心提炼。著名戏曲家李渔认为,一部好的作品,首先要做到"立主脑、脱窠臼",也就是要确立一个好的主题,并不落俗套。章道义也认为:"大量使用形象材料是科普创作的特点,很多材料是很有趣的,可以使我们舍不得剪裁,或诱使我们向它所展示的领域去深入。构思就是要解决这个问题,对整个作品的结构、内容要作出全面安排,并形成一条主线,就像老北京城的布局,有一条中轴线。这条中轴线不是孤立的存在,而是把形形色色的许多建筑物组合起来,从中表现出来的。"[①]

我们以一篇一般性科学说明文《做朋友 人类选择了狗》来具体说明。科普作家王渝生在狗年来临之际接到任务,请他创作一篇科普短文,介绍人类对狗的驯化史。狗作为人类的忠实伙伴,其驯化史历史悠久,作者查阅了很多书刊,掌握了丰富的资料,但问题是,这篇文章的篇幅限定在两千字内,如何从这些资料里提炼出一个好的主题呢?作者经过反复思考,认为在人类对狗的驯化史中,狗的角色产生了很大变化,因而决定把狗如何从"俎上肉"变成"人类忠实的朋友"的过程作为文章的主题,并在叙述过程中以猪、

[①] 董仁威主编:《科普创作通览》(上卷),北京:科学普及出版社,2015年,第167页。

狗的角色换位作为参照。这样一来,既立意新颖,又不落窠臼。提炼出合适的主题,就好比有了主心骨,从而达到事半功倍的效果。在这个主题的统摄下,作者在文章里又从狗与猪的生活方式和充当的角色中感悟到人生哲理,使这篇科普短文兼具了人文情怀。

提炼好主题后,还要根据主题为文章拟定一个合适的标题。一般来说,一般性科学说明文的标题要做到短小、通俗、醒目,让人一看就知道写的是什么,并对其产生兴趣。仍以此文为例,既然是介绍人类对狗的驯化史,那么直接以《人类对狗的驯化史》或《狗的驯化史简说》为题也无不可,但这样的题目虽然简洁易懂,却干巴巴的,缺少趣味。作者以精心提炼的主题为基础,围绕着"狗如何从'俎上肉'变成'人类忠实的朋友'",最终确定下《做朋友　人类选择了狗》这个充满吸引力的题目。

做朋友　人类选择了狗[①]

按中国传统的甲子纪年法,新的一年是丙戌年,是十二生肖中的狗年。最新的线粒体DNA差异研究显示,犬类动物和人类在一起生活,大约是在13万年前。一般认为:狗的驯化大概发生在1.5万年前。大约1.5万年或更早以前,当人类定居于永久居住地时,一些灰狼开始与人类共同生活并变成了狗。考古学家发现,1.2万年前以色列的老妇就和她的狗合葬在一起了。这两种结果都表明人类饲养狗早于饲养猪、牛、羊、鸡、鸭等家畜家禽。人类是在大约9000年前才开始饲养家猪的。人类饲养狗,最初的目的主要是吃狗肉。这种吃狗肉的习惯虽然保存至今,但已不是主流。人类在大约9000年前找到了狗肉的替代品——猪。于是,猪代替狗成为人类的主要肉食品。

为什么人选择猪来代替狗成为肉食的主要来源呢?

首先,人们发现狗是人类的忠实伙伴。狗非常善于观察人的情绪、意图,并能够学习和维持人类社会的规则。30年前,科学家们开始研究用狗代替医生看护病人。30年来,对"医生狗"的研究证明:心脏病人由"医生狗"陪伴时,心脏左心室的血压下降了

[①] 王渝生:《做朋友　人类选择了狗》,载《成都日报》,2006年1月28日A11科学版。

10％。研究还表明，骂狗是"势利眼"，实属冤枉；相比之下，狗比许多"势利小人"更强。"医生狗"具有非歧视性，它不管是帅哥、靓妹，还是"丑小鸭"，一律给予平等的关爱。患有自闭症的孩子和老年痴呆患者更容易向狗打开心扉，从而促进患者与他人的交流。

  英国沃里克大学的研究人员安排一个人以各种不同的装扮，带着一只狗出现，并观察其他人的反应。结果证明，狗就像一个社交催化剂。试验者带着狗的时候，即使装扮非常不得体，得到的友善回应也多于他独自出现的时候。显然，狗不仅能带来温暖的陪伴，还能推动和提高主人的社交效果。

  同时，人们发现，狗是人类看家护院、狩猎的好帮手。请看：狗的百米纪录是5.925秒；狗的跳高纪录是5米；狗能分辨10万种以上的气味；狗能分辨高频率的声音，睡觉时也能听到半径1千米以内的声音，其听觉是人的16倍，这些都比人类强。狗的耐力也很惊人，经过训练的传令犬曾用50分钟跑完了21.7公里。狗还有一些人所不及的超感觉，可以帮助辨别方向，预感自然灾害的发生，甚至预知癫痫等疾病的发作。

  利用狗的这些神奇的天赋，人们驯养了各种特殊用途的犬种。导盲犬能带领盲人安全地走路；助听犬在听到电话铃、门铃、敲门声、报警器、闹钟、有人呼叫主人名字时，会引领主人到发出声音的地方；训练有素的检疫犬能够探测超过30种不同的有关物品，包括毒品、水果和蔬菜、肉、鸟、爬虫等；警犬随同警务人员巡逻，可准确追踪罪犯留下的气味，在危急时刻协助抓捕。这些特殊犬种，使狗即使在科技发达的今天，仍是我们任何高科技产品无法替代的得力助手。

  由于这种种的好处，人们选择了狗作为自己忠实的朋友，而选择猪代替狗成为肉食的来源。猪的一生生活得闲适恬淡，"饭来张口"，安全无虞，最后把自己的全身变成美味佳肴，奉献给主人。而狗则忠心地为主人服务，在紧张忙碌、奋力拼搏中度过一生，它也得到了很高的回报，那就是主人无比的关爱。真是：狗与猪不同，"各有各的活法"，只不过，从人类的角度看，狗的活法也许更有"味道"一些。

（二）推敲结构，合理布局

提炼好主题并确定下来题目，接下来要做的，就是恰当地运用所掌握的资料，将主题很好地呈现出来。因此，推敲全文的结构，做到合理布局就非常重要。

一说到文章的结构，大家可能马上会想到一个"大路化"的模式：开头、主体和结尾。开头是总体介绍，然后自然过渡，引出主体部分，最后在结尾对全文进行总结。但就一般性科学说明文而言，为了在有限的篇幅内达到更好的说明效果，它在结构上却不必拘泥于以上的"三段论"，而是要灵活得多。常见的一般性科学说明文，可以根据说明对象的不同，采用以下三种结构布局。

1. 时间顺序

有些事物发生与发展的过程，本身就呈现出其本质的特征。那么，在以此类事物为说明对象的时候，我们就可以采用时间顺序，将其发生与发展的过程如实、生动地再现出来，读者对它的了解自然就会清楚了。此外，我们认知某一些事物也会经历一个先后的过程，那么，在进行此类主题的写作时，也可以采用时间顺序，以对事物的认知过程作为全文结构的主线。

我们以一篇一般性科学说明文《日食彗星同现苍穹》为例来说明。"据中外科学家预报说，1997年3月10日9时8分至9时11分，本世纪我国可见的最后一次日全食与彗星在漠河同时出现……"文章开头，先用一段话对本次天文现象作了概括性的介绍，并以"千年一遇的天象奇观"来强调这次机会的难得，引起读者的强烈兴趣。接下来，作者便以时间顺序来结构全篇，其时间线索可以概括为：①7时许，观测者齐聚漠河第三中学。②8点过几分，日食发生，"太阳逐渐由圆形变成了弯月形、金钩形，漠河城顿时暗淡下来"。③9时7分40秒，"太阳完全被月球遮住，形若一个黑色的'空洞'"，并出现美轮美奂的"倍利珠"。④"海尔－波普"彗星出现，日食、彗星同现苍穹。⑤9时9分30秒左右，"倍利珠"再次出现，日食结束。

对于"日食彗星同现苍穹"这一天文奇观的说明，用时间顺序来安排文章结构是最合适不过的了。作者以精确的时间坐标，把瞬间的景象定格在读者眼前，加上生动的语言，令人仿佛身临其境。这篇一般性科学说明文,是我们运用时间顺序来进行结构布局的好榜样。

日食彗星同现苍穹①

据中外科学家预报说,1997年3月10日9时8分至9时11分,本世纪我国可见的最后一次日全食与彗星在漠河同时出现。天文学家说,彗星与日食一起登台,有文字记录以来只有两次。此次登台亮相的海尔—波普彗星,上一次造访地球是3000多年前的殷商时代。从这个意义上说,称它为千年一遇的天象奇观毫不为过。

这天7时许,在我国北部边陲漠河,中外科学家、新闻记者、天文爱好者及当地群众汇集漠河第三中学,焦急而又兴奋地等待着千年一遇的天象奇观。

8时整,刺眼的太阳仍完整无缺地高悬在空中,丝毫不知几分钟后"世事"的变化。几分钟后,太阳出现了一个小小的缺口。人们一阵欢呼,日食的"初亏"开始了。随后缺口不断扩大,黑球(月球)一步步吞食着太阳。太阳逐渐由圆形变成了弯月形、金钩形,漠河城顿时暗淡下来。

9时零6分,太阳剩下了最后一道金边,大地犹如夜晚。现在进入全食倒计时。全场一片寂静。9时7分40秒,太阳的最后一线光芒消失了,日全食开始。只见太阳完全被月球遮住,形若一个黑色的"空洞",周围散发出微弱的银色的冠冕(日冕)。几秒钟后,人们见到了美轮美奂的"倍利珠",那是太阳光从月球的低谷里流溢而出、形成的酷似钻戒的精彩情景。此时,四周一片黑暗,宛若夜幕降临,木、金、水星清晰可辨。

此时,人们看到一颗明亮的彗星闪现在头顶上。大家几乎同声惊呼:快看,海尔—波普。它美如仙子,拖着长长的彗尾飞行在太空中。这就是海尔—波普,全世界科学家跟踪研究它达两年之久。观测显示,它的亮度比哈雷彗星强250倍,可能是本世纪最亮的一颗彗星,堪称"世纪彗星"。

---

① 转引自贾晓明、葛福安编著:《说明文写作指导与训练》,北京:开明出版社,1998年,第20—21页。

9时9分30秒左右,金光闪烁的"倍利珠"再次出现,太阳又一步步露出它光芒四射的脸来,依然是那般灿烂,一如观测现场上人们的笑脸。

2. 空间顺序

在对事物的布局、构造、形状等静态特质进行说明的时候,可以考虑采用空间顺序。具体来说,空间顺序是先选择一个参照物,然后或由远及近、由外而内,或从前往后、从上到下,又或由中心到四周,其主要目的,是借助呈现给读者清晰的空间观念,从而达到对事物整体而准确的把握。

我们以叶圣陶的名作《苏州园林》为例来说明。作为文章的说明对象,"苏州园林"是一个群体,因此要通过一篇1500字左右的短文让读者对其有所认识,势必要选择众多园林具有共性的特点。那么,如何对这些特点来进行介绍呢?作者采用了空间顺序,虚拟一位游客的视角来进行"游览";又因为苏州园林和大多数传统建筑不同,它"绝不讲究对称,好像故意避免似的",因此作者所采用的顺序,是按照"由主体空间到局部空间"的方式。其空间线索可以概括为:①大多数园林都依据假山和池沼来修建,本文首先介绍的,就是假山的堆叠和池沼的活水。②假山上和池沼旁栽种着花草树木,接下来便介绍"栽种和修剪树木"。③为搭配花草树木,又建有花墙和廊子,接下来便介绍"有墙壁隔着,有廊子界着,层次多了,景致就见得深了"。④由主体逐渐过渡到局部和细节,继而介绍"苏州园林在每一个角落都注意图画美"。⑤最后,按照游客的视角,游览园林最后才进入建筑内部,观赏到门、窗和梁、柱,因而以此为全文收束。

这篇名作运用空间顺序来进行说明,层次清晰,语言优美,引人入胜。作者是杰出的文学家,因而文章也富于人文内涵。苏州园林讲究"虽由人作,宛如天开",注重自然美,全文在进行说明时,时刻注重"画意"的呈现。总之,《苏州园林》是运用空间顺序进行说明的一篇典范。

苏州园林[①]

苏州园林据说有一百多处，我到过的不过十多处。其他地方的园林我也到过一些。倘若要我说说总的印象，我觉得苏州园林是我国各地园林的样本，各地园林或多或少都受到苏州园林的影响。因此，谁如果要鉴赏我国的园林，苏州园林就不该错过。

设计者和匠师们因地制宜，自出心裁，修建成功的园林当然各各不同。可是苏州各个园林在不同之中有个共同点，似乎设计者和匠师们一致追求的是：务必使游览者无论站在哪个点上，眼前总是一幅完美的图画。为了达到这个目的，他们讲究亭台轩榭的布局，讲究假山池沼的配合，讲究花草树木的映衬，讲究近景远景的层次。总之，一切都要为构成完美的图画而存在，决不容许有欠美伤美的败笔。他们惟愿游览者得到"如在画图中"的美感，而他们的成绩实现了他们的愿望，游览者来到园里，没有一个不心里想着口头说着"如在画图中"的。

我国的建筑，从古代的宫殿到近代的一般住房，绝大部分是对称的，左边怎么样，右边也怎么样。苏州园林可绝不讲究对称，好像故意避免似的。东边有了一个亭子或者一道回廊，西边决不会来一个同样的亭子或者一道同样的回廊。这是为什么？我想，用图画来比方，对称的建筑是图案画，不是美术画，而园林是美术画，美术画要求自然之趣，是不讲究对称的。

苏州园林里都有假山和池沼。假山的堆叠，可以说是一项艺术而不仅是技术。或者是重峦叠嶂，或者是几座小山配合着竹子花木，全在乎设计者和匠师们生平多阅历，胸中有丘壑，才能使游览者攀登的时候忘却苏州城市，只觉得身在山间。至于池沼，大多引用活水。有些园林池沼宽敞，就把池沼作为全园的中心，其他景物配合着布置。水面假如成河道模样，往往安排桥梁。假如安排两座以上的桥梁，那就一座一个样，决不雷同。池沼或河道的边沿很少砌齐整的石岸，总是高低屈曲任其自然。还在那儿布置几块玲珑的石头，或者种些花草：这也是为了取得从各个角度看都成一幅画的效果。池沼里养着金鱼或各色鲤鱼，夏秋季节荷花或睡莲开放，游览者看"鱼戏莲叶间"，又是入画的一景。

[①] 叶圣陶：《散文精读》，杭州：浙江人民出版社，2019年，第121—124页。

苏州园林栽种和修剪树木也着眼在画意。高树与低树俯仰生姿。落叶树与常绿树相间,花时不同的多种花树相间,这就一年四季不感到寂寞。没有修剪得像宝塔那样的松柏,没有阅兵式似的道旁树:因为依据中国画的审美观点看,这是不足取的。有几个园里有古老的藤萝,盘曲嶙峋的枝干就是一幅好画。开花的时候满眼的珠光宝气,使游览者感到无限的繁华和欢悦,可是没法说出来。

游览苏州园林必然会注意到花墙和廊子。有墙壁隔着,有廊子界着,层次多了,景致就见得深了。可是墙壁上有砖砌的各式镂空图案,廊子大多是两边无所依傍的,实际是隔而不隔,界而未界,因而更增加了景致的深度。有几个园林还在适当的位置装上一面大镜子,层次就更多了,几乎可以说把整个园林翻了一番。

游览者必然也不会忽略另外一点,就是苏州园林在每一个角落都注意图画美。阶砌旁边栽几丛书带草。墙上蔓延着爬山虎或者蔷薇木香。如果开窗正对着白色墙壁,太单调了,给补上几竿竹子或几棵芭蕉。诸如此类,无非要游览者即使就极小范围的局部看,也能得到美的享受。

苏州园林里的门和窗,图案设计和雕镂琢磨功夫都是工艺美术的上品。大致说来,那些门和窗尽量工细而决不庸俗,即使简朴而别具匠心。四扇,八扇,十二扇,综合起来看,谁都要赞叹这是高度的图案美。摄影家挺喜欢这些门和窗,他们斟酌着光和影,摄成称心满意的照片。

苏州园林与北京的园林不同,极少使用彩绘。梁和柱子以及门窗栏杆大多漆广漆,那是不刺眼的颜色。墙壁白色。有些室内墙壁下半截铺水磨方砖,淡灰色和白色对衬。屋瓦和檐漏一律淡灰色。这些颜色与草木的绿色配合,引起人们安静闲适的感觉。花开时节,更显得各种花明艳照眼。

可以说的当然不止以上这些,这里不再多写了。

3. 逻辑顺序

一般性科学说明文在对事物的性质和特征进行介绍时,还有一种常用的结构方式,即按照事物间的逻辑关系来安排文章的写作顺序,也就是逻辑顺序。例如介绍某种经济作物,可以先写它的外在形态,再写生活习性,然后写栽培方法,最后介绍其经济价值或观赏价值。又如介绍某种自然现象,可以先写它的发生情形,再写形成原因或作用原理,最后介绍它对人类生活和生产的影响,等等。在运用逻辑顺序安排文章结构时,一定要理清事物之间的关系,确定其逻辑上的先后、主次,以此来决定写作内容的详略和取舍。

我们通过一篇一般性科学说明文《天气对人类的作用》来具体说明。这个题目比较宏大,要在极短的篇幅内把天气对人类的作用说清楚,首先要搞清楚有哪些影响,并按照逻辑关系将这些影响分为主次不同的几个方面,概括来说。文章先总体强调了"天气的作用多么巨大!""天气的影响多么严重!"继而根据重要程度的不同依次进行介绍,其逻辑线索:①天气对农业的作用。其依据:"农业和天气的关系最为密切。农作物的生长需要光、热、水分等条件,家养动物的繁殖、生长也得有适宜的气候条件。"②天气对工业的作用。其依据:"天气对工业的影响总的来说不如农业那么大,但对原料来自农产品的食品工业、棉纺织业等的影响还是很明显的。"③天气对旅游业的影响。④天气对战争的影响。⑤天气对体育运动和人们的日常生活的影响。

这篇文章紧扣主题,按照从重到轻、由主到次的逻辑顺序,把天气对人类的作用分门别类地逐一说明,最后还在总结的基础上提出了"随着科学技术的高度发展,人类控制天气变化的时代一定会到来"的期望,脉络清晰,通俗易懂。

天气对人类的作用[①]

当久旱的土地上降下一场大雨,庄稼迎着甘霖欢乐地唱起歌儿的时候,人们会欢呼:天气的作用多么巨大!当"高天滚滚寒流急,暴风雪猖狂肆虐"、阻断交通、冻死人畜的时候,当热带风暴袭来,沿海地区的工农业生产遭到破坏和损失的时候,人们会叹息:天气的影响多么严重!

天气,就是一个地区短时间内大气冷热、阴晴、风雨、云量等气

---

① 金秋主编:《初中生新说明文一本通》,广州:广州出版社,2004年,第35—37页。

候变化的情况。它既是人类生活环境的要素之一,又供给人类生产和生活的重要资源。它对人类的生产、生活发生直接的作用,农业、工业、交通、国防等等,都不可避免地受到天气的干预。

农业和天气的关系最为密切。农作物的生长需要光、热、水分等条件,家养动物的繁殖、生长也得有适宜的气候条件。世界上农业发达地区都是气温、水量适宜的地方。是否风调雨顺直接影响到农作物的收成和畜牧业的发展。例如,我国长江中下游地区,初夏时期的梅雨适时适量,对早稻的生长和中稻的栽插都是极有利的;澳洲的气候条件适宜牧草的生长,畜牧业特别发达。而水旱灾害、冰雹、寒潮等常使农业生产蒙受巨大损失,有时还会引起社会动荡不安。这在古时候尤其明显。明末陕西连年干旱,赤地千里,饥民走投无路,群起造反,加速了明王朝的崩溃。近年非洲一些地方由于长期干旱,庄稼颗粒无收,饿殍载道,成为世界瞩目的难题。

天气对工业的影响,总的来说不如农业那么大,但对原料来自农产品的食品工业、棉纺织业等的影响还是很明显的。恶劣的天气能阻断交通运输、邮电通讯。浓雾、暴风雪等使飞机不能正常翱翔,使火车、汽车和船舶不能行驶。新兴的宇航工业也受到气候的影响。美国"挑战者"号航天飞机在空中爆炸,在一定程度上是当时气温太低造成的。

近年来蓬勃发展的旅游业,对天气的依赖十分明显。天气晴朗、惠风和畅的春秋佳日,杭州西湖畔、苏州园林中,人们摩肩接踵;夏季高温,庐山、黄山、大连、青岛,游客爆满。天气就是这样用无边的法力牵动着游人的去向。

天气对战争的胜负也有很重要的作用,有时甚至影响到历史的演进。公元208年赤壁之战,孙权、刘备凭借东南风实施火攻,曹营"樯橹灰飞烟灭",数十万精兵一败涂地,从而奠定了三国鼎立的局面。1815年著名的滑铁卢之战,由于天降大雨,道路泥泞,阻挡了法军的行动,导致法军因缺乏援助而被击溃。滑铁卢战役的惨败,结束了拿破仑横行欧洲的历史。现代战争同样受到天气的影响。

此外,天气对体育运动和人们的日常生活也有很大影响。一场突如其来的大雨往往会使足球场上习惯水战的弱队战胜强队,也会使笔挺的西装、时髦的发式顿时失去风采。

总之,天气对人类影响极大,它每时每刻都在施展着神奇的魔力。今天,人们已掌握了天气变化的规律,能作出相当准确的预报,趋利避害,减少因天气恶劣而造成的损失。我们还要进一步研究天气,利用天气,改造天气,让它对人类的活动产生更有益的作用。

总体而言,时间顺序、空间顺序和逻辑顺序是撰写一般性科学说明文时最常用的三种结构布局方法。在具体的写作中,有时为了获得更好的说明效果,也可以选择一种顺序为主,同时交叉运用其他顺序。比如《天气对人类的作用》一文里,介绍到"天气对战争的作用"时,所举的几个例子就是按照时间顺序来排列的。

(三)搜集资料,去伪存真

一般性科学说明文虽然篇幅较短,但写作时却要本着客观、全面的原则,大量占有资料,并对核心的说法、数据等进行考证,以去伪存真。科普说明文的目的本来就是普及科学知识,如果因为不够严谨而使用了不实的资料,便会以讹传讹,适得其反。

我们以本章中作为范文的几篇一般性科学说明文为例来说明。

在《从珠穆朗玛峰看世界污染》中,作者主要通过大量事例和数据进行介绍。例如"经测定,六六六、滴滴涕、多氯联苯这些广泛使用的农药早已遍及了南中国海、印度洋、阿拉伯海。世界最大最深的淡水湖——俄罗斯的贝加尔湖,近几十年由于污染,使得湖中原有的一千二百种生物至少灭绝一半以上"。像这样的数据必须严谨,做到言之有据,否则就会误导读者。这就要求作者在写作时,首先要查阅大量资料,并核实这些资料的出处和可靠性,然后再有选择地加以使用。

再如《做朋友 人类选择了狗》。作者之前写过一篇知识性杂文《狗年话狗》,其中引用了不少关于狗的驯化史的资料。作者本着负责的态度,把这些资料全部对照权威文献核查了一遍,确定其准确无误。此外,狗和猪的驯化时间,是这篇短文的关键问题,作者也查阅了大量资料,对其进行了考证,从而得出了"狗的驯化大概发生在1.5万年前"和"人类是在大约9000年前才开始饲养家猪的"这样的结论。有了这样一番对资料搜集的功夫,这篇科普短文所传达的信息自然也就真实可靠了。

还有《苏州园林》一文,作者写作这篇短文是建立在"十几处"实地考察的基础上的,文中介绍的园林各部分的布置、细节等,全部都是作者亲眼所见,因此,所运用的资料也全部都是一手的。如果仅凭着读几篇别人介绍苏州园林的文章,或者对着一堆照片,绝对达不到这种令人"身临其境"的效果。

总之,写作一般性科学说明文,要本着"对自己负责,对读者负责,对科学负责"的态度,重视资料的搜集和去伪存真工作。一般性科学说明文篇幅虽短,但写好却不容易,绝不能"走捷径"。大家可以尝试着进行练笔,通过反复训练,一定能掌握这类文章的写法。

二、科学小品的写法

科学小品是科普说明文中的一个重要门类。它与一般性科学说明文一样,创作目的都是传播科学知识,弘扬科学精神,因此也要讲究科学性。但与一般性说明文不同的是,科学小品多用文艺的笔调来行文,惯用拟人、比喻等修辞手法,具有鲜明的文学色彩。之所以称为科学"小品",就是因为它充分继承了小品文这种文体灵活多样、趣味生动的特点。我们仅从标题就能够感受到这种特点,比如介绍消化道细菌知识的《我们肚子里的食客》,介绍自然气候知识的《大自然的语言》,介绍蝉的生活习性的《蝉的自述》等。

科学小品在我国的大众科学传播中发挥着重要作用,许多著名的科学家如竺可桢、高士其等,都长期致力于科学小品的写作。在信息传播方式日益丰富的今天,科学小品仍然在不断发展、不断创新。当前深受青少年欢迎的"科学松鼠会",就聚集了一批优秀的华语青年科学传播者,他们试图通过科学小品"剥开科学的坚果,帮助人们领略科学之美妙",获得了很好的效果。

需要强调的是,在提炼主题、安排结构、搜集资料等方面,科学小品的要求与一般性科学说明文的要求是相通的。除此之外,科学小品还要非常重视各种形象思维和文学手法的运用,做到文艺性、科学性、人文性的有机结合。下面我们就以"科学松鼠会"成员史军的一篇《植物的彩色智慧》为例,来谈一谈科学小品的写法。

植物的彩色智慧①

伴着轻柔的春风细雨,小草悄悄探出嫩绿的脑袋,桃花在枝头毫不吝惜地绽放出娇艳粉色,金黄的油菜田引来大批勤劳的小蜜蜂,一个多彩的生长季节就这样拉开了表演大幕,紧随其后的是夏天浓绿下的树荫,还有秋天飘落片片火红和金黄。无法想象,若没有这些可爱的植物,地球将变得如何黯淡无光。形形色色的植物就像充满灵感的画家,把或灰或黄的大地装扮得五颜六色,生机盎然。

不过,植物在大地上"涂抹色彩"可不是为了自娱自乐,表达感情,而是为了更好地在这个可爱的地球上生存和繁衍下去。

满眼绿色竟是植物的"残羹冷炙"

如果,让大家选择一种代表生命的颜色,相信99%的人都会选择绿色。绿色的森林给我们提供清新的空气,绿色的农田为我们送上了丰盛的晚餐,门前那块绿色的草坪给了我们每天的好心情。古今诗人、作家都将热情洋溢的赞美之词送给了这抹绿色。这个时候,绿色的主人们肯定会在一旁暗自发笑,因为这抹浸透了生命礼赞的色彩不过是植物吃剩下的"残羹冷炙"。

挂在天边的彩虹告诉我们,太阳送来的白光实际上是一道七色光组成的大拼盘。而挑食的绿色植物只对其中特定的光感兴趣。这是因为,植物叶片中负责吸收光能的叶绿色a和叶绿色b只会捕捉红光和蓝紫光,胡萝卜素只会捕捉蓝光,而那些无人问津的绿光就被叶片反射回来,或者透射过去。植物不吃"没有营养"的绿色光,所以我们的世界变成了绿色的世界,事情就是这么简单。当然,不是所有的植物都不喜欢绿光,生活在海水里的红藻就对黄绿光情有独钟,那是因为它们体内吸收光能的物质是藻胆蛋白,吃掉黄绿光,反射红光,让红藻穿上了红色的外套。

有些树(如枫树)刚长出的嫩叶是红色的,继而变绿,脱落时变红,是不是因为叶片里吸收光能的物质在不断发生变化呢?答案为否,无论嫩叶还是老叶,叶绿色都是这些叶片中吸收光能的主角。颜色的变化只不过是一种被称为花青素的植物色素(也是决定花朵颜色的主要色素)玩的小把戏。一般来说,为了使叶片快速发育成熟,嫩叶中总是聚集了大量的糖类、矿物质等营养元素,加

---

① 科学松鼠会:《冷浪漫》,北京:新星出版社,2015年,第9—12页。

上柔软多汁,于是就成了食草动物的首选目标。为了避免被啃食,植物不得不在嫩叶中加入含有剧毒的氰化物作为防御武器,同时亮出红色的花青色作为警示标志。当叶片发育成熟时,坚硬的质地和粗糙的口感就足以打消食草动物下嘴的欲望了,作为信号灯的花青素也就得以暂时休息。到了秋天,在落叶之前,植物需要把储存在叶片中的营养都搬回茎或根中,这就需要叶绿素继续工作一段时间,为搬运工作提供必要的能量。但是随着气温下降,阳光对叶绿素的破坏作用也会不断增强,这时花青素再次挺身而出,为叶绿素抵挡住一部分阳光,从而保证整个资源回收任务的圆满完成。

招蜂不引蝶

春天,每朵鲜花都在尽可能展示自己的美丽,吸引传粉动物,利用这些搬运工把花粉运到其他同种植物的柱头上,完成一年一度的"人生大事"。一时间,百花齐放,蜂飞蝶舞,好不热闹,招蜂引蝶成了植物的头等大事。不过,要是所有的花朵都既招蜂又引蝶,传粉者身上的花粉就会混成一锅粥——油菜花的花粉被搬到桃花的柱头上,而桃花的花粉又占据了苹果花的柱头,结果绝对不会是《上错花轿嫁对郎》那般浪漫的爱情故事,只会造成花粉和胚珠的双重浪费,这是各种植物都不愿意看到的。除了错开花时,最重要的解决手段就是让每种植物雇用各自特定的传粉者,做到招蜂不引蝶。

不同动物对颜色的喜好不同(蜂类喜欢黄色和蓝色,鸟类喜欢红色,蛾类喜欢白色),所以花朵会针对传粉者释放特定的颜色信号。不仅如此,它们还会利用传粉者的一些小嗜好,加强它们在传粉工作中的专一性。黄色的腊梅为喜欢闻香的蜂类准备了香甜气味作为导航标志;没有丝毫气味的红色芦荟则准备了大量花蜜,因为它们的鸟类传粉者需要更多食物,但鸟儿的鼻子却很不好用。虽然这样的分类导航还略显粗糙,但已能在很大程度上保证传粉的质量。

虽然大多数花朵在竭力跟动物套近乎,不过有些花朵却不屑和动物打交道,黑色(实际上是深紫色)的老虎须就是其中之一。这种生活在雨林之中、"没虫怜爱"的花朵有一套完善的自花授粉机制,它们可以把自家新郎(花粉)送入自己的洞房(子房),完全自力更生开花结实,倒也自得其乐。

红苹果，绿苹果

说到苹果，印象最深的大概要数自己用竹竿敲落的那个又酸又涩的青苹果，还有姥爷从树上摘下的那个又香又甜的红苹果了。和苹果一样，很多果实最初是绿的，长大了是红的或者黄的，这又是为什么呢？其实，不同颜色代表了果实不同的心声。

绿色——别来骚扰我。这时种子还没有发育成熟，为了保护这些未来的植物，保持绿色可以让果实尽可能地躲在绿叶当中。不仅如此，果皮中还存在着大量产生酸涩口感的有机酸和醇等物质，防止动物"偷嘴"。

红色——快点带我走吧。这时，果实中的种子已经发育成熟，需要离开母株寻找新的家园。所以改换了鲜艳的花青素外衣，引诱动物来传播种子。与此同时，果皮中的有机酸和醇合成了芳香的脂类化合物，另外，果皮中还积累了一定量的糖，进一步增加了果实的诱惑力。

不过，即使成熟的果实也不是所有动物都可以随便下口的，火红的辣椒就是其中之一。辣椒之所以火暴，是因为里面有种被称为辣椒素的物质。这种物质能够刺激人类以及其他哺乳动物皮肤和舌头上感觉痛和热的区域，使大脑产生灼热疼痛的辛辣感觉。尽管这样的刺激可以带来片刻快感，但要把这样火暴的果实当作主食却不是件简单的事情，人类不行，其他哺乳动物也不行。其实，分泌辣椒素是对辣椒种子的一种保护措施，因为，如果辣椒果实被小型哺乳动物吃掉，种子经消化排出之后，几乎就不能再发芽。那么，辣椒又是靠谁帮它四处散播种子呢？答案是鸟类。因为鸟类的消化系统不会对辣椒的种子产生丝毫影响，并且这些家伙根本就不知道什么是辣味（这种味觉是哺乳动物的专利），它们可以像吃樱桃一样吞下成堆的辣椒。靠红色来吸引鸟类，再靠辣椒素来排斥哺乳动物，辣椒真算得上植物果实中的智者。不过百密一疏，它被四川人抓到了菜肴当中，正是因为它的这份刺激和火暴。

餐盘里的妖艳色彩

就像辣椒素一样，所有有用的植物性状都会被人类利用起来。植物颜色的智慧也成为人们餐桌上的调味品。红色或者黄色的彩椒、紫色的甘蓝、紫色的番茄……越来越多的新奇蔬果冲上了人们的餐桌。这些蔬果各异的色彩都是花青素的功劳。

就像在叶片、花朵和果实中是多面手一样,花青素在餐桌上也身兼数职,它不仅可以从颜色上扮靓餐桌,还可以给营养加点料。2008年,美国科学家利用转基因技术制造出了富含花青素的紫色番茄,该研究小组认为,食用这种富含抗癌成分——花青素的转基因紫番茄,对降低罹患癌症等疾病的几率大有益处。但是有些专家认为,食用富含花青素的食物能减少患癌风险这一说法并不可靠。不管怎样,这种技术总可以让我们的餐桌色彩更亮丽一些,促使人们更多地种植相应的蔬果,让植物在人类的农田中更好地繁衍生息。

(一)以明确的主题统摄全文

科学小品有着十分自由的创作空间,在文体上有时会接近散文或小说,但有一个前提,就是必须以明确的主题来统摄全文,以保证内容表达的准确性和逻辑性。

《植物的彩色智慧》这篇科学小品,其主题始终围绕着"彩色智慧"这一关键词,也就是植物如何通过色彩来维持生存,正如文中所说的:"植物在大地上'涂抹色彩'可不是为了自娱自乐,表达感情,而是为了更好地在这个可爱的地球上生存和繁衍下去。"在这一主题的统摄下,主体中每一部分都紧扣着"彩色智慧"来展开,其小标题也起得别具匠心,"满眼绿色竟是植物的'残羹冷炙'""招蜂不引蝶""餐盘里的妖艳色彩"等,让人一看就产生读下去的兴趣。

(二)适当增加语言的文学色彩

科学小品旨在把原本枯燥、深奥的科学原理,深入浅出地表现出来,因此可以适当增加语言的文学色彩,即"要放弃科学家的语言,极力采用大众常用的语汇。不要过于严森庄重,要平凡得使大众不觉得,这是什么了不得的大道理,而是说自己生活周围所熟习的闲话。还应加上一点幽默,尽量采取各式各样的形式"[1]。

---

[1] 董仁威:《科学普及的轻骑兵》,载《科普作家》2005年第3期。

以《植物的彩色智慧》为例,文章开头部分是这样写的:"伴着轻柔的春风细雨,小草悄悄探出嫩绿的脑袋,桃花在枝头毫不吝惜地绽放出娇艳粉色,金黄的油菜田引来大批勤劳的小蜜蜂,一个多彩的生长季节就这样拉开了表演大幕,紧随其后的是夏天浓绿下的树荫,还有秋天飘落片片火红和金黄。无法想象,若没有这些可爱的植物,地球将变得如何黯淡无光。形形色色的植物就像充满灵感的画家,把或灰或黄的大地装扮得五颜六色,生机盎然。"这段优美的散文式的语言,瞬间将读者引入一个五彩斑斓的植物世界。

(三)恰当运用拟人、比喻等修辞手法

科学小品常将说明的内容人格化、故事化,通过生动有趣的联想,以及比喻、拟人等修辞来增强表达效果。《植物的彩色智慧》这个标题本身就带有拟人化的色彩,读者看到标题,都会产生疑问:"植物"怎么会有"智慧"呢?

对于这个问题,作者在文中运用拟人手法,让植物自己来"作答",逐步解开这个谜团。比如:"这个时候,绿色的主人们肯定会在一旁暗自发笑,因为这抹浸透了生命礼赞的色彩不过是植物吃剩下的'残羹冷炙'。""虽然大多数花朵在竭力跟动物套近乎,不过有些花朵却不屑和动物打交道,黑色(实际上是深紫色)的老虎须就是其中之一。"有时拟人也和比喻同时使用,让表达更为生动,比如:"它们可以把自家新郎(花粉)送入自己的洞房(子房),完全自力更生开花结实,倒也自得其乐。""靠红色来吸引鸟类,再靠辣椒素来排斥哺乳动物,辣椒真算得上植物果实中的智者。"

(四)增强细节的趣味性

写作一篇科学小品,还要在行文中注重细节的趣味性。科学小品最忌讳的就是干巴巴的平铺直叙,单凭平实的例子和罗列资料固然可以传达准确的信息,但对于读者来说却是缺乏吸引力的。

《植物的彩色智慧》在这方面做得就比较好。文章在细节处时不时地来点儿幽默,让科学的知识也充满了情趣。例如这一段话:"一时间,百花齐放,蜂飞蝶舞,好不热闹,招蜂引蝶成了植物的头等大事。不过,要是所有的花朵都既招蜂又引蝶,传粉者身上的花粉就会混成一锅粥——油菜花的花粉被搬到桃花的柱头上,而桃花的花粉又占据了苹果花的柱头,结果绝对不会是《上错花轿嫁对郎》那般浪漫的爱情故事,只会造成花粉和胚珠的双重浪费,这是各种植物都不愿意看到的。"这些细节的巧妙处理,为这篇短文平添了许多趣味,也获得了更好的接受效果。

总之,科学小品的最大价值,就是将科学知识以生动有趣的方式呈现出来,这正应了那句话:世界上没有枯燥的科学,只有乏味的叙述。有的科学小品还通过蕴涵其中的人文关怀,倡导自然、社会与人类的和谐共存,引起读者深深的思考。因此,科学小品并不"小"。

思考与练习

一、思考题

1. 科普说明文的特点是什么?
2. 常见的说明方法有哪几种?
3. 说明的要求有哪些?
4. 一般性科学说明文通常使用哪几种结构布局方式?试分别简述。

二、练习题

1. 合理运用说明方法,介绍冰雹的形成原理(300字左右)
2. 如果要写一篇《我们的校园》来向别人进行介绍,你准备如何进行结构布局?请列出提纲。
3. 以《计算机小史》为题,写一篇1000字左右的一般性科学说明文。
4. 以《葡萄的华丽变身》为题,写一篇1500字左右的介绍"葡萄酒酿造"知识的科学小品。

第六章

学术论文的写作

　　学术论文是用规范的形式和语言表述专业研究成果的一种文章体裁。它具有学术性、说理性、规范性、创新性等特点。这些特点决定了学术论文具有自身独特的写作步骤和写作方法及语言风格。对于本科生而言,学术论文的规范要求和基本学术道德需要在平时的学术论文写作中习得和养成,不能等到写毕业论文或者需要发表论文时才去学习。本科生进行必要的学术论文写作训练,既有助于培养自己的理性思维能力,又能够深化自己对专业知识的理解,从长远的角度来说,还有助于自己的可持续发展。

第一节　学术论文的特点

　　一般来说,学术论文写作建立在一门或多门学科知识的系统学习的基础之上,致力于表达观点,并对观点进行清晰、有逻辑的论证。写作学术论文的目的在于就学科之内的某些问题寻求对话并进行理性探讨,以此促进问题的解决或者推进。学术论文具有检验知识真伪、推动知识进步的重要价值,有利于提高人们的认知水平和推进人类文明的进步。就其内容和形式而言,具有以下特点:

一、学术性

　　学术论文的学术性即在写作内容、写作形式方面的专业性。

学者陈嘉映曾对"学术"做过一个简约的定义:"学术者,倚靠专业本领求道。"①学术论文写作者常常要在自己专业之内,运用所学知识解决专业问题,通过解决具体问题进而探究到一些普遍原理,为专业之内的具体问题解决作出自己的贡献。

因此,写作学术论文不同于我们在高中时代写作命题作文或者写作一般的记叙文、说明文和议论文,而是要进入一个专业领域,去推进知识进步或者解决一个专业问题。我们写学术论文不再是为了抒发自己的情感,而是要带着问题意识、交流意识去写。比如我们选择一个有意义的选题,如"网络对个人生活的影响",就不能简单地叙述自己的个人体验,写成记叙文,而是要运用具体的如社会学、心理学、哲学、文化研究等专业领域的理论知识,在前人对这个选题的研究基础之上,作大量的数据收集和调查,最后写出一篇说理性的文章,得出一个可靠的、经得起检验的结论。

学术论文的学术性要求我们在写作客体、期待读者、修辞手法上都应该有一个自觉的转移,我们必须结合本书前面几章的内容,就写作这一活动作出进一步的思考和推进。牢记学术写作的主要特征必须为学术性,非学术的写作要素和写作手法要一概摒除在学术论文之外,尤其是个人的私人生活和一些主观性的未经检验的臆测。

二、说理性

学术论文的说理性,也有人叫理论性。在这里我们选取"说理性"这个词,是为了强调学术论文写作的整个"说理"过程。学术论文写作不仅仅要有理论性,更重要的在于说理论证的过程。只有通过说理方式才能去构建、支撑论文的学术性。

学术论文的说理性,即在写作学术论文时,必须使用说理的方式和用语。说理的方式包含清晰的观点呈现和严密的观点论证,这既是学术论文写作的风格,也是学术论文写作的基本要求。我们看到专业性的学术论文常常是以清晰的章节和层层推进的步骤呈现研究成果的。

学术论文不同于一般文章的地方在于写作者使用了大量的说

---

① 陈嘉映:《说理》,北京:华夏出版社,2011年,第23页。

理词汇。说理用语或说理词汇，常常以本学科的专业理论和研究术语呈现。以文学专业为例，如果要写一篇文学研究的学术文章，我们肯定是已经接受了一定时间的专业训练，或者阅读了一些文学研究的图书，知道了文学的一些基本规律、研究方法和专业术语，进而能够用这些术语、理论去研究文学。当我们看到一个中文专业的学生写的学术论文中出现了"互文性""现代性""解构"等词汇，或者"某某故事的神话原型分析""某某故事的叙述视角转变"等论述时，他不是在装腔作势，故意让你看不懂，而是在试着使用文学术语进行说理性写作。说理词汇凝结了一门学科中的基础知识，能够使用说理词汇写作，说明写作者有过系统的专业学习。我们用这种方式写作学术论文，可以召唤有相同背景的读者共同推进某个问题的解决，提升专业内学术交流的效率，如果不懂得使用说理词汇或对说理词汇有误解，会增加学术交流的成本。

学术论文的说理性和它的学术性有着密切的关系，如果离开说理性，学术性就无从谈起。我们写作说理性的学术论文的目的是将自己的研究成果呈现给专业读者，而规范性则有助于学术共同体更有效地交流。

三、规范性

学术论文的规范性，指学术论文在内容上、形式上甚至伦理上都要符合相关学科、行业和社会的规范。就学术写作的目的而言，其中之一是对自己研究成果的呈现，期待读者是具有相同学科知识的专业同行。同行之间使用规范的形式和术语使得学术交流变得高效。许多学科都有自己规范性的术语、公式、符号，这是进入一个研究领域必须学习的东西，如果不管不顾这一系列基本规范而要探讨这个研究领域的一些问题，要么会被人认为没有入门，要么会增加交流的成本。

另外，强调学术论文的规范性，也是对学术成果的保护和尊重。学术研究一定是建立在既有的研究成果基础之上的，作为一个学术写作的起步者，不可能不依靠前人的研究成果。做好学术规范中的文献综述、文献引用等工作，既有利于研究成果的累积和层层递进，也显示出一个学术写作者良好的学术品格。当下，因忽略学术规范而陷入剽窃丑闻的学者屡见不鲜，希望我们每一个学术写作者都能引以为戒。

遵守学术论文写作的规范既有利于学术研究的推进,也是对前人和同行的劳动成果的尊重,理解学术论文的规范性特征有利于学术论文的整体写作。本科生在平时写作课程作业时,如果选择以学术论文的文体呈现,就应该严格遵守学术论文写作的规范,养成良好的学术习惯,将这种习惯内化为基本的写作素养,不能等到写作毕业论文或者需要发表文章时才去关注。

四、创新性

学术论文是在前人和同行的研究基础之上进行研究,是在一个学术共同体之内做知识的输出性工作。既然是共同体之内的知识输出,如果别人已经做过,而且做得更好,我们的学术论文就没有必要再写,没有创新性的学术论文大多数可能只是重复研究或者老调重弹。因此,创新性是学术研究的生命力和驱动力,只有不断创新,不断检验,才能促进知识不断进步。

学术论文的创新性主要体现在选择的研究课题新、观点新、思考问题的角度新、研究的方法新、取得的成果新等方面。对于刚起步的本科生而言,要做到学术写作的创新是比较难的,只能选择某一个小的角度实现创新。比如在论文选题上有新的角度,在材料上有新的补充,在某个论证上有新的完善,都是值得肯定的。不过,我们也不能为了创新而创新,本科生的学术论文写作中,既要做好说理论证能力的训练,也要做好体例、格式规范的练习,在这些练习的基础上再追求创新性才是比较可行的方法。只有在熟悉论文写作的具体步骤和重要组成部分之后,方能思考我们能在哪一个环节、哪一个要素上面创新。

第二节　学术论文的写作步骤

学术论文作为一种文体,也符合普遍意义上文章写作的规律。比如要有一个完整的写作过程,这个过程要有一定的阶段性和程序性,总体上也会经过感知、内孕和外化这一过程。但学术论文自身的特征又决定了它具有独有的写作步骤。了解学术论文的写作步骤,有助于我们更高效地完成一篇合格的学术论文。在本科阶段,清晰理解学术论文写作每个步骤的作用和意义,做好每一步的写作训练,有助于我们打好学术论文写作的基本功,进而写出合格的学术论文。学术论文的写作通常包括以下五个环节:确定选题、查找资料、阅读文献、论证观点和规范风格。下面,我们就一一介绍。

一、确定选题

确定选题,指确立自己的研究主题,这是学术论文写作的第一步。论文选题质量的高低,决定了论文写作的成败。当下,许多本科生习惯了高中时代的命题作文写作,下意识地认为毕业论文是老师已经把题目定好的,主动放弃了对论文选题过程的思考。论文指导老师这一边,也常常抱怨学生基本没有提出研究问题的能力,即使是老师给定的题目,学生写出来的内容也跟题目大相径庭,原因还是在于学生忽略了确定选题这一主要步骤。因此,对于同学们而言,必须将确定选题作为学术论文写作中必不可少的一环,主动思考选题,做好选题,才能完成以下诸多步骤。把自己浮泛的兴趣逐渐精细化到可研究、可操作的具体问题,选出属于自己的研究题目,是每一个学术论文写作者在确定选题时都要做的工作。这里建议大家从以下三个方面逐步明确自己的选题。

(一)从兴趣到主题

选择论文选题需建立在自己的兴趣之上,只有选择自己感兴趣的话题,才有动力去做好。研究兴趣一般来自于学科内感兴趣的话题,或是学科之外的一些现象。平常我们可能有广泛的兴趣,但要注意不能随意地去研究任何感兴趣的题目,因为我们可能并没有那么多的时间。本科生一般是在学业的最后一年内完成毕业论文写作,所以必须在适当的时间点确定一个具有可行性的题目。同时要对自己感兴趣的题目进行仔细思考:这个选题是不是大家已经广泛讨论过的? 或者只是一个目前还没有定论的大问题? 比如像"为什么选择开红色车的人性格比较急躁?""人类到底可以正确认识这个世界吗?"这类话题,虽然有很多人感兴趣,但是在一定时间内我们很难做出有创新性的成果。

因此,一个好的选题不仅要是自己感兴趣的,还要兼具一定的研究价值和可行性。当我们确定一个选题时,也要考虑到自己需要为这个选题花费的成本,这个选题要的确值得我们去思考研究。

(二)从广泛到明确

如果论文题目过大,会超出一般本科生的写作能力范围,缺少可行性。如在文学研究领域,有的同学将选题定为"唐诗中的某某现象研究"或者"外国文学中的某某研究",这种题目过大,对于刚开始写作学术论文的本科生而言,是难以写好的。因此,我们在确立选题时必须做到从广泛到明确,如"商用飞机的历史研究"这个题目就太广泛,如果改成"在商用飞机早期阶段,军方对 DC—3 的发展的重要贡献",问题就变得非常明确。我们只需要针对题目里引出的问题去收集资料,解决问题即可。由此可见,好的选题是具有问题意识的选题。

当然,我们还要注意,论文题目也不能过小。比如在文学研究领域,对一首诗歌或一个句子进行研究,虽然也可以写出好的学术论文,但对于本科阶段学术论文写作的起步者而言,研究范围过于狭窄和精深,容易带来挫败感,使写作者早早失去学术研究的乐趣。当然,这里的"大"和"小"是相对的,一定要根据自己的研究能力选择自己可以完成的研究课题。

(三)从题目到问题

前面我们提到选题中的问题意识,我们选择的研究课题在自己心里应该是一直带着问号的,直至我们写完论文,解决了这个问题。研究问题大体可以分成两大类:第一类是描述性的问题,包括是什么、何时、何地的问题;第二类是解释性的问题,包括为什么、怎么样、为何会这样的问题。这两类问题是交织在一起的,我们常常只有在知道第一类事实性的问题的答案之后,才能对第二类解释性的问题作出解答。我们在选择选题时要思考自己的选题是否能容纳这两类问题,并对这两类问题作出满意的论证。

通过以上三个方面,我们大体上可以确定自己学术论文的题目。在整个确定选题的过程中,我们需要一直思考什么题目对自己而言是一个好题目,这个题目除了具有价值性、可行性、问题性,还需要具有哪些特质,等等。

二、查找资料

在确定论文题目之后,就需要去查阅相关资料。到这一步,很多同学可能已经摩拳擦掌,打算按自己的想法一口气写下去。但学术论文的特点,决定了学术论文的写作不能闭门造车,也不能自顾自地写个痛快,而是要在已有研究成果的基础之上进行探讨。

查找资料的过程,也是对选题进行验证的过程。如果在查找资料的过程中,发现自己的选题已经有很多人做出了相当充分的研究,那么我们可能就要放弃这个选题,回到第一步重新思考选题。如果在查找资料的过程中,我们发现这个选题还有很多值得填补的东西,自己在这些资料上面可以再将这一论题往前推进一步,或把一个问题大体上说得更清楚一些,有利于后来做这一题目的人作为材料利用。这样的话,就可以验证我们的选题是可以立得住的。除此之外,在写作过程中,查阅并分析材料,可以充实我们的研究内容,获得更多的支撑材料。到最后学术论文的成型阶段,查阅资料可以防止遗漏掉重要文献。在这一环节,我们需要注意以下几点。

(一)辨别筛选可靠资料

从事学术研究,我们需要搜集、筛选、整理资料。我们将资料大致分为原始资料、二级资料和三级资料。所谓原始资料,即与你的写作关系最为密切的材料,比如在文学研究领域,要研究《诗经》或者《古诗十九首》,从其中确定自己的选题,则作为原典的这两本书就是原始资料。而其他人关于这两本书的专著或者论文,无论有多重要,被引用得多广泛,都只能算二级资料。依此类推,对于二级资料的研究资料,我们称为"三级资料"。在查找资料的过程中,我们首先要理清楚哪些是原始资料,哪些是二级资料,哪些又是三级资料,在后面整理、阅读资料的时候,要按照这个重要性的梯度,先阅读原始资料,接着读二级资料,最后读三级资料。

为了确保这些资料的可靠性,我们通常按以下标准进行筛选:

(1)看是否由信誉良好的出版社或刊物出版或刊登。尤其是对于原始资料,因为涉及一些原典,建议先考虑历史悠久、信誉良好的出版社,比如人文领域有商务印书馆、中华书局、上海古籍出版社、上海译文出版社、人民文学出版社等,或者一些声誉良好的大学出版社,比如北京大学出版社、中国人民大学出版社、南京大学出版社、北京师范大学出版社等。期刊方面,不同学科都会有学科内的核心刊物或者重要刊物,我们通过图书馆阅览室翻阅或者互联网检索等方式,一般都能快速筛选出可靠度比较高的期刊。

(2)作者是该领域内比较资深的学者。一些图书与期刊通常都会介绍作者的治学经历和研究领域,我们通过互联网也能很容易寻找到更多的相关数据。

(3)有些学科的资料要看是否使用了最新的数据和研究结论。比如在计算机科学领域,资料在几个月后可能就过时了。引用过时的资料,对于自己所做的研究意义不大。

(二)滚雪球式搜索

我们在查找资料时,可以利用书名、作者、分类,不断穿插、滚动,找到更多有用的资料,像滚动雪球一样,由小到大。接下来,我们从三个方面介绍扩大资料搜索范围的具体方法。

(1)在图书馆或网络上检索作者的名字。比如关于中国社会文化属性的研究,我们知道有本书叫《乡土中国》,它的作者是费孝通,我们可以去网上或者图书馆检索费孝通这个名字,会发现他还有其他著作,比如《江村经济》《生育制度》《中国绅士》等。我们试着去读读他的这些著作,可能会发现,作者的研究兴趣可能在这些不同的著作里有延伸或者改变,可能在这些著作里,他对某一问题有新的认识。如果我们不去检索,仅以一本最出名的著作概括一个学者的观点,可能会犯以偏概全的错误。

(2)根据图书馆的索书号追踪同一类书。比如在国家图书馆编号 C912 这一类书号下面全是社会学的书目,再细分到 C912.81,则是社会学下面的子类"城市社会学",如果我们要找的书被归类在这个书号下,那么我们就可以在图书馆的书架下多流连一会,看看左右两边的书,可能都是跟我们想要的资料相关的。或者你在图书馆找一本关于文学理论的书,名字叫《批评的剖析》,发现它的编号为 I06/21,那么你除了可以试着再检索一下作者诺斯洛普·弗莱,还可以顺便将 I06 下的所有书都大致看一遍。

(3)从一本书或一篇论文的参考书目往上检索。比如我们在阅读《中西文化比较》时，发现它的第13页有一个注释提到殷海光的《中国文化的展望》，如果我们找到这本书读一遍，或许会发现这本书对我们的研究具有更大的作用。然后我们再交叉利用前面提到的两种方法，去检索殷海光这个名字，找他的其他书，或者在他的一本著作的书号的排列区去发现同类书。这样通过滚雪球式的检索，我们会检索到关于一个研究题目尽可能多的文献资料。

我们在检索资料时，要尽量保证将自己研究的选题的相关重要文献一网打尽，力争不要遗漏。如果遗漏了一些重要的文献资料，可能给人研究不够专业的感觉，影响论文的质量。另外，如果不清楚一个话题下所有重要的文献资料，就像一幢建筑一样，别人已经建好了地基，你没有看见，自己再去重新建造，只会造成资源的浪费。同理，忽略重要文献，自己重起炉灶只能是重复研究。

很多学者都将穷尽研究资料作为学术研究的第一步。如王运熙在谈到自己的研究时说：

搜集材料，要力求广泛，旁搜博采，不怕麻烦，肯下功夫，要有竭泽而渔的毅力。我在研究汉魏六朝乐府诗时，除读有关诗歌集子和正史音乐志外，通读了《汉书》《后汉书》《晋书》《南史》等正史，翻读了"三通"、《西汉会要》《东汉会要》《唐会要》等，浏览了丁福保《全汉三国晋南北朝诗》、严可均《全上古三代秦汉三国六朝文》，还读了一部分有关地理志、类书、笔记小说等。①

可见，资料查阅的全面性对一个研究者有多重要。要确立一个有价值的学术观点，必须有大量的文献资料支撑。虽然各个学科的文献形式可能不同，但在"有一分证据，说一分话"上是一致的，相关资料越充分，我们对自己的观点才能越自信，也才能更容易说服别人。

（三）充分利用各种研究工具

相较于之前的研究者，我们所拥有的研究工具日益增多。今天我们可以轻松地查阅各种工具书、专著、期刊、电子期刊和各类非常细化的数据库，还有众多的网络资源可以利用。我们更要发

---

① 王运熙：《望海楼笔记》，西安：陕西人民出版社，2007年，第26页。

挥"上穷碧落下黄泉,动手动脚找东西"的主动精神去完成跟自己研究相关的资料收集工作。接下来,我们介绍一些常用的研究工具。

1. 网络数据库

目前在网络世界,生产虚假信息的成本极为低廉,我们每天得到的信息也是泥沙俱下,难辨真伪。在学术论文写作中,对于网络资料的搜集,我们首先要考虑的是搜索工具应该是学术性的数据库,尤其是自己学校付费购买的数据库。现在大多数高校都会购买网络数据库供本校师生使用,一般都在图书馆网页里面设置数据库入口,比如会在"资源"一栏里分为中文资源、外文资源、特色资源、免费资源、试用资源等,点击进去后会看到相关的数据库。作为在校学生,应尽早了解和熟悉本校可以获取的数据库,向老师或同学请教它们的使用方法。这里,我们以国内使用最为广泛的"中国知网"数据库为例,介绍资料搜索的具体方法。

在中国知网数据库里,一般有三大类检索内容:

(1)文献检索。可以检索到学术期刊、硕博论文、报纸、年鉴、专利、图书和政府文件、企业标准等内容。

(2)知识元检索。可以检索到知识问答、百科、词典、工具书、图片、方法、概念等内容。我们在阅读文献时会碰到自己不太熟悉的学术概念,这时候可以借助中国知网的知识元检索功能,这对于快速了解学术概念非常有帮助。

(3)引文检索。可以利用"中国引文数据库"检索被引用的作者、机构、期刊、地域、出版社等内容。

其中最常用的是第一类中的期刊论文和硕博论文的检索,具体可以通过论文题目、作者、关键词、期刊来源、作者单位等方式检索,然后下载到本地全文阅读。另外,中国知网还有句子检索功能,可以通过两个关键词,搜索到文献中含有这两个关键词的句子。有时我们脑中浮现一些关键词,但是不知道怎么组织成一个句子,这时候可以通过"句子检索"功能检索到比较成型的句子。

2. 书目

书目是用来介绍图书内容,提供文献线索和指导读书治学的有效工具,以下简要介绍查找古籍及现当代图书时分别使用的主要书目。

(1)查找历代古籍。查找历代现存古籍和收藏情况,可以利用《中国丛书综录》和《中国古籍总目》等。

《中国丛书综录》由中华书局于1959年至1962年出版,汇集了全国41家主要图书馆所藏的属于古典文献的丛书2797种,收录古籍38891部,分3册出版。

《中国古籍总目》由中华书局、上海古籍出版社于2009年至2013年出版。该书是现存我国汉文古籍的总目录,旨在全面反映我国主要图书馆及部分海外图书馆所存我国汉文古籍的品种、版本及收藏现状。

(2)查找现代图书。查找1949年以前的图书,可以利用《(生活)全国总书目》。

《(生活)全国总书目》,平心编,生活书店1935年出版。收录了1911年至1935年间全国出版的图书约2万种。

(3)查找当代图书。查找1949年以来出版的图书,可以利用《全国新书目》《全国总书目》和《新华书目报》。

三、阅读文献

在检索到充分的资料之后,我们便要对这些资料进行阅读和分析。当然,这个阶段可以与文献检索阶段紧密结合,即当我们阅读到之前被遗漏的文献时,可以停止阅读,完成检索;或者如果在检索文献时,发现更重要的文献,需要马上阅读,也可以先阅读。在这里,我们假定文献查找已经比较充分,即将开始对文献进行深入阅读。

在写作学术论文时,我们常常会发现一个规律,那就是"会读才会写",如果读不懂、读不透搜集到的文献,便很难写出合格的学术论文。本科生在阅读中文文献时常会出现以下问题。

(一)词、句层面读不懂

常常有同学反映,虽然一本书、一篇论文中的汉字全部认识,但就是不知道作者在讲什么,读完之后大脑一片空白。这种情况往往是因为无法理解最基本的术语和学术表达,本科低年级学生的阅读往往以娱乐性为主,严肃的学术文章读得很少或者根本不读,到高年级时,碰到充满专业术语和说理表达的文体时便会感到手足无措,轻易败下阵来。

比如在文学研究领域,有同学对诗词中的"境界"一说感兴趣,打算写一篇相关的学术论文。通过数据库检索,他搜到了赵毅衡先生的一篇论文:《从文艺功能论重谈"境界"》。该文刊于核心期刊《文学评论》2021年第1期,其摘要如下:

"意境"与"境界"两个概念虽经常混用,但中国古代论者以及王国维本人都赋予它们不同的意义。这是解开"意境"纠缠的办法,而且单独讨论"境界"是有文献根据的。"境界"既是创作者的对世界的观照,也是接收者对文艺作品的观照,是艺术进入的超越庸常利害的程度。"境界"借用中国古典文艺学,尤其借自佛教影响下的中国诗话批评,同时也是在呼应十八、十九世纪德国哲学的直观说。"境界"说值得推崇,因为它比较完美地体现了对文艺本质的中国式理解。

从题目到摘要,再到正文,频频出现"文艺功能""境界""意境""中国古典文艺学""文艺本质""直观说"等学术概念。我们如果不理解这些术语,就会出现我们前面所说的情况,即虽然认识每一个字,但读完还是不明白到底是什么意思。

针对上面这种情况,建议大家找到这些术语的出处和语境,再辅助阅读自己研究领域之内的关键词研究工具书。比如文学类研究者经常会翻阅的《文学术语辞典》《文化研究关键词》《西方文论关键词》等,先借助这些工具书,弄清这些概念的来源和含义,再去阅读文献就容易一些。其他人文学科也有相关的关键词著作,比如《传播学关键词》《伦理学关键词》《艺术学关键词》等。

(二)忽视阅读文献的内部结构

学术论文是一种结构非常严谨的文体,大到整篇文章,小到一个段落,都有严密的结构。我们如果想一口气读完,然后再去弄明白它的意思,往往收效甚微。我们在阅读学术论文时需要全面把握整篇文章的结构,深入领会它的核心内容,看作者提出了哪些创新性的观点,以及这些观点是否成立等。总之,我们要学会边读边分析和思考。这里,建议大家从两个方面把握一篇论文的结构:

(1)从论文的研究对象、研究视角、研究方法、研究结论这些要素去仔细琢磨论文的内在结构。看文章中的研究对象是什么,作者使用了什么限定词,这样限定是否有利于他论证自己的观点;作者的研究视角是什么;在研究方法层面,作者使用的是量化方法、质化方法,还是混合方法;在研究结论层面,作者最后巩固的核心观点是什么,留下了哪些展望。以这样的方法阅读学术论文,就比较容易读透,真正做到"会读才会写"。

(2)从文章的外在布局,即标题、摘要、前言、文献综述、框架结构、分析过程、结论去阅读。在阅读这些部分的时候,我们要认真思考每一部分与其他部分的关系。我们在阅读论文的每一部分时要思考:作者为何这样写?文章到底提出了什么问题?这些问题在正文里有没有得到解决?阅读摘要能不能看到文章最主要的观点?只有带着疑问去阅读,我们才能慢慢理解好的论文的每一个部分都是相互呼应的。

四、论证观点

学术论文是写给学术共同体中的同行,以及对自己所论述的问题感兴趣的专业读者的。因此,学术写作过程中的观点论证特别重要。我们在进行学术写作之时,应该时刻想着读者会发问:为什么我要相信你的这个观点?

在学术写作过程中,我们不能强迫读者认同自己的观点,而是要形成一种理性的、清晰的对话态度和风格。你不仅要拿出读者需要知道的材料,论证自己的论点,而且要预测读者会在哪里反驳自己,自己的论点是否能够立得住。这样做并不是自己在为难自己,而是帮助自己和读者共同发现并了解一些客观事实和问题的解决方法。

美国学者韦恩·C.布斯等人在《研究是一门艺术》中提炼出学术写作中要回答读者的五个问题:

(1)什么是你的**观点**(claim)?
(2)什么**理由**(reasons)能支持你的观点
(3)什么**证据**(evidence)能支持你的理由?
(4)你**承认**(acknowledge)这些不同的替代方案/复杂的情形/

或反驳吗？你如何作出**回应**（respond）呢？

（5）什么**原理/论据**（principle/warrant）能证明你的理由和观点之间的关联呢？①

由此产生了学术写作中观点论证的五个要素：观点、理由、证据、承认和回应以及论据。在论证一个观点时，我们可以根据这五个要素检查自己的论证过程。

下面仍以《研究是一门艺术》中的一个案例来展示这五个要素的论证过程：

①电视暴力会对儿童心理造成伤害(观点1)，②因为暴露在大量的电视暴力下的儿童倾向于接受他们所看到的价值观(理由1支持观点/观点2被理由2支持)。③不断地暴露在暴力的影像下，将使他们无法分辨虚幻与真实(理由2支持理由1/观点2)。④Smith(1997)发现一天观看超过3小时的电视暴力节目的5—9岁儿童，比起其他小孩有高出25%的几率认为他们所看到的电视节目是"真实发生的事情"(证据支持理由2)。⑤**当然，倾向于观看大量的暴力性的节目的儿童可能已具暴力的价值观**(承认)。⑥**但是Jones(1989)发现不论儿童有无暴力倾向，他们都易被具有暴力性的节目吸引**(回应)。②

我们逐步来看这段行文的论证过程：

首先，必须提出自己的观点，因为这是学术论文的核心。上面这段论证中，第一句话"电视暴力会对儿童心理造成伤害"便是作者的观点。作者认为电视里的暴力画面会对儿童的心理造成伤害，这是很明确的一个观点，是一个"断言"，而且倾向于断言这件事为真。因此如果他在下面没有理由支撑的话，只有断言是说服不了别人的。

接下来，作者便要找出理由来支撑他的观点，同时也是说服读者相信他的观点。这里用了"因为"这个词来连接观点和理由。作者的理由是"暴露在大量的电视暴力下的儿童倾向于接受他们所

---

① 韦恩·C.布斯、格雷戈里·G.卡洛姆、约瑟夫·M.威廉姆斯：《研究是一门艺术》，陈美霞、徐毕卿、许甘霖译，北京：新华出版社，2009年，第107页。

② 韦恩·C.布斯、格雷戈里·G.卡洛姆、约瑟夫·M.威廉姆斯：《研究是一门艺术》，陈美霞、徐毕卿、许甘霖译，北京：新华出版社，2009年，第111页。

看到的价值观"。这个理由同时也被接下来的理由支撑,所有的理由都必须建立在证据上。

在我们日常的交谈之中,往往会忽略理由下面的证据,只用理由来支撑观点。比如下面这句话:

老师,上午最后一堂课不能拖堂,(观点)
因为食堂很快就没饭了。(理由)

老师不会问没有饭的证据是什么,或者严苛到要求食堂每个窗口的服务人员都给出数据、时间点证明来证实这个理由,再来同意你的观点。但是,当我们进行严肃的学术研究时,必须给出能够说服读者的证据。上文作者在陈述完自己的观点和理由之后,用了证据来说明自己的理由和观点是立得住的。他用了 Smith 公开发表的研究成果,里面有详细的数据支撑。

到这个阶段,读者可能还是会对论证的各个部分提出质疑。比如,有读者可能会质疑:在观看电视暴力之前,可能儿童就有暴力倾向,用这个质疑来推翻你的观点。所以最后作者站在读者的角度又作出了承认和回应:

当然,倾向于观看大量的暴力性的节目的儿童可能已具暴力的价值观(承认)。**但是 Jones(1989)发现不论儿童有无暴力倾向,他们都易被具有暴力性的节目吸引**(回应)。[①]

最后一步,即使你的证据非常充分,读者仍可能会质疑你的观点和理由之间的关系。他们虽然可能同意你的理由及证据,但是仍然不会认可你的观点,除非你找出原理或者论据将它们关联起来。

仍以前面的论证过程为例:

曾经观看大量电视暴力节目的小孩长大成人后,倾向于认为暴力在日常生活中是合理的,(观点)
因为当他们是儿童时,就倾向于接受他们看到的暴力的价值观。(理由)

---

① 韦恩·C.布斯、格雷戈里·G.卡洛姆、约瑟夫·M.威廉姆斯:《研究是一门艺术》,陈美霞、徐毕卿、许甘霖译,北京:新华出版社,2009年,第111页。

读者可能不会质疑理由的真实性,但仍然会质疑理由与观点的关联性:

为什么儿童时接受暴力的价值观,在成人时就必然会接受暴力在日常生活中是合理的?我看不出观点与理由之间的相关性。

为了回答这个质疑,作者必须提出一般性的原则(原理),来说明为什么这个理由和这个观点有关联:

如果儿童接受特定的价值观,当他们长大成人后,会把反映出他们价值观的行为视为正常。

上面的陈述便是论证过程中的最后一个要素:论据。论据表达了推理的普遍性原理,这个原理不仅适用于电视暴力,也适用于所有儿童时期建立的价值观与日后的成人行为。

以上便是一个完整的观点论证过程,在本科学术论文写作阶段,我们要先试着从一个单独观点去论证。依照论证过程中的这五个要素,以读者意识为参照,通过不断修正,使自己的学术论文能够拥有缜密的论证过程,使自己的观点具有说服力,能够被更多的人接受,这是学术论文写作的核心所在。

四、规范体例

我们的论文写作在经过选定题目、收集文献、构想论证之后,需要做的还有注意学术论文的体例规范。以下,我们主要从论文的语言风格和形式规范两个方面分别予以说明。

(一)语言风格的规范

前面我们在介绍学术论文的特点时,提到学术论文的学术性、说理性和规范性,这些特点决定了学术论文的语言风格。总体而言,学术论文要求我们的写作风格从中学作文写作的重文采、重抒情向学术论文写作的重说理和重论证转变。刘军强在《写作是门手艺》中就这一转变作了较为详细的分析,他以《当记忆流经奥斯维辛》高考满分作文为例。在此,我们仅摘录其中几段:

古人云"天地有正气,杂然赋流形。下则为河岳,上则为日星。于人曰浩然,沛然塞苍冥"。犹太人正是凭着这一股浩然之气,将心中的愤怒转化为一股复兴民族的决心。不要以为不声不语的他们已将历史忘却，时间永远不会使有些记忆风化，就像叶延滨永远不会将荒野无灯的感触忘记一样，奥斯维辛也永远不会将屈辱的历史遗忘，即使时间不断轮回。

那天，奥斯维辛警钟长鸣；那天，犹太人饱含热泪；那天，记忆流经这和平世界；那天，和平在向那极端的功利者和道貌岸然的战争者宣判。胜利的钟声会在和平者心中响彻。

时间永远不会将奥斯维辛风化在记忆底层！[①]

刘军强邀请了两组评委来给这篇作文打分。第一组包括初一学生、大一、大二、大四学生各一名，第二组包括四名教师，分别来自耶鲁大学、中山大学、上海交通大学和中山大学。第一组评委给出了平均分 9.25 的好评，而第二组评委只给出平均分 6.75 的差评。大学老师的评语也比较一致，像"主旨不明确，情感渲染多但焦点模糊""用诗话的语言说理，因此沦为没有事实依据的、一厢情愿的强加说理""廉价抒情、无病呻吟"[②]。由此可见，进入大学之后，老师对学生的写作评价标准发生了改变，他们希望学生能从高中时期重抒情和重文采转变为重说理和重论证，希望学生能够放弃绚丽的文风而转向清晰直白。

（二）论文形式的规范

一篇合格的学术论文，不仅要在内容、语言风格等方面符合学术要求，而且要在形式方面符合学术要求。对此，北京大学朱苏力教授曾说：

你们要面对的是一套看上去很冷峻其实未必冷冰冰的关于社会的因果性知识，斐然的文采必须让位给叙述的精确；甚至你们必须学会一套现代的有关知识和学术的规范：抄录他人的精美文字，在中学时可能得到作文老师一串串红圈，而在这里，则是侵犯知识

[①] 刘军强：《写作是门手艺》，桂林：广西师范大学出版社，2020年，第23页。
[②] 刘军强：《写作是门手艺》，桂林：广西师范大学出版社，2020年，第24—25页。

产权,甚至是剽窃,不能毕业,得不到学位。①

熟悉学术规范,严格要求自己的学术写作遵守规范,应该是每个大学生都要恪守在心的准则。不管是平时通识课程的期末论文写作,还是毕业论文的写作,都应该严格要求自己,除了要完成任课老师的要求,或者学校论文写作指导手册上的要求,还要将自己作为学术共同体的一员,主动去学习和遵守学术规范。

第三节 学术论文的写作

具体到一篇学术论文的形式方面,虽然各个学科、专业之间要求各异,但有一些共同的要求需要大家去了解和学习。比如一篇学术论文必须有题目、摘要、关键词、正文、结论,正文必须要分章节论述,各个章节必须有精当的标题。最后,学术性论文要有引文和参考文献。接下来,我们结合学术论文的写作,逐一介绍这些通约性的要求和准则。

一、摘要和关键词

1. 摘要

(1)摘要的含义和作用。论文摘要,就是用简明扼要的文字对论文的核心内容进行的概括和提炼。我们可以将论文摘要看成一篇浓缩版的小论文。论文摘要既是为作者自己而写,也是为读者而写。通过写摘要,作者能够进一步明确自己的文章到底写了什么以及是怎样写的。读者通过阅读摘要,也能够快速了解论文的核心内容。

(2)摘要的特征。

①语言凝练。一篇摘要字数为200—500字,每一个句子都要能最大限度地提供信息,可以让读者在不阅读全文的情况下了解整篇论文的观点。

---

① 朱苏力:《这一刻,你们是主角——北大法学院2003级新生开学典礼致辞》。

②表达准确。摘要首先要保证表达的准确性,准确地反映论文的核心观点,不论述论文中没有的要素。摘要对文章内容的概括要透彻、全面。

③情感中立。论文摘要不能情绪化,不在摘要中对论文内容作诠释和评论,更不能进行自我评价,也不说研究的意义与价值,只要说出观点和研究结论就行。有些刊物明确要求摘要中不能使用第一人称,要用第三人称。

④连贯可读。摘要内容虽然简短,但是要注意表述的连贯性,条理要清晰。摘要呈现出来的是一段具有内在逻辑的内容,是一篇微型文章,或者说是论文的精华。

⑤格式规范。摘要中一般不用数学公式,不出现插图、表格等内容,不使用引语和脚注。

(3)摘要的撰写。接下来,我们将摘要分成五个组成部分,并结合具体案例分析摘要该写什么和如何写。

①摘要的第一句话。一般来说,摘要的第一句话应该写出要研究的问题,或者开宗明义,讲出文章的主题是什么。不需要介绍自己的研究背景,也不用谈该研究的重要性,第一句话就应该切入主题。

②接下来应该用一到两句话讲用什么方法来解决这个研究问题。

③具体说明在论文中依此方法会发现什么问题,这个问题有没有解决。

④这一发现说明了什么。

⑤申述自己最重要的论点或者研究结果。

这里以两个具体例子来呈现一篇摘要的构成。第一个是何钧力的论文《高音喇叭:权力的隐喻与嬗变——以华北米村为例》的摘要:

乡村社会权力结构的变迁是中国农村研究的一个重要议题。本文依据华北地区米村的田野调查资料,以米村高音喇叭的演变史为分析文本,发现在改革开放以后,高音喇叭经历了从"国家象征"到"广告载体"的变化。喇叭的"角色转换"事实上反映了国家权力运作方式在乡村社会的转变:少了些"管控",多了些"治理"。

以国家治理内在逻辑的变迁及乡村社会环境的变化为表征的乡村社会转型是权力运作方式转变的主要原因。①

该摘要第一句话就点明了论文的研究主题或者主要问题,即研究"乡村社会权力结构的变迁"这个农村研究中的"重要议题"。接下来的第二句话清晰地说明了研究的依据和资料来源,也限定了研究的范围,即以田野调查的方式,运用田野调查的资料去研究米村这个范围内的高音喇叭的演变史。然后讲发现了什么,即作者发现在改革开放以后,高音喇叭经历了从"国家象征"到"广告载体"的变化。接下来讲这一发现说明了什么,即说明了(反映了)国家权力运作方式在乡村的转变,具体是少了"管控",多了"治理"。最后一句话讲出了自己的最重要的论点,或者是得出来的结论:以国家治理内在逻辑的变迁及乡村社会环境的变化为表征的乡村社会转型是权力运作方式转变的主要原因。这一摘要用简短的文字概括了整篇文章的核心内容,能够让读者快速了解该文研究的主要问题、研究方法和核心观点。

第二个例子是周雪光的论文《基层政府间的共谋现象——一个政府行为的制度逻辑》的摘要:

中国一些基层上下级政府行为的一个突出现象是,在执行来自上级部门特别是中央政府的各种指令政策时,常常采取"上有政策、下有对策"的各种手段,来应付这些政策要求以及随之而来的各种检查,导致了实际执行过程偏离政策初衷的结果。本文从组织学角度,对这类现象提出一个理论解释。本文的中心命题是:在中国行政体制中,基层政府间的共谋行为已经成为一个制度化了的非正式行为;这种共谋行为是其所处制度环境的产物,有着广泛深厚的合法性基础。本文讨论组织制度的三个悖论,对这一现象提出理论解释:(1)政策一统性与执行灵活性的悖论;(2)激励强度与目标替代的悖论;(3)科层制度非人格化与行政关系人缘化的悖论。本研究强调,共谋行为不能简单地归咎于政府官员或执行人员的素质或能力,其稳定存在和重复再生是政府组织结构和制度

---

① 何钧力:《高音喇叭:权力的隐喻与嬗变——以华北米村为例》,载《中国农村观察》2018年第4期。

环境的产物,是现行组织制度中决策过程与执行过程分离导致的结果,在很大程度上也是近年来政府制度设计特别是集权决策过程和激励机制强化所导致的非预期结果。而欲改变这一状况,首先需要对政府组织现象进行深入系统的研究,提出有力的理论解释。①

这一摘要比较翔实,真正做到了对整篇论文的压缩、再现,具有"见摘要如见全文"的效果。摘要的第一句话就指出了研究主题,对论文的标题也给出了回应,这样写容易吸引读者在看完标题后继续往下读。第二句话点出了研究方法;第三句话列出论文的中心命题;第四句话写发现的主要问题,即"三个悖论";第五句话写论文的核心观点;最后一句话提出问题的解决方法。全段虽然看着字数比较多,但只有六句话,六句话各有各的功能和作用,而且论述非常客观中立,没有对研究价值的评述,也没有讲研究背景是什么,或者想要填补什么研究空白,其清晰、准确的语言风格也具有一种简洁美。

2. 关键词

(1)关键词的含义和作用。关键词是与论文题目、摘要相呼应的,能够贯通全文脉络的重要词或词组,一般位于摘要的下方。一篇论文的关键词数量一般在3—7个,彼此用分号隔开。通过论文的题目、摘要,再加上关键词,我们能够快速了解论文的核心内容。另外,关键词也是文献检索的重要线索,关键词选用是否得当,关系到论文被检索的概率和研究成果的引用率。

(2)关键词的特征。

①关键词是学术专有名词。关键词不是日常生活中的普通词语,应该呈现学术论文的学理性和专业化。同时也要避免用短语和句子作为关键词,关键词应尽量选用中文词或词组,避免直接用英文缩写作为关键词。

②关键词是论文中的高频词汇,要避免通过直接切分标题的形式获得关键词。比如一篇论文的题目是《当下男性的择偶标准

---

① 周雪光:《基层政府间的共谋现象——一个政府行为的制度逻辑》,载《社会学研究》2008年第6期。

及相关因素分析》，直接来切分标题的话可以得到"当下""男性""择偶标准""相关因素""分析"这些关键词，其中能够用于关键词的词组可能只有"择偶标准"，其他关键词需要到文中去找。

③关键词与论文选题、研究主旨、核心论点密切相关。相关系数越高，论文在数据库中的关键词检索中就越容易被需要它的读者检索到。

(3) 关键词的提取。我们在提取关键词的时候一定要牢记关键词的特征和功能，不能仅仅只是把文章的标题截成几个词语或词组变成关键词，或者随便抓取几个论文里出现次数较多的词语。关键词的提取一定要结合论文中的核心要素来选取，比如在论文的研究主体、研究维度、研究方法、研究结论中斟酌哪些最应该提取，还需要继续在层次标题、正文、关键概念中抽取部分关键词作为补充。直到最后，用3—7个词语，让读者能够结合论文题目和摘要知悉整篇文章的内容，也能迅速通过这些关键词检索到我们的论文。其次，抽取出来的关键词的顺序，不能随意排列，应当遵循一定的规律。一般情况下是核心概念或者研究主体优先，文中出现顺序早的优先。下面，我们以王向远的论文《日本的"哀·物哀·知物哀"——审美概念的形成流变及语义分析》为例简要分析关键词的提取过程。

关键词：日本美学；哀；物哀；知物哀；《源氏物语》；本居宣长

这是一篇研究日本传统美学中几个关键概念形成流变的论文，作为最重要的研究对象，"日本美学"出现在了关键词中，而且排在第一位，点出了研究对象以及这个对象在这篇论文中的重要性，同时读者通过这个关键词能迅速检索到这篇文章。在此，作者没有简单地截取题目，而是用"日本"来做关键词。接着我们对照论文的各级标题：

一、"哀"
二、"物哀"
三、"知物哀"

接下来的三个关键词，是作者从论文的三节标题中提取出来的高频词汇，这三个词汇贯穿论文的正文。那么还剩下两个关键词是不是作者随机抓取来凑数的呢？我们来对照这篇论文的摘要部分：

摘要：《源氏物语》中表达主观感动和感受的"哀"，到江户时代由本居宣长发展整合为客观化的作为审美对象的"物哀"概念，并由此生发出对"物哀"加以感知和理解的、作为审美活动的"知物哀"，是这三个概念形成演变的基本轨迹。"物哀"之"物"是能够引起"哀"感的具有审美价值的对象物，是把政治、道德、说教等内容排斥在外的。"知物哀"的"知"是一种审美性感知、观照或静观，因而"知物哀"就是"审美"的同义词。但"知物哀"所"知"的对象常常是超越道德的复杂深刻的人性、人情，只有对人生、人性、人情有充分理解才能有所"知"，因而"知物哀"是最为复杂、最为困难的一种审美活动。①

读完摘要我们会发现作者提取的《源氏物语》和本居宣长这两个关键词是呼应了论文题目中的"审美概念的形成流变"，《源氏物语》和本居宣长，一部书，一个人，在这几个概念的形成和流变过程中起着非常重要的作用，不得不提，所以也能称得上关键词。

由上面的例子，我们可以看出论文摘要的基本写法和特征，以及摘要与关键词跟全文内容的关系。关键词和论文题目、摘要相互呼应、相互补充。

二、引言

引言，又称导言、绪论、前言，是论文的开头部分。引言一般包括下面四个部分：①进行研究的背景，说明在这种背景语境之下，此问题值得研究；②对相关难题的陈述，说明自己要解决的是什么问题；③对这一难题的回应，指出解决这一问题的价值；④过渡到正文，引起读者往下阅读的兴趣。这里，我们以《研究是一门艺术》的引言为例来说明：

为什么机器不能更像人？在《星舰迷航记：银河飞龙》(*Star Trek：The Next Generation*)的每一集里，生化人戴塔(Data)几乎

---

① 王向远：《日本的"哀•物哀•知物哀"——审美概念的形成流变及语义分析》，载《江淮论坛》2012 年第 5 期。

都会思考人之为人的原因。在《星舰迷航记：银河飞龙》的原著里，水星人斯波克先生（Mr. Spock）也提过类似的问题，而他作为人的身份也因其机械般的推理与缺乏情感而备受质疑。事实上，戴塔和斯波克仅是近来被用以揭示人性的"模拟人"（quasi-persons）。同样的问题已被《科学怪人》（Frankenstein）和《魔鬼终结者第二集》（Terminator Ⅱ）之类的怪物所提出。但真正的问题是：为什么他们努力想成为的人类角色通常都是白种人而且还都是男性？以文化的诠释者而言，此现象是否心照不宣地强化了我们对"正常"（normal）人的刻板印象？事实上，渴望成为模范人（model person）似乎是由西方标准所界定的，排除了世界上大多数人的想法。①

这一引言介绍了整篇论文研究的背景："为什么机器不能更像人？……同样的问题已被《科学怪人》（Frankenstein）和《魔鬼终结者第二集》（Terminator Ⅱ）之类的怪物所提出。"

也有关于难题的陈述："但真正的问题是……此现象是否心照不宣地强化了我们对'正常'（normol）人的刻板印象？"

还有对这一难题的回应："事实上，渴望成为模范人（model person）似乎是由西方标准所界定的，排除了世界上大多数人的想法。"

这样的引言不仅非常全面，而且能起到引出下文的作用，我们平时在引言的写作过程中一定要明确引言所应包括的内容和它在整篇文章中的作用，不能把引言只当作论文最前面可有可无的"场面话"。

三、文献综述

文献综述，也叫作文献回顾，是通过简明扼要的语言对某个论题的已有研究成果进行的总结和概括。其常见的思路是：首先对已有的成果进行全面的总结，从中梳理出研究的脉络，扼要分析这些文献的贡献与不足，再从中提炼出自己的研究课题，进而将这一研究继续推向深入。

---

① 韦恩·C.布斯、格雷戈里·G.卡洛姆、约瑟夫·M.威廉姆斯：《研究是一门艺术》，陈美霞、徐毕卿、许甘霖译，北京：新华出版社，2009年，第211页。

为什么学术论文要写文献综述呢？因为依据学术论文的特点，我们必须追求学术性和创新性，学术性自不待言，尤其是创新性，是一篇学术论文写作的最重要的驱动力。在我们确定了研究选题，搜集、阅读了大量与该课题相关的文献之后，便要千方百计地找出新的研究角度或研究方法。文献综述可以帮助我们找到问题的源头，明确这一问题的由来及研究进展，也可以让我们了解前人使用的方法和得出的结论，而这些都是我们进一步研究的基础，否则我们就有可能做无用功，即不断地重复前人。所谓的学术创新，首先就体现在对已有研究成果的全面把握的基础之上。那么，我们应该怎样撰写文献综述呢？其步骤大致如下：

1. 确定主题

这一步，跟我们前面所说的"确定选题"可以互为参照，即在论文写作的最初步骤，在思考选题的时候就可以着手写文献综述。

2. 文献筛选

文献综述的写作离不开前面我们提到的文献搜索和阅读，相较于文献搜索和阅读，在着手文献综述的写作时需要我们进行一定的筛选，因为前面花功夫搜集文献和阅读文献的目的只有一个，就是整合此项研究的脉络，在此基础上推进自己的论证。因此，在写作文献综述时，我们要牢记文献综述是一段书面论证，它在我们的整个论文中应该占恰当的比例。文献综述不是所有之前研究成果的堆积。搜集、阅读完材料之后，在写作文献综述阶段必须完成筛选，然后形成论证。

3. 文献研究和分析

在文献综述的写作过程中，需要对检索到的资料进行细致的研究，包括对资料进行集中、综合和分析，从而建立起自己的综合论证。依据前面形成的证据，形成一系列合乎逻辑和可信的结论与论断。这些都要建立在对文献的研究和分析的基础之上。

4. 形成论证

我们在对收集到的资料进行筛选整理后，要想着使这些材料为自己成功论证论文的主题所用，要利用这些资料对自己的论断进行逻辑安排，对相关资料进行组织，使之成为我们的论证主体。我们也要对研究课题的现有知识进行解释。

5. 综述撰写

由上述流程可以看出来，文献综述分为综（检索、阅读、筛选）、述（归纳、分析、概述）、评（建构、评论、总结）三个主要部分。在撰写环节，重点在述和评上面。撰写时要对阅读过的有用文献进行归纳，简要论述出来，既要对以往的文献进行恰当准确的评价，又要通过对文献的分析和评论，引出自己的主张和论点。我们在撰写文献综述时要注意四点：①关于一个论题的文献，我们要尽可能去读原著，一些二手文献只能作为参考；②要筛选出关联最为密切且研究质量高的文献；③要避免只综不述的情况，即只对文献材料进行概括而不加以分析和归纳，同时也未从中梳理出有关的问题；④文献综述的篇幅不宜过长，不能事无巨细地进行罗列，否则会喧宾夺主。

四、结语

结语，也称结论，是论文的收尾部分。它是对引言和正文的有效总结，以及在正文论证基础上的延伸和拓展。虽然它和正文有必然的内在联系，但不是对正文观点的简单复述。结语的表述必须严谨，所得出的结论必须是从正文推导而来的，不能偏离正文或者拔高自己的观点和结论，更不能无中生有。如果还有一些悬而未决的问题，在结语中也应该表明，以便他人就此问题展开进一步研究。

五、参考文献

参考文献是我们对论文中引述的他人话语、材料或观点所作的说明。按照当前的学术规范，我们在论文中无论是直接引用，还是间接引用，都必须予以注释，否则就可能构成知识侵权，大家对此务必高度重视。目前，国内高校学位论文参考文献的规范主要参照国家质量监督检验检疫总局和中国国家标准化管理委员会于2015年5月15日发布、12月1日实施的《信息与文献 参考文献著录规则》(GB/T7714—2015)执行。参考文献的位置处于正文之后，即标注在文尾。常见的参考文献有专著、专著中的析出文献和连续出版物三种。下面，我们逐一介绍。

1. 专著

它通常包括两种情况：一是传统的图书，即纸质文献；二是各大图书馆或数据库收藏的电子图书。它们的著录格式如下：

（1）纸质文献。

主要责任者.题名:其他题名信息[文献类型标识/文献载体标识].其他责任者.版本项.出版地:出版者,出版年:引文页码.

示例：

[1]童庆炳.中国古代心理诗学与美学[M].北京:中华书局,1992:81.

[2]陈登原.国史旧闻:第1卷[M].北京:中华书局,2000:30.

[3]斯拉沃热·齐泽克.斜目而视:透过通俗文化看拉康[M].季广茂,译.杭州:浙江大学出版社,2011:90.

[4]塞缪尔·早川,艾伦·早川.语言学的邀请[M].柳之元,译.北京:北京大学出版社,2015:27.

[5]北京大学哲学系外国哲学教研室.西方哲学原著选读:上卷[G].北京:商务印书馆,1981:10.

[6]北京市政协民族和宗教委员会,北京联合大学民族与宗教研究所.历代王朝与民族宗教[M].北京:民族出版社,2012:98.

[7]ALLEN G. Roland Barthes[M]. London and New York: Routledge, 2003:66.

[8]DELEUZE G, GUATTARI F. Anti-Edipus[M]. New York:The Viking Press,1977:83.

（2）电子文献。

主要责任者.题名:其他题名信息[文献类型标识/文献载体标识].其他责任者.版本项.出版地:出版者,出版年:引文页码[引用日期].获取和访问路径.数字对象唯一标识符.

示例：

[1]杨保军.新闻道德论[D/OL].北京:中国人民大学出版社,2010[2012-11-01]. http://apabi.lib.pku.edu.cn/usp/pku/pub.mvc?Pid=book.detail&metaid=m.20101104-BPO-889-1023&cult=CN.

[2]赵学功.当代美国外交[M/OL].北京:社会科学文献出版社,2001[2014-04-25]. http://www.cadal.zju.edu.cn/book/trySinglePage/33023884/1.

[3]SOMMERS C H, XUETONG F. Food Irradiation Research

andTechnology. 2nd. ed. Ames,Iowa:Blackwell Publishing,2013:25-26[2014-06-26]. http://onlinelibrary.wiley.com/doi/10.1002/9781118422557.ch2/summary.

2. 专著中的析出文献

析出文献,指的是从整个信息资源中提取的具有独立篇名的文献。这类文献的著录格式也有两种类型,详情如下:

(1)纸质文献中的析出文献。

析出文献的主要责任者. 析出文献题名[文献类型标识/文献载体标识]. 析出文献其他责任者//专著主要责任者. 专著题名:其他题名信息. 版本项. 出版地:出版者,出版年:析出文献的页码.

示例:

[1]程根伟. 1998年长江洪水的成因与减灾对策[M]//许厚泽,赵其国. 长江流域洪涝灾害与科技对策. 北京:科学出版社,1999:32—36.

[2]娜塔丽·萨洛特. 怀疑的时代[M]//柳鸣九. 新小说派研究. 北京:中国社会科学出版社,1986:30.

[3]马克思. 政治经济学批判[M]//马克思,恩格斯. 马克思恩格斯全集:第35卷. 北京:人民出版社,2013:303.

[4]KNIGHT D. Barthes and Orientalism[M]//BADMINGTON N. Roland Barthes:Critical Evaluations in Cultural Theory:Vol. IV. London and New York:Routledge,2010:158.

(2)电子文献中的析出文献。

析出文献的主要责任者. 析出文献题名[文献类型标识/文献载体标识]. 析出文献其他责任者//专著主要责任者. 专著题名:其他题名信息. 版本项. 出版地:出版者,出版年:析出文献页码[引用日期]. 获取和访问路径. 数字对象唯一标识符.

示例:

[1]ROBERSON J A, BURNESON E G. Drinking Water Standards, Regulations and Goals[M/OL]//American Water Works Association. Water Quality & Treatment:A Handbook on Drinking Water. 6 th. ed. New York:McGraw-Hill. 2011:1.1-1.36[2012-12-10]. http://lib.mylibrary.com/Open.aspx?Id=291430.

3. 连续出版物

连续出版物，指的是计划连续出版发行的印刷或非印刷形式的出版物。各种期刊就是最常见的连续出版物之一。我们在论文写作的过程中引用的通常是这些期刊中某个作者的单篇文章，其著录格式如下：

（1）纸质刊物。

主要责任者.题名:其他题名信息[文献类型标识/文献载体标识].年,卷(期).出版地:出版者,出版年[引用日期].

示例：

[1]喻忠杰.目连入戏图像生成路径探赜[J].文艺研究,2021(3):106.

[2]姜淼,姜广平.揭秘生命体的本源与内涵:文学史视域中的莫言小说创作初探[J].小说评论,2021(2):148-149.

[3]DE MAN P. Roland Barthes and the Limits of Structuralism[J]. Yale French Studies,1990,77(3):177-178.

（2）电子刊物。

主要责任者.析出文献题名[文献类型标识/文献载体标识].连续出版物题名:其他题名信息,年,卷(期):页码[引用日期].获取和访问路径.数字对象唯一标识符.

示例：

[1]王学典.推动中华优秀传统文化创造性转化、创新性发展[N/OL].光明日报,2021-05-17(10)[2021-05-18]. https://epaper.gmw.cn/gmrb/html/2021-05/17/nw.D110000gmrb_20210517_5-10.htm

[2]李幼平,王莉.循证医学研究方法:附视频[J/OL].中华移植杂志(电子版),2010,4(3):225-228[2014-06-09]. http://www.cqvip.com/Read/Read.aspx?Id=36658332

[3]FRESE K S, KATUS H A, MEDER B. Next-Generation Sequencing: from Understanding Biology to Personalized Medicine[J/OL]. Biology,2013,2(1):378-398[2013-03-19]. http:www.mdpi.com/2079-7737/211/378. DOI:10.3390/biology2010378

从上述示例可以看出，文献类型和载体标识是参考文献的必要组成部分，按照《文献类型和载体代码》(GB3469-83)的规定,各类常用文献用单字母标识如下：

M——专著（含古籍中的史、志论著）；C——论文集；N——报纸文章;J——期刊文章;D——学位论文;R——研究报告;S——标准;P——专利;A——专著、论文集中的析出文献;Z——其他未说明的文献类型。电子文献类型用双字母标识:DB——数据库;CP——计算机程序;EB——电子公告。纸张型和非纸张型载体电子文献除了要标注文献类型代码,同时还要标注载体类型代码:J/OL——网上期刊;M/OL——光盘图书;DB/OL——联机网上的数据库;EB/OL——网上电子公告。对于这些代码,我们一定要认真区分并标注准确。

以上是国家质量监督检验检疫总局和中国国家标准化管理委员会制定的参考文献规范。目前,国内也有部分高校结合自身实际制定了相应的规范。对于同学们而言,如果你所在的高校有自己的规范,那么就必须严格按照该规范来写。一篇好的论文得来不易,我们不仅要做好前期的基础工作,在写作的过程中,还必须把握好每个环节。我们只有精益求精,才有可能写出优秀的学术论文。同学们,朝着这个目标努力吧!

思考与练习

一、思考题

1. 学术论文有哪些特点?

2. 请结合本章所学内容,谈谈学术论文写作跟高考作文写作的不同之处。

3. 请结合本章所学内容,谈谈一个好的论文选题应该具有哪些特点。

4. 学术论文的规范性为何重要?

二、练习题

1. 请在学校图书馆(包括图书馆网站)和院系资料室查看有哪些具体的检索工具或数据库,注意有没有本书没有提到的新的检索工具。

2. 请用本章"论证观点"一节中的方法,论证你自己的一个观点。字数为500—1000字,写完后试着标出其中论证的五个要素。

3. 假设你现在准备写毕业论文,需要提交给老师一份"开题报告"。试着想想,你在开题报告里写出来哪些东西,老师会让你通过。以大纲的形式写出即可,字数不超过500字。

附录一

党政机关公文处理工作条例

（中办发〔2012〕14号）

第一章 总 则

第一条 为了适应中国共产党机关和国家行政机关（以下简称党政机关）工作需要，推进党政机关公文处理工作科学化、制度化、规范化，制定本条例。

第二条 本条例适用于各级党政机关公文处理工作。

第三条 党政机关公文是党政机关实施领导、履行职能、处理公务的具有特定效力和规范体式的文书，是传达贯彻党和国家方针政策，公布法规和规章，指导、布置和商洽工作，请示和答复问题，报告、通报和交流情况等的重要工具。

第四条 公文处理工作是指公文拟制、办理、管理等一系列相互关联、衔接有序的工作。

第五条 公文处理工作应当坚持实事求是、准确规范、精简高效、安全保密的原则。

第六条 各级党政机关应当高度重视公文处理工作，加强组织领导，强化队伍建设，设立文秘部门或者由专人负责公文处理工作。

第七条 各级党政机关办公厅（室）主管本机关的公文处理工作，并对下级机关的公文处理工作进行业务指导和督促检查。

第二章 公文种类

第八条 公文种类主要有：

（一）决议。适用于会议讨论通过的重大决策事项。

（二）决定。适用于对重要事项作出决策和部署、奖惩有关单位和人员、变更或者撤销下级机关不适当的决定事项。

（三）命令（令）。适用于公布行政法规和规章、宣布施行重大强制性措施、批准授予和晋升衔级、嘉奖有关单位和人员。

（四）公报。适用于公布重要决定或者重大事项。

（五）公告。适用于向国内外宣布重要事项或者法定事项。

（六）通告。适用于在一定范围内公布应当遵守或者周知的事项。

（七）意见。适用于对重要问题提出见解和处理办法。

（八）通知。适用于发布、传达要求下级机关执行和有关单位周知或者执行的事项，批转、转发公文。

（九）通报。适用于表彰先进、批评错误、传达重要精神和告知重要情况。

（十）报告。适用于向上级机关汇报工作、反映情况，回复上级机关的询问。

（十一）请示。适用于向上级机关请求指示、批准。

（十二）批复。适用于答复下级机关请示事项。

（十三）议案。适用于各级人民政府按照法律程序向同级人民代表大会或者人民代表大会常务委员会提请审议事项。

（十四）函。适用于不相隶属机关之间商洽工作、询问和答复问题、请求批准和答复审批事项。

（十五）纪要。适用于记载会议主要情况和议定事项。

第三章 公文格式

第九条 公文一般由份号、密级和保密期限、紧急程度、发文机关标志、发文字号、签发人、标题、主送机关、正文、附件说明、发文机关署名、成文日期、印章、附注、附件、抄送机关、印发机关和印发日期、页码等组成。

（一）份号。公文印制份数的顺序号。涉密公文应当标注份号。

（二）密级和保密期限。公文的秘密等级和保密的期限。

涉密公文应当根据涉密程度分别标注"绝密""机密""秘密"和保密期限。

（三）紧急程度。公文送达和办理的时限要求。根据紧急程度，紧急公文应当分别标注"特急""加急"，电报应当分别标注"特提""特急""加急""平急"。

（四）发文机关标志。由发文机关全称或者规范化简称加"文件"二字组成，也可以使用发文机关全称或者规范化简称。

联合行文时，发文机关标志可以并用联合发文机关名称，也可以单独用主办机关名称。

（五）发文字号。由发文机关代字、年份、发文顺序号组成。联合行文时，使用主办机关的发文字号。

（六）签发人。上行文应当标注签发人姓名。

（七）标题。由发文机关名称、事由和文种组成。

（八）主送机关。公文的主要受理机关，应当使用机关全称、规范化简称或者同类型机关统称。

（九）正文。公文的主体，用来表述公文的内容。

（十）附件说明。公文附件的顺序号和名称。

（十一）发文机关署名。署发文机关全称或者规范化简称。

（十二）成文日期。署会议通过或者发文机关负责人签发的日期。联合行文时，署最后签发机关负责人签发的日期。

（十三）印章。公文中有发文机关署名的，应当加盖发文机关印章，并与署名机关相符。有特定发文机关标志的普发性公文和电报可以不加盖印章。

（十四）附注。公文印发传达范围等需要说明的事项。

（十五）附件。公文正文的说明、补充或者参考资料。

（十六）抄送机关。除主送机关外需要执行或者知晓公文内容的其他机关，应当使用机关全称、规范化简称或者同类型机关统称。

（十七）印发机关和印发日期。公文的送印机关和送印日期。

（十八）页码。公文页数顺序号。

第十条 公文的版式按照《党政机关公文格式》国家标准执行。

第十一条 公文使用的汉字、数字、外文字符、计量单位和标点符号等,按照有关国家标准和规定执行。民族自治地方的公文,可以并用汉字和当地通用的少数民族文字。

第十二条 公文用纸幅面采用国际标准A4型。特殊形式的公文用纸幅面,根据实际需要确定。

第四章 行文规则

第十三条 行文应当确有必要,讲求实效,注重针对性和可操作性。

第十四条 行文关系根据隶属关系和职权范围确定。一般不得越级行文,特殊情况需要越级行文的,应当同时抄送被越过的机关。

第十五条 向上级机关行文,应当遵循以下规则:

(一)原则上主送一个上级机关,根据需要同时抄送相关上级机关和同级机关,不抄送下级机关。

(二)党委、政府的部门向上级主管部门请示、报告重大事项,应当经本级党委、政府同意或者授权;属于部门职权范围内的事项应当直接报送上级主管部门。

(三)下级机关的请示事项,如需以本机关名义向上级机关请示,应当提出倾向性意见后上报,不得原文转报上级机关。

(四)请示应当一文一事。不得在报告等非请示性公文中夹带请示事项。

(五)除上级机关负责人直接交办事项外,不得以本机关名义向上级机关负责人报送公文,不得以本机关负责人名义向上级机关报送公文。

(六)受双重领导的机关向一个上级机关行文,必要时抄送另一个上级机关。

第十六条 向下级机关行文,应当遵循以下规则:

(一)主送受理机关,根据需要抄送相关机关。重要行文应当同时抄送发文机关的直接上级机关。

（二）党委、政府的办公厅（室）根据本级党委、政府授权，可以向下级党委、政府行文，其他部门和单位不得向下级党委、政府发布指令性公文或者在公文中向下级党委、政府提出指令性要求。需经政府审批的具体事项，经政府同意后可以由政府职能部门行文，文中须注明已经政府同意。

（三）党委、政府的部门在各自职权范围内可以向下级党委、政府的相关部门行文。

（四）涉及多个部门职权范围内的事务，部门之间未协商一致的，不得向下行文；擅自行文的，上级机关应当责令其纠正或者撤销。

（五）上级机关向受双重领导的下级机关行文，必要时抄送该下级机关的另一个上级机关。

第十七条　同级党政机关、党政机关与其他同级机关必要时可以联合行文。属于党委、政府各自职权范围内的工作，不得联合行文。

党委、政府的部门依据职权可以相互行文。

部门内设机构除办公厅（室）外不得对外正式行文。

第五章　公文拟制

第十八条　公文拟制包括公文的起草、审核、签发等程序。

第十九条　公文起草应当做到：

（一）符合国家法律法规和党的路线方针政策，完整准确体现发文机关意图，并同现行有关公文相衔接。

（二）一切从实际出发，分析问题实事求是，所提政策措施和办法切实可行。

（三）内容简洁，主题突出，观点鲜明，结构严谨，表述准确，文字精练。

（四）文种正确，格式规范。

（五）深入调查研究，充分进行论证，广泛听取意见。

（六）公文涉及其他地区或者部门职权范围内的事项，起草单位必须征求相关地区或者部门意见，力求达成一致。

（七）机关负责人应当主持、指导重要公文起草工作。

第二十条　公文文稿签发前，应当由发文机关办公厅（室）进行审核。审核的重点是：

（一）行文理由是否充分，行文依据是否准确。

（二）内容是否符合国家法律法规和党的路线方针政策；是否完整准确体现发文机关意图；是否同现行有关公文相衔接；所提政策措施和办法是否切实可行。

（三）涉及有关地区或者部门职权范围内的事项是否经过充分协商并达成一致意见。

（四）文种是否正确，格式是否规范；人名、地名、时间、数字、段落顺序、引文等是否准确；文字、数字、计量单位和标点符号等用法是否规范。

（五）其他内容是否符合公文起草的有关要求。

需要发文机关审议的重要公文文稿，审议前由发文机关办公厅（室）进行初核。

第二十一条　经审核不宜发文的公文文稿，应当退回起草单位并说明理由；符合发文条件但内容需作进一步研究和修改的，由起草单位修改后重新报送。

第二十二条　公文应当经本机关负责人审批签发。重要公文和上行文由机关主要负责人签发。党委、政府的办公厅（室）根据党委、政府授权制发的公文，由受权机关主要负责人签发或者按照有关规定签发。签发人签发公文，应当签署意见、姓名和完整日期；圈阅或者签名的，视为同意。联合发文由所有联署机关的负责人会签。

第六章　公文办理

第二十三条　公文办理包括收文办理、发文办理和整理归档。

第二十四条　收文办理主要程序是：

（一）签收。对收到的公文应当逐件清点，核对无误后签字或者盖章，并注明签收时间。

（二）登记。对公文的主要信息和办理情况应当详细记载。

（三）初审。对收到的公文应当进行初审。初审的重点是：是否应当由本机关办理，是否符合行文规则，文种、格式是否符合要求，涉及其他地区或者部门职权范围内的事项是否已经协商、会签，是否符合公文起草的其他要求。经初审不符合规定的公文，应当及时退回来文单位并说明理由。

（四）承办。阅知性公文应当根据公文内容、要求和工作需要确定范围后分送。批办性公文应当提出拟办意见报本机关负责人批示或者转有关部门办理；需要两个以上部门办理的，应当明确主办部门。紧急公文应当明确办理时限。承办部门对交办的公文应当及时办理，有明确办理时限要求的应当在规定时限内办理完毕。

（五）传阅。根据领导批示和工作需要将公文及时送传阅对象阅知或者批示。办理公文传阅应当随时掌握公文去向，不得漏传、误传、延误。

（六）催办。及时了解掌握公文的办理进展情况，督促承办部门按期办结。紧急公文或者重要公文应当由专人负责催办。

（七）答复。公文的办理结果应当及时答复来文单位，并根据需要告知相关单位。

第二十五条　发文办理主要程序是：

（一）复核。已经发文机关负责人签批的公文，印发前应当对公文的审批手续、内容、文种、格式等进行复核；需作实质性修改的，应当报原签批人复审。

（二）登记。对复核后的公文，应当确定发文字号、分送范围和印制份数并详细记载。

（三）印制。公文印制必须确保质量和时效。涉密公文应当在符合保密要求的场所印制。

（四）核发。公文印制完毕，应当对公文的文字、格式和印刷质量进行检查后分发。

第二十六条　涉密公文应当通过机要交通、邮政机要通信、城市机要文件交换站或者收发件机关机要收发人员进行传递，通过密码电报或者符合国家保密规定的计算机信息系统进行传输。

第二十七条　需要归档的公文及有关材料，应当根据有关档案法律法规以及机关档案管理规定，及时收集齐全、整理归档。两个以上机关联合办理的公文，原件由主办机关归档，相关机关保存复制件。机关负责人兼任其他机关职务的，在履行所兼职务过程中形成的公文，由其兼职机关归档。

第七章 公文管理

第二十八条 各级党政机关应当建立健全本机关公文管理制度,确保管理严格规范,充分发挥公文效用。

第二十九条 党政机关公文由文秘部门或者专人统一管理。设立党委(党组)的县级以上单位应当建立机要保密室和机要阅文室,并按照有关保密规定配备工作人员和必要的安全保密设施设备。

第三十条 公文确定密级前,应当按照拟定的密级先行采取保密措施。确定密级后,应当按照所定密级严格管理。绝密级公文应当由专人管理。

公文的密级需要变更或者解除的,由原确定密级的机关或者其上级机关决定。

第三十一条 公文的印发传达范围应当按照发文机关的要求执行;需要变更的,应当经发文机关批准。

涉密公文公开发布前应当履行解密程序。公开发布的时间、形式和渠道,由发文机关确定。

经批准公开发布的公文,同发文机关正式印发的公文具有同等效力。

第三十二条 复制、汇编机密级、秘密级公文,应当符合有关规定并经本机关负责人批准。绝密级公文一般不得复制、汇编,确有工作需要的,应当经发文机关或者其上级机关批准。

复制、汇编的公文视同原件管理。

复制件应当加盖复制机关戳记。翻印件应当注明翻印的机关名称、日期。汇编本的密级按照编入公文的最高密级标注。

第三十三条 公文的撤销和废止,由发文机关、上级机关或者权力机关根据职权范围和有关法律法规决定。公文被撤销的,视为自始无效;公文被废止的,视为自废止之日起失效。

第三十四条 涉密公文应当按照发文机关的要求和有关规定进行清退或者销毁。

第三十五条 不具备归档和保存价值的公文,经批准后可以销毁。销毁涉密公文必须严格按照有关规定履行审批登记手续,确保不丢失、不漏销。个人不得私自销毁、留存涉密公文。

第三十六条　机关合并时，全部公文应当随之合并管理；机关撤销时，需要归档的公文经整理后按照有关规定移交档案管理部门。

工作人员离岗离职时，所在机关应当督促其将暂存、借用的公文按照有关规定移交、清退。

第三十七条　新设立的机关应当向本级党委、政府的办公厅（室）提出发文立户申请。经审查符合条件的，列为发文单位，机关合并或者撤销时，相应进行调整。

第八章　附　则

第三十八条　党政机关公文含电子公文。电子公文处理工作的具体办法另行制定。

第三十九条　法规、规章方面的公文，依照有关规定处理。外事方面的公文，依照外事主管部门的有关规定处理。

第四十条　其他机关和单位的公文处理工作，可以参照本条例执行。

第四十一条　本条例由中共中央办公厅、国务院办公厅负责解释。

第四十二条　本条例自2012年7月1日起施行。1996年5月3日中共中央办公厅发布的《中国共产党机关公文处理条例》和2000年8月24日国务院发布的《国家行政机关公文处理办法》停止执行。

附录二

党政机关公文格式

(中华人民共和国国家标准 GB/T9704—2012 代替 GB/T9704—1999)

1 范围

本标准规定了党政机关公文通用的纸张要求、排版和印制装订要求、公文格式各要素的编排规则,并给出了公文的式样。

本标准适用于各级党政机关制发的公文。其他机关和单位的公文可以参照执行。

使用少数民族文字印制的公文,其用纸、幅面尺寸及版面、印制等要求按照本标准执行,其余可以参照本标准并按照有关规定执行。

2 规范性引用文件

下列文件对于本标准的应用是必不可少的。凡是注日期的引用文件,仅所注日期的版本适用于本标准。凡是不注日期的引用文件,其最新版本(包括所有的修改单)适用于本标准。

GB/T 148 印刷、书写和绘图纸幅面尺寸

GB 3100 国际单位制及其应用

GB 3101 有关量、单位和符号的一般原则

GB 3102(所有部分) 量和单位

GB/T 15834 标点符号用法

GB/T 15835 出版物上数字用法

3 术语和定义

下列术语和定义适用于本标准。

3.1　字 word

标示公文中横向距离的长度单位。在本标准中,一字指一个汉字宽度的距离。

3.2　行 line

标示公文中纵向距离的长度单位。在本标准中,一行指一个汉字的高度加 3 号汉字高度的 7/8 的距离。

4　公文用纸主要技术指标

公文用纸一般使用纸张定量为 $60g/m^2 \sim 80g/m^2$ 的胶版印刷纸或复印纸。纸张白度 80%～90%,横向耐折度≥15 次,不透明度≥85%,pH 值为 7.5～9.5。

5　公文用纸幅面尺寸及版面要求

5.1　幅面尺寸

公文用纸采用 GB/T 148 中规定的 A4 型纸,其成品幅面尺寸为:210mm×297mm。

5.2　版面

5.2.1　页边与版心尺寸

公文用纸天头(上白边)为 37mm±1mm,公文用纸订口(左白边)为 28mm±1mm,版心尺寸为 156mm×225mm。

5.2.2　字体和字号

如无特殊说明,公文格式各要素一般用 3 号仿宋体字。特定情况可以作适当调整。

5.2.3　行数和字数

一般每面排 22 行,每行排 28 个字,并撑满版心。特定情况可以作适当调整。

5.2.4　文字的颜色

如无特殊说明,公文中文字的颜色均为黑色。

6　印制装订要求

6.1　制版要求

版面干净无底灰,字迹清楚无断划,尺寸标准,版心不斜,误差不超过 1mm。

6.2　印刷要求

双面印刷;页码套正,两面误差不超过 2mm。黑色油墨应当达到色谱所标 BL100％,红色油墨应当达到色谱所标 Y80％、M80％。印品着墨实、均匀;字面不花、不白、无断划。

6.3 装订要求

公文应当左侧装订,不掉页,两页页码之间误差不超过 4mm,裁切后的成品尺寸允许误差±2mm,四角成 90°,无毛茬或缺损。

骑马订或平订的公文应当:

a)订位为两钉外订眼距版面上下边缘各 70mm 处,允许误差±4mm;

b)无坏钉、漏钉、重钉,钉脚平伏牢固;

c)骑马订钉锯均订在折缝线上,平订钉锯与书脊间的距离为 3mm～5mm。

包本装订公文的封皮(封面、书脊、封底)与书芯应吻合、包紧、包平、不脱落。

7 公文格式各要素编排规则

7.1 公文格式各要素的划分

本标准将版心内的公文格式各要素划分为版头、主体、版记三部分。公文首页红色分隔线以上的部分称为版头;公文首页红色分隔线(不含)以下、公文末页首条分隔线(不含)以上的部分称为主体;公文末页首条分隔线以下、末条分隔线以上的部分称为版记。

页码位于版心外。

7.2 版头

7.2.1 份号

如需标注份号,一般用 6 位 3 号阿拉伯数字,顶格编排在版心左上角第一行。

7.2.2 密级和保密期限

如需标注密级和保密期限,一般用 3 号黑体字,顶格编排在版心左上角第二行;保密期限中的数字用阿拉伯数字标注。

7.2.3 紧急程度

如需标注紧急程度,一般用 3 号黑体字,顶格编排在版心左上角;如需同时标注份号、密级和保密期限、紧急程度,按照份号、密级和保密期限、紧急程度的顺序自上而下分行排列。

7.2.4 发文机关标志

由发文机关全称或者规范化简称加"文件"二字组成,也可以使用发文机关全称或者规范化简称。

发文机关标志居中排布,上边缘至版心上边缘为 35mm,推荐使用小标宋体字,颜色为红色,以醒目、美观、庄重为原则。

联合行文时,如需同时标注联署发文机关名称,一般应当将主办机关名称排列在前;如有"文件"二字,应当置于发文机关名称右侧,以联署发文机关名称为准上下居中排布。

7.2.5 发文字号

编排在发文机关标志下空二行位置,居中排布。年份、发文顺序号用阿拉伯数字标注;年份应标全称,用六角括号"〔〕"括入;发文顺序号不加"第"字,不编虚位(即 1 不编为 01),在阿拉伯数字后加"号"字。

上行文的发文字号居左空一字编排,与最后一个签发人姓名处在同一行。

7.2.6 签发人

由"签发人"三字加全角冒号和签发人姓名组成,居右空一字,编排在发文机关标志下空二行位置。"签发人"三字用 3 号仿宋体字,签发人姓名用 3 号楷体字。

如有多个签发人,签发人姓名按照发文机关的排列顺序从左到右、自上而下依次均匀编排,一般每行排两个姓名,回行时与上一行第一个签发人姓名对齐。

7.2.7 版头中的分隔线

发文字号之下 4mm 处居中印一条与版心等宽的红色分隔线。

7.3 主体

7.3.1 标题

一般用 2 号小标宋体字,编排于红色分隔线下空二行位置,分一行或多行居中排布;回行时,要做到词意完整,排列对称,长短适宜,间距恰当,标题排列应当使用梯形或菱形。

7.3.2 主送机关

编排于标题下空一行位置,居左顶格,回行时仍顶格,最后一个机关名称后标全角冒号。如主送机关名称过多导致公文首页不能显示正文时,应当将主送机关名称移至版记,标注方法见 7.4.2。

7.3.3 正文

公文首页必须显示正文。一般用 3 号仿宋体字,编排于主送机关名称下一行,每个自然段左空二字,回行顶格。文中结构层次序数依次可以用"一、""(一)""1.""(1)"标注;一般第一层用黑体字、第二层用楷体字、第三层和第四层用仿宋体字标注。

7.3.4 附件说明

如有附件,在正文下空一行左空二字编排"附件"二字,后标全角冒号和附件名称。如有多个附件,使用阿拉伯数字标注附件顺序号(如"附件:1.××××××");附件名称后不加标点符号。附件名称较长需回行时,应当与上一行附件名称的首字对齐。

7.3.5 发文机关署名、成文日期和印章

7.3.5.1 加盖印章的公文

成文日期一般右空四字编排,印章用红色,不得出现空白印章。

单一机关行文时,一般在成文日期之上、以成文日期为准居中编排发文机关署名,印章端正、居中下压发文机关署名和成文日期,使发文机关署名和成文日期居印章中心偏下位置,印章顶端应当上距正文(或附件说明)一行之内。

联合行文时,一般将各发文机关署名按照发文机关顺序整齐排列在相应位置,并将印章一一对应、端正、居中下压发文机关署名,最后一个印章端正、居中下压发文机关署名和成文日期,印章之间排列整齐、互不相交或相切,每排印章两端不得超出版心,首排印章顶端应当上距正文(或附件说明)一行之内。

7.3.5.2 不加盖印章的公文

单一机关行文时,在正文(或附件说明)下空一行右空二字编排发文机关署名,在发文机关署名下一行编排成文日期,首字比发文机关署名首字右移二字,如成文日期长于发文机关署名,应当使成文日期右空二字编排,并相应增加发文机关署名右空字数。

联合行文时,应当先编排主办机关署名,其余发文机关署名依次向下编排。

7.3.5.3 加盖签发人签名章的公文

单一机关制发的公文加盖签发人签名章时,在正文(或附件说明)下空二行右空四字加盖签发人签名章,签名章左空二字标注签

发人职务,以签名章为准上下居中排布。在签发人签名章下空一行右空四字编排成文日期。

联合行文时,应当先编排主办机关签发人职务、签名章,其余机关签发人职务、签名章依次向下编排,与主办机关签发人职务、签名章上下对齐;每行只编排一个机关的签发人职务、签名章;签发人职务应当标注全称。

签名章一般用红色。

7.3.5.4　成文日期中的数字

用阿拉伯数字将年、月、日标全,年份应标全称,月、日不编虚位(即1不编为01)。

7.3.5.5　特殊情况说明

当公文排版后所剩空白处不能容下印章或签发人签名章、成文日期时,可以采取调整行距、字距的措施解决。

7.3.6　附注

如有附注,居左空二字加圆括号编排在成文日期下一行。

7.3.7　附件

附件应当另面编排,并在版记之前,与公文正文一起装订。"附件"二字及附件顺序号用3号黑体字顶格编排在版心左上角第一行。附件标题居中编排在版心第三行。附件顺序号和附件标题应当与附件说明的表述一致。附件格式要求同正文。

如附件与正文不能一起装订,应当在附件左上角第一行顶格编排公文的发文字号并在其后标注"附件"二字及附件顺序号。

7.4　版记

7.4.1　版记中的分隔线

版记中的分隔线与版心等宽,首条分隔线和末条分隔线用粗线(推荐高度为0.35mm),中间的分隔线用细线(推荐高度为0.25mm)。首条分隔线位于版记中第一个要素之上,末条分隔线与公文最后一面的版心下边缘重合。

7.4.2　抄送机关

如有抄送机关,一般用4号仿宋体字,在印发机关和印发日期之上一行、左右各空一字编排。"抄送"二字后加全角冒号和抄送机关名称,回行时与冒号后的首字对齐,最后一个抄送机关名称后标句号。

如需把主送机关移至版记,除将"抄送"二字改为"主送"外,编排方法同抄送机关。既有主送机关又有抄送机关时,应当将主送机关置于抄送机关之上一行,之间不加分隔线。

7.4.3 印发机关和印发日期

印发机关和印发日期一般用4号仿宋体字,编排在末条分隔线之上,印发机关左空一字,印发日期右空一字,用阿拉伯数字将年、月、日标全,年份应标全称,月、日不编虚位(即1不编为01),后加"印发"二字。

版记中如有其他要素,应当将其与印发机关和印发日期用一条细分隔线隔开。

7.5 页码

一般用4号半角宋体阿拉伯数字,编排在公文版心下边缘之下,数字左右各放一条一字线;一字线上距版心下边缘7mm。单页码居右空一字,双页码居左空一字。公文的版记页前有空白页的,空白页和版记页均不编排页码。公文的附件与正文一起装订时,页码应当连续编排。

8 公文中的横排表格

A4纸型的表格横排时,页码位置与公文其他页码保持一致,单页码表头在订口一边,双页码表头在切口一边。

9 公文中计量单位、标点符号和数字的用法

公文中计量单位的用法应当符合 GB 3100、GB 3101 和 GB 3102(所有部分),标点符号的用法应当符合 GB/T 15834,数字用法应当符合 GB/T 15835。

10 公文的特定格式

10.1 信函格式

发文机关标志使用发文机关全称或者规范化简称,居中排布,上边缘至上页边为30mm,推荐使用红色小标宋体字。联合行文时,使用主办机关标志。

发文机关标志下4mm处印一条红色双线(上粗下细),距下页

边20mm处印一条红色双线(上细下粗),线长均为170mm,居中排布。

如需标注份号、密级和保密期限、紧急程度,应当顶格居版心左边缘编排在第一条红色双线下,按照份号、密级和保密期限、紧急程度的顺序自上而下分行排列,第一个要素与该线的距离为3号汉字高度的7/8。

发文字号顶格居版心右边缘编排在第一条红色双线下,与该线的距离为3号汉字高度的7/8。

标题居中编排,与其上最后一个要素相距二行。

第二条红色双线上一行如有文字,与该线的距离为3号汉字高度的7/8。

首页不显示页码。

版记不加印发机关和印发日期、分隔线,位于公文最后一面版心内最下方。

10.2 命令(令)格式

发文机关标志由发文机关全称加"命令"或"令"字组成,居中排布,上边缘至版心上边缘为20mm,推荐使用红色小标宋体字。

发文机关标志下空二行居中编排令号,令号下空二行编排正文。

签发人职务、签名章和成文日期的编排见7.3.5.3。

10.3 纪要格式

纪要标志由"×××××纪要"组成,居中排布,上边缘至版心上边缘为35mm,推荐使用红色小标宋体字。

标注出席人员名单,一般用3号黑体字,在正文或附件说明下空一行左空二字编排"出席"二字,后标全角冒号,冒号后用3号仿宋体字标注出席人单位、姓名,回行时与冒号后的首字对齐。

标注请假和列席人员名单,除依次另起一行并将"出席"二字改为"请假"或"列席"外,编排方法同出席人员名单。

纪要格式可以根据实际制定。

11 式样

A4型公文用纸页边及版心尺寸见图1;公文首页版式见图2;联合行文公文首页版式1见图3;联合行文公文首页版式2见图4;

公文末页版式1见图5；公文末页版式2见图6；联合行文公文末页版式1见图7；联合行文公文末页版式2见图8；附件说明页版式见图9；带附件公文末页版式见图10；信函格式首页版式见图11；命令(令)格式首页版式见图12。

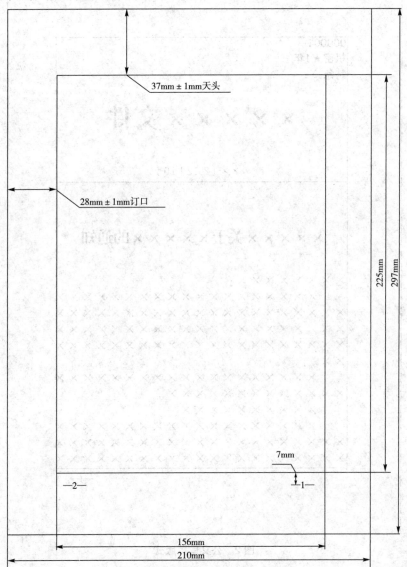

图1　A4型公文用纸页边及版心尺寸

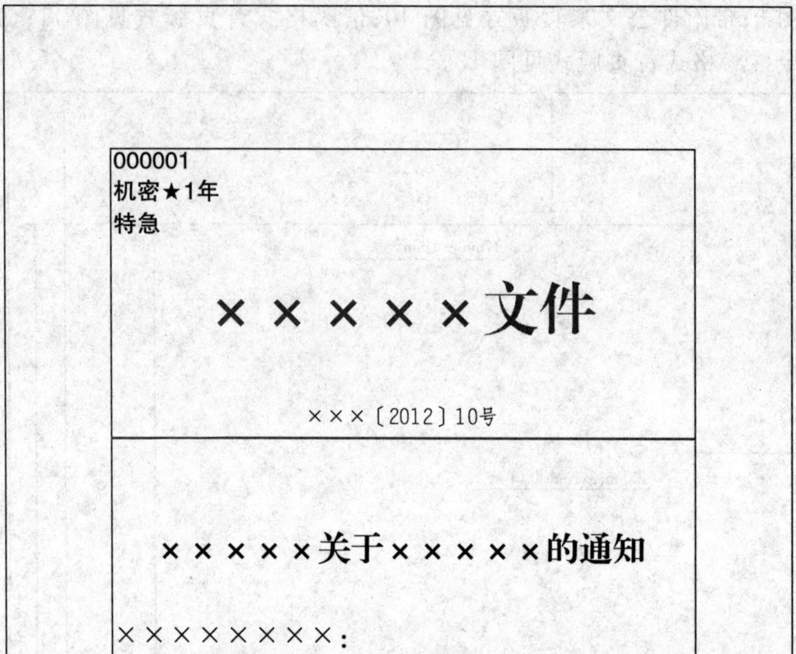

```
000001
机密★1年
特急
```

×××××文件

×××〔2012〕10号

×××××关于×××××的通知

×××××××：
　　××××××××××××××××××××
××××××××××××××××××××
××××××××××××××××××××
××××××××××××××××××××
××。
　　××××××××××××××××××。
　　××××××××××。
　　××××××××××××××××××
××××××××××××××××××××
××××××××××××××××××××

—1—

图2　公文首页版式

注：版心实线框仅为示意，在印制公文时并不印出。

```
000001
机密★1年
特急
```

×××××
××××× 文件
×××××

×××〔2012〕10号

×××××关于×××××的通知

×××××××:
　××××××××××××××××××××××。
××××××××××××××××××××××××
××××××××××××××××××××××××
××××××××××××××××××××××××
××××××××××××××××××××××××
××××××××××××××××××××××××
×××。
　××××××××××××××××××××××

—1—

图3　联合行文公文首页版式1

注:版心实线框仅为示意,在印制公文时并不印出。

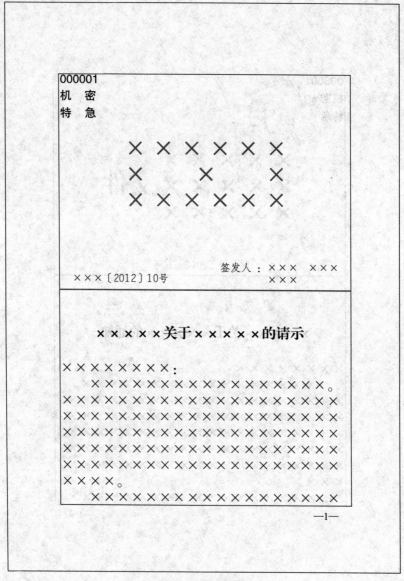

图4　联合行文公文首页版式2

注：版心实线框仅为示意，在印制公文时并不印出。

图 5　公文末页版式 1

注：版心实线框仅为示意，在印制公文时并不印出。

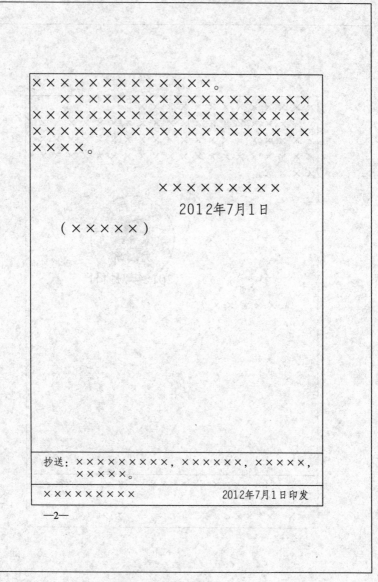

图6　公文末页版式2

注：版心实线框仅为示意，在印制公文时并不印出。

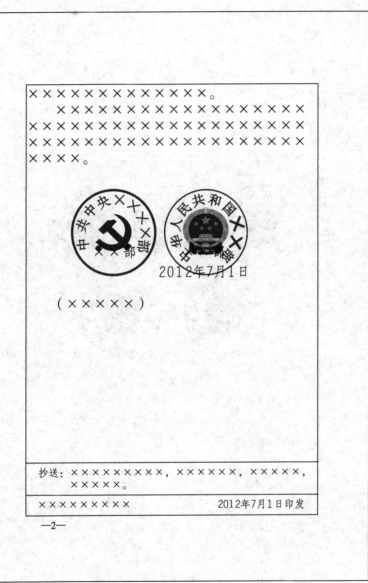

图7 联合行文公文末页版式1

注：版心实线框仅为示意，在印制公文时并不印出。

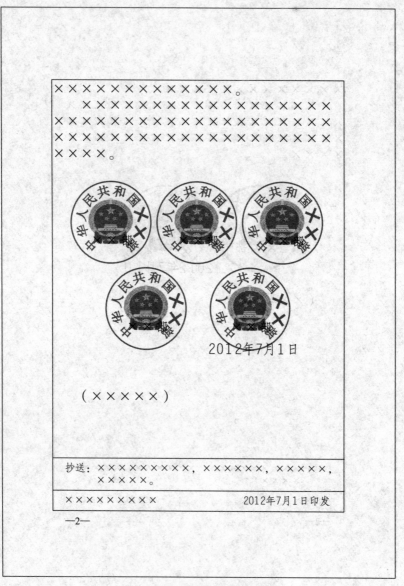

图 8　联合行文公文末页版式 2

注：版心实线框仅为示意，在印制公文时并不印出。

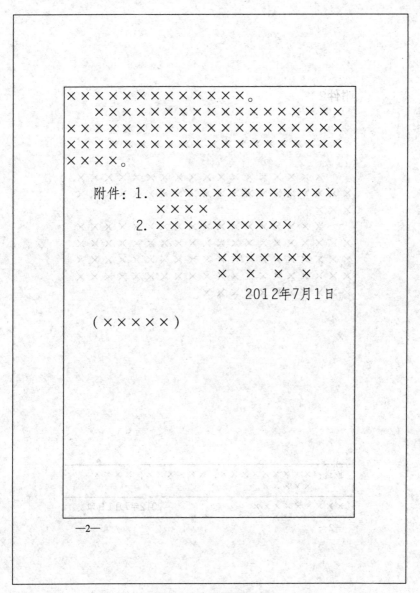

图9 附件说明页版式

注:版心实线框仅为示意,在印制公文时并不印出。

图10 带附件公文末页版式

注：版心实线框仅为示意，在印制公文时并不印出。

中华人民共和国×××××部

000001　　　　　　　　　　　　　　×××〔2012〕10号
机　密
特　急

×××××关于××××××的通知

××××××：
　　××××××××××××××××××××
××××××××××××××××××××××
××××××××××××××××××××××
××××××××××××××××××。
　　××××××××××××××××××××
××××××××××××××××××××××
××××××××××××××××××××××
××××××××××××××××××。
　　××××××××××××××××××××
××××××××××××××××××××××
××××××××××××××××××××××
××××××××××××××××××××××
××××××××××××××××××××××
××××××××××××××××××。

图 11　信函格式首页版式

注：版心实线框仅为示意，在印制公文时并不印出。

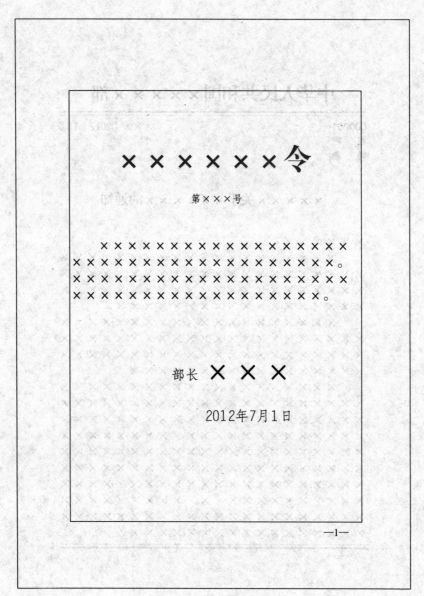

图 12　命令(令)格式首页版式

注：版心实线框仅为示意，在印制公文时并不印出。

后 记

近年来,我们在日常教学和论文指导过程中痛感当代大学生写作能力的下降。从一些媒体的报道也可以看出,这已经不是某所高校的秘密,而是普遍存在且亟待解决的教育难题。可以想见,如果我们的学生连一篇像样的文章都写不好,何谈高等教育的人才培养质量?常言道:基础不牢,地动山摇。培养并且有效提升大学生的写作能力是当前高等教育的"筑基工程"。

为了加快建设高水平本科教育,不断补齐教育短板,我校早在三年前就决定在全校所有文、理科专业开设"中文写作"课程,并且将这一决定写入了2018版人才培养方案,积极实施课程改革。为使这项任务落到实处,学校还指定由人文学院牵头,从汉语言文学国家一流专业中抽调师资,组建了教材编写团队。前期,我们进行了广泛调研,对教材的整体结构以及各个章节的内容进行了精心设计。随后,我们又积极申报了安徽省高等学校省级质量工程"一流教材"建设项目并且获得立项。经过一年多的努力,这本《中文写作教程》终于如期付梓。

本教材各个章节的分工情况如下:前言、第一章、第三章第三节、第四章第一节由我负责,第二章第一节由江飞负责,第二章第二节由卢娇负责,第二章第三节、第三章第一、二节由吴伊琼负责,第三章第四节、第五章由徐文翔负责,第四章第二、三、四节和附录由季艳负责,第六章由程通负责。我作为主编,还承担了全书的统稿任务。

在教材编写和出版的过程中,我所在的人文学院的领导给予了大力支持,学校教务处提供了经费资助,安徽大学出版社的马晓波女士也为此付出了艰辛的劳动,在此表示衷心的感谢!

"文章千古事,得失寸心知。"尽管我们不断努力,教材中恐仍有错漏之处,请各位方家批评指正,以便我们后期修订。

金松林

2021 年 3 月 20 日